L'Éveil de votre enfant

Le tout-petit au quotidien

Chantal de Truchis

L'Éveil de votre enfant

Le tout-petit au quotidien

Albin Michel

Collection « Bibliothèque de la famille »
dirigée par Mahaut-Mathilde Nobécourt

Dessins : Hervé de Truchis

22, rue Huyghens, 75014 Paris

www.albin-michel.fr

ISBN 2-226-12679-1

À Gilles et à Manuel.
À Séverine.

PRÉFACE DE LA 2e ÉDITION

De nombreux échos me sont parvenus depuis la parution de ce livre en février 1996, de la part tant de jeunes parents que de professionnels qui le recommandent chaque jour. Et, ce qui était inattendu, nombre de jeunes grands-mères disent y prendre beaucoup d'intérêt et l'offrir à toutes leurs filles et belles-filles ! C'est donc avec plaisir que j'actualise ce texte et que je vous livre quelques-uns des témoignages que j'ai reçus :

« Il nous donne des arguments pour décider nous-mêmes comment nous allons faire. Et pour tenir face à l'entourage. »

« Maintenant, je peux oser faire ce que je ressentais. »

« Je chemine à travers ce livre à mesure que mon enfant grandit et le livre m'accompagne. C'est un peu comme quelqu'un avec qui je pourrais parler. »

« À la sortie de la maternité, j'étais affolée par tout ce que j'avais entendu, c'était plein de contradictions. Heureusement que j'ai trouvé ce livre, je me suis cramponnée à ce que je lisais et j'ai tenu bon. Maintenant, je vois que j'ai eu raison. »

« Je regrette de n'avoir pas connu ce livre pour mes deux grands (9 et 6 ans). Je ne savais pas que ma petite fille pourrait autant découvrir par elle-même. Je lui ai laissé le temps d'explorer, d'essayer, ce que je n'avais pas fait pour les plus grands. Et je vois qu'Audrey est beaucoup plus calme, plus à l'aise ; c'est formidable ! Pourquoi n'en parle-t-on pas davantage ? »

Une maman qui connaissait ce type d'éducation : « C'est mon premier bébé et je suis heureuse d'avoir offert ce livre à mes parents et à mes beaux-parents avant la naissance. »

La poursuite de mon activité clinique m'a permis d'enrichir et d'approfondir quelques aspects sur lesquels j'étais passée un peu rapidement. L'actualité nous oblige à nous interroger sur l'origine de certains comportements tels que l'agitation ou la violence et à chercher ce qui peut aider nos enfants, qui vont devenir les adultes de demain, à inventer et à construire ce monde que nous, les adultes d'aujourd'hui, avons bien du mal à imaginer.

Mais nous pouvons leur faire confiance. Les parents aussi peuvent et doivent se faire confiance, à condition de tenir compte de certains éléments de la vie des tout-petits et de leur développement, que nous connaissons bien maintenant et qui ne doivent pas rester la propriété des spécialistes.

AVANT-PROPOS

« Le génie est l'enfance retrouvée à volonté. »

Charles Baudelaire

Depuis quelques années, les médias se sont fait l'écho des découvertes sur les compétences du nourrisson. Le bébé est à l'honneur, sinon à la mode.

Pourtant, en 1930, le Dr Emmi Pikler, pédiatre à Budapest, avait déjà eu une intuition de ces « compétences », qu'elle put confirmer au cours de ses visites à domicile, où elle observait les bébés en présence de leurs parents. Elle remarqua en particulier à quel point le bébé est un réel partenaire, à qui l'on peut parler et qui est capable de développer ses possibilités motrices si on lui en donne l'opportunité. En 1946, elle prit la direction d'une pouponnière, l'Institut Lóczy, ce qui lui permit d'approfondir et de mettre en œuvre ses conceptions de l'épanouissement du bébé, et de définir ce dont il a besoin pour grandir de manière harmonieuse. En 1971, les centres d'entraînement aux méthodes d'éducation active (CEMEA) et, en 1973, le livre de Geneviève Appell et du Dr Myriam David *Lóczy ou le Maternage insolite* (voir bibliographie) firent mieux connaître en France les travaux d'Emmi Pikler et de son équipe.

J'étais alors psychologue de la petite enfance dans un service de pédiatrie et dans des crèches de la région parisienne. Avec curiosité d'abord, puis avec de plus en plus d'intérêt, j'ai regardé les films et lu les écrits qui venaient de Lóczy, puis je suis allée voir sur place. J'ai pu alors observer chez ces bébés d'étonnantes capacités à agir par eux-mêmes et avec un grand plaisir, à faire de nouvelles expériences, mais à un rythme propre à chacun. J'ai vu chaque enfant progresser régulièrement. J'ai pu constater combien cette possibilité de « construction active de soi » était un atout important dans le développement harmonieux de la personnalité.

J'ai appris à regarder les bébés, à essayer de partager leur joie de grandir et aussi leurs tristesses, voire leurs souffrances, et j'ai vu comment un enfant pouvait progresser quand on lui faisait confiance. En même temps, je suivais avec le plus grand intérêt plusieurs séminaires de Françoise Dolto, qui appréciait elle-même vivement les travaux d'Emmi Pikler. C'est alors que la vie m'a fait cadeau de deux petits garçons : extraordinaire confirmation de tout ce que j'avais pu observer, mais aussi difficile remise en cause personnelle, qui rejoignait tellement ce que les parents, les mères en particulier, avaient pu me confier au cours de ma vie professionnelle.
Cette conception de l'enfant « acteur de son développement » (ainsi que le respect et les exigences qui s'y rattachent) est de plus en plus connue des professionnels, en France et à l'étranger (autres pays d'Europe, États-Unis et Amérique latine). Elle sert aujourd'hui de base à l'organisation de la vie des enfants dans un grand nombre de crèches et de lieux d'accueil. Beaucoup de puéricultrices, mais aussi de pédiatres, de psychologues, essaient de la faire connaître aux parents, aux assistantes maternelles et aux personnes qui s'occupent des jeunes enfants.
J'ai participé moi-même à ce travail et partagé l'intérêt souvent passionné pour tout ce que nous apporte la réflexion à partir des « idées de Lóczy » et des résultats de ces recherches. C'est dans ce sens que je souhaitais, à travers l'ensemble de mes expériences professionnelles et personnelles, vous communiquer ces découvertes, vous apporter des éléments de réponse à cette question : « Comment nous, parents, pouvons-nous aider notre enfant, concrètement, à être ce participant actif, à être acteur de sa propre croissance ? » Que toutes ces connaissances ne restent pas le privilège de spécialistes, mais soient largement diffusées dans le grand public.
C'est une affaire de confiance en lui – et en vous – mais aussi d'un certain savoir-faire et d'un savoir-être. Le bébé est là pour vous guider. Les indications qui vont suivre peuvent vous permettre de mieux le regarder et de vous faire vous-même votre opinion. En observant votre bébé, vous pourrez mieux le comprendre et savoir ce qui lui convient.
Vous verrez pourtant que la vie avec un bébé s'accompagne aussi de fatigues, d'incertitudes, voire d'angoisses. Ilya Prigogine, prix Nobel de biologie, a écrit : « Le vivant fonctionne loin de l'équilibre. » Aucune croissance d'enfant ne se fait sans à-coups, aucune vie d'adulte n'est idéale et sans difficultés. L'arrivée d'un enfant dans un couple remanie profondément la manière d'être de chacun des parents, réveille des émotions profondes, anciennes, souvent inconscientes et parfois très inattendues. Des difficultés surgissent inévitablement, qu'on les imagine venir plutôt de l'enfant ou de soi, de son conjoint ou de l'environnement. Il y a forcément des moments de souffrance, d'inquiétude, de déception peut-être, la vie est ainsi. Nul n'y échappe.
Pourtant, chaque être humain porte en lui la capacité d'être parent.
Ne redoutez pas tous ces spécialistes dont parlent les médias, et ne pensez pas que des professionnels feraient mieux que vous. Faites-vous confiance ! Les premières années de la vie sont importantes pour le bébé, mais aussi pour ses parents. Vous allez découvrir d'autres facettes de votre personnalité que vous ignoriez peut-être :

amour, tendresse, attention, responsabilité, et tous ces sentiments protecteurs à l'égard d'un tout-petit. **Votre enfant fera de vous ses parents.** Vous trouverez aussi beaucoup de plaisir avec lui, de ce plaisir qui recharge en énergie.
Ce livre est une conversation, avec toute la spontanéité, la simplicité et aussi les limites d'une conversation. Il serait plus simple de le lire avant la naissance de votre bébé, car vous pourriez vous familiariser avec ces idées et en parler entre vous. Vous pouvez aussi le lire en famille, si des grands frère(s) et sœur(s) attendent la venue d'un nouveau bébé : ils y trouveront aussi des idées pour s'occuper de lui, d'une certaine manière. Il est à lire et à relire, en particulier les jours difficiles !

J'aurai toujours présente à l'esprit la grande diversité de situations dans lesquelles se trouvent actuellement les jeunes enfants :

- Il y a l'enfant qui est à la maison avec une maman n'ayant pas d'activité professionnelle à l'extérieur, et qui peut en être satisfaite ou exaspérée, les deux se produisant souvent en alternance et ce sentiment pouvant évoluer avec le temps.
- Il y a l'enfant qui est à la crèche ou chez une assistante maternelle pendant la durée du travail des parents, lesquels sont satisfaits ou non de cette situation, ou bien gardé à la maison par sa grand-mère ou par une personne étrangère.
- Il y a l'enfant unique et l'enfant entouré de frères et sœurs, les familles isolées et celles où l'animation est permanente, les grands-parents jeunes et présents ou au contraire très éloignés…
- Il y a toutes les différences entre enfants : l'un naît vif, rapide, et sera tout de suite dans le mouvement, l'autre est concentré, plus lent, plus intérieur ; l'un est tonique et en bonne santé, l'autre est fragile ou plus fatigable… Quelques-uns ont déjà vécu dans leur courte vie des moments difficiles : prématurité, maladie, hospitalisation, séparation d'avec leurs parents.
- Il y a enfin toutes les différences entre parents, selon l'éducation reçue, l'histoire de chacun, des convergences de vues à l'intérieur du couple ou au contraire de grandes différences.

Certains d'entre vous jugeront assez évident l'esprit de ce livre, ils y trouveront une confirmation et des idées concrètes pour mettre en application ce qu'ils pensent déjà. D'autres seront étonnés, voire inquiets, à l'idée qu'il n'est pas nécessaire de stimuler leur enfant ; ils auront du mal à se détacher de l'idée de précocité, de compétition. Certains, très consciemment ou non, donnent beaucoup de place à l'autorité. D'autres pensent : « On verra bien, ils sont encore si petits ! » Certains sont naturellement confiants, d'autres aussi naturellement inquiets ! Les situations matérielles, professionnelles, financières, de logement, etc., ont aussi une grande influence sur la manière d'être avec les enfants.
Pour ces multiples raisons, il faut éviter le systématisme d'une « méthode » qui serait infaillible. Nous devons apprendre à écouter, à regarder et suivre alors, mais avec un certain savoir-faire, la voie que nous montre cet enfant, puisque maintenant nous savons qu'il porte en lui l'énergie vitale qui le fait avancer dans sa voie à lui, celle qui lui convient.

Chapitre 1

DÉCOUVRIR UN BÉBÉ

« Bien des mamans apprendront avec stupéfaction ce qu'est l'expression de la vie chez un bébé jusqu'à 18 mois, lorsqu'il n'est pas élevé en fonction de ce qu'il est bien ou mal de faire, mais en fonction de ce que l'enfant aime faire, c'est-à-dire jouer avec les difficultés. C'est l'exercice de ses possibilités qui fait de l'enfant un sujet sain dont on pourra plus tard solliciter des efforts auxquels il consentira librement, pour le plaisir de se sentir mieux vivre. »

Compte rendu d'une conférence faite en 1949 à l'École des parents, où le Dr Françoise Dolto évoque le livre, « remarquable » dit-elle, du Dr Emmi Pikler (*Que sait faire votre bébé*, La Bibliothèque française, 1948) qu'elle vient de découvrir.

La découverte du bébé est l'objet de ce livre, mais il s'agira de votre bébé en particulier. Pour l'instant, nous ferons rapidement le point des découvertes actuelles sur lesquelles tout le monde s'accorde, pour voir ensuite ce qu'ont apporté les recherches de l'Institut Lóczy à Budapest et terminer ce chapitre par quelques mots sur le plaisir du bébé... et celui des parents !

Les découvertes récentes sur les bébés

Prolongeant les travaux des psychanalystes, les études récentes s'accordent à dire ceci : le bébé est une personne qui, dès le jour de sa naissance (peut-être avant ?), va chercher activement à prendre conscience de ce qu'il est, lui, et de ce qu'est son entourage. Prendre conscience, s'apercevoir de la différence :

- entre lui, qu'il va commencer à connaître, et autrui, c'est-à-dire maman, papa, les autres ;
- entre lui et l'environnement, son lit, les objets.

Rendez-vous compte que le bébé de quelques semaines ne fait pas la différence entre son corps, ses bras, ses jambes et son lit, entre lui et le nounours que vous placez toujours à côté de lui... qu'il ne fait pas la différence entre lui et vous. La répétition régulière des sensations, des mouvements, des odeurs, des paroles va lui permettre très progressivement de repérer une succession, puis de différencier ce qui vient de lui de ce qui apparaît sans qu'il ressente quelque chose dans son corps (donc ce qui n'est pas lui).

Sachez que ce travail ne se fait pas automatiquement, comme la croissance physique, la digestion, etc. Dès le début de sa vie, un enfant est actif et possède un début de conscience.

Cédric est né il y a une demi-heure, l'infirmière lui fait une toilette « active » (!) sous une forte lumière. Il pleure et se recroqueville. Quand elle s'arrête dans un coin plus sombre pour parler à sa collègue, le papa, qui l'observe derrière la vitre, le voit se détendre, soulever une paupière et arrêter de bouger quelques secondes « comme s'il se dépêchait de regarder où il était »...

Un tout petit enfant cherche déjà à **comprendre le monde nouveau dans lequel il se trouve**: à 3 ou 4 mois, vous le verrez cinquante fois passer le bras devant son visage. Ne croyez pas qu'il s'agisse de gestes hasardeux et incohérents. Il expérimente une certaine sensation (que nous, adultes, savons être la sensation du mouvement de son bras) et une autre (que nous, adultes, savons être l'image de sa main passant devant ses yeux).
Un bébé passe son temps à découvrir quelque chose par hasard puis à rapprocher cet élément nouveau de ce qu'il connaît déjà. Il fait un nombre infini d'exercices en prenant conscience et en cherchant des rapports. Quel rapport existe-t-il entre la sensation de ce bras et l'image devant les yeux?
Puis surgira l'acte volontaire: il suscitera lui-même cette sensation (bouger son bras) et il verra apparaître l'image devant ses yeux. Par la répétition de cet exercice apparaîtra la notion que le lieu de cette sensation (le bras) est attaché à lui-même, qu'il n'y a que lui qui puisse la créer, etc.
Quand vous voyez votre bébé de quelques mois remuer bras et jambes, sachez qu'il « pense » en même temps, d'une certaine manière, qu'il est continuellement en train de tirer un profit, un enseignement, de ce qu'il vit.
Les milliards de cellules de son cerveau (les neurones), qui sont encore vierges, sont petit à petit et successivement traversées par une sorte de courant qui les anime (comme le circuit d'un ordinateur). Elles vont garder des traces, et chaque nouvelle expérience va enrichir l'ensemble des précédentes. C'est ainsi toute une activité absolument fabuleuse qui se passe dans le cerveau de votre bébé. Il ajoute chaque fois une infime pièce à l'immense puzzle qu'il a entrepris de construire.
Et vous pouvez avoir autant de respect que d'admiration devant un bébé qui, par exemple, a réussi à saisir un petit objet dans chaque main. Ses mouvements, mal dirigés, font qu'il frappe un objet contre l'autre et qu'il entend un bruit. Regardez son étonnement, il a dans le regard une sorte de perplexité, et, s'il a gardé en main ces deux objets, il va maladroitement agiter ses deux bras comme pour chercher ce qui a pu se produire, peut-être chercher à le reproduire.
Si vous essayez de vous représenter cet intense effort de compréhension d'une part, de maîtrise d'une sensation puis d'un mouvement d'autre part, vous ne pouvez qu'être impressionné(e) du travail que cela représente, de la concentration que le bébé manifeste. Et vous le respecterez assez pour ne pas l'interrompre...
Mais, de même qu'il ne peut y avoir croissance physique sans nourriture, il ne peut y avoir croissance motrice, intellectuelle et affective sans sécurité affective et physique. On le sait depuis longtemps: dès sa naissance, et même avant, le bébé est un être de relation. Il ne peut se développer que dans les échanges avec les adultes (échanges d'amour, le mot amour n'ayant pas la même signification quand il s'agit des parents et quand il s'agit de personnes autres qui s'occupent de lui).

Comme le petit enfant est actif dans cette construction et que ses moyens sont très limités, il ne pourra construire une cohérence que si le nombre de personnes et d'expériences est limité.

Françoise Dolto a expliqué magnifiquement comment l'enfant va construire la représentation qu'il a de lui, son identité, en s'enracinant dans la relation à ses parents, biologiques ou non, à ce qu'elle appelle « la personne tutélaire »; pour plus de commodité, nous dirons « sa mère et son père ».

Si l'enfant n'est pas assez nourri d'attention dans cette relation, ou si cette relation se trouve brusquement rompue – pour des moments courts ou longs –, le bébé perd en quelque sorte son support intérieur. Car c'est l'attention (en général l'amour) de sa mère et de son père pour lui qui le maintient en vie psychique. C'est grâce à cette attention qui d'une certaine manière passe à l'intérieur de lui que, peu à peu, il deviendra plus solide et, parallèlement, aura moins besoin de ses mère et père.

Le dynamisme interne du bébé ne peut donc se libérer pleinement que si celui-ci se sent en **sécurité affective** et physique aussi bien entendu, ce qui n'est pas toujours évident.

Dans la mesure où le bébé cherche lui-même à se repérer, à prendre une place et à développer ses possibilités, c'est pour lui un réel travail, source de fatigue mais aussi d'inquiétude dès qu'il se révèle trop difficile.

Un bébé est fragile, il peut rapidement devenir inquiet, voire angoissé, pas forcément à cause de « l'angoisse de sa mère » (ce qui est pourtant un cliché facile) mais parce qu'il ne peut pas réussir ce à quoi son dynamisme interne le pousse: comprendre le monde nouveau dans lequel il se trouve et développer ses capacités (c'est trop difficile ou, à l'inverse, l'environnement est trop pauvre pour lui permettre d'investir ses possibilités).

Nous savons que ses capacités de compréhension par le langage sont étonnantes, bien que nous ignorions par quels mécanismes un bébé de quelques heures intègre tant de choses des mots qui lui sont adressés[1].

Nous savons que le comportement d'un bébé change quand nous lui expliquons très simplement ce qui se passe pour lui: nous « mettons des mots » sur ce qu'il est en train de vivre. Nous en verrons ici beaucoup d'exemples concrets. Il a alors des éléments pour découvrir que les événements, les émotions ont un sens, pour commencer à « comprendre ».

> Quand vous parlez à un tout-petit en vous adressant bien spécifiquement à lui, il vous regarde intensément. Vous sentez qu'il y a en lui quelque chose qui cherche à comprendre et à communiquer.

À ces découvertes récentes et reconnues par tous, nous allons ajouter dans ce livre une autre découverte originale et peu connue: la capacité d'activité libre chez le tout-petit.

1. M. Szejer, *Des mots pour naître*, Gallimard, 1997.

La capacité d'activité libre chez le tout-petit

Le dynamisme intérieur du tout-petit

Les recherches et les résultats d'observations que je vais vous communiquer permettent d'affirmer ceci : non seulement l'enfant est actif, mais **il porte en lui la capacité de découvrir et de grandir par lui-même**. C'est-à-dire qu'il existe un dynamisme intérieur qui porte à la croissance intellectuelle et motrice, comme il existe un dynamisme biologique qui porte à la croissance physique.

Ainsi, dès qu'il est sorti de son lit, vous verrez que votre enfant va chercher de lui-même à bouger, puis à ramper, puis à se mettre assis, puis à se tenir debout, puis à marcher. De lui-même, il va faire mille expériences par jour (comme le bébé qui découvre sa main ou le bruit de deux objets frappés l'un contre l'autre).

Ainsi, le bébé peut faire pratiquement sans arrêt un très grand nombre d'expériences, en s'interrompant régulièrement pour intégrer ce qu'il vient d'expérimenter, changer de posture, reconstituer ses énergies et reprendre ensuite son activité.

On croyait qu'il était nécessaire de le stimuler, d'agiter des objets, de lui donner des jouets sophistiqués. Eh bien, il n'en est rien ! La découverte scientifique, c'est qu'un bébé, toujours dans ces bonnes conditions affectives que nous détaillerons plus loin, est capable de développer par lui-même :

- toute la motricité globale et fine (se mettre assis, se tenir debout, marcher, grimper, saisir les petits objets…) ;
- toute la connaissance des personnes, des objets qui l'entourent et des relations concomitantes dans l'espace et dans le temps.

Si le bébé est dans les conditions de sécurité affective dont nous avons parlé, il cherche de lui-même à développer ses capacités et, si on lui en donne la possibilité, il acquiert de cette façon une grande aisance et une autonomie fondées sur la confiance qu'il a en lui. On a pu observer ainsi tout ce qu'apporte la liberté motrice chez le tout-petit, découvrir comment la vie psychique et le développement intellectuel s'enracinent dans cette activité motrice libre. On a découvert qu'il avait la capacité d'alterner lui-même ses moments d'activité et ses moments de repos, se donnant ainsi des temps de pause pour récupérer. Mieux on peut « écouter » les manifestations d'un tout-petit, mieux il se développe.

L'exemple de Lóczy

Ces découvertes s'appuient sur les recherches d'une pouponnière de Budapest dont le principe de base est de permettre aux enfants, très entourés affectivement, de vivre dans une totale liberté d'activité et de mouvement. Les idées appliquées à Lóczy sont maintenant connues et approfondies dans de nombreux pays d'Europe

(Congrès internationaux à Budapest en 1991 et en 1996). Elles ont toujours été pratiquées spontanément par certains parents, mais ils étaient peu nombreux et rien n'autorisait jusqu'alors à affirmer qu'ils avaient raison.

Emmi Pikler, pionnière en ce domaine, est née et a exercé la pédiatrie à Budapest à partir des années 1930. Après avoir été interne dans le service de pédiatrie de l'hôpital de Vienne, où existait un courant d'« éducation nouvelle », elle formula quelques idées de base : le nourrisson devait pouvoir bénéficier d'une grande liberté motrice, il était apte à comprendre le langage qui lui était adressé et pouvait être considéré, en particulier au cours des soins, comme un partenaire actif. Ces idées étaient tout à fait révolutionnaires pour l'époque.

Pédiatre, elle allait au domicile de chaque famille une fois par semaine et observait le bébé en présence de sa mère. Toutes deux discutaient ensemble de son comportement. La maman notait pendant la semaine ce qu'elle remarquait de l'évolution de son enfant. Emmi Pikler put ainsi, pendant une quinzaine d'années, vérifier certaines de ses idées, les expérimenter, les enrichir et élaborer tout un ensemble de principes cohérents.

En 1946, le gouvernement hongrois lui demanda d'ouvrir une pouponnière pour les enfants privés de parents. Elle y accueillit des nourrissons et chercha à organiser les soins et toute la vie de la pouponnière de telle sorte que les bébés puissent avoir un développement aussi proche que possible de celui des enfants observés dans les familles et qui étaient épanouis. Elle utilisa évidemment l'ensemble de ses découvertes, et ce fut une nouvelle occasion de les vérifier et de les enrichir avec la collaboration des personnes qui s'occupaient des enfants avec elle. Elle attachait une importance toute particulière à la sécurité affective du bébé.

Les observations effectuées sur le développement de chaque bébé, avec toutes ses particularités individuelles, furent consignées avec soin, d'abord pour s'assurer que le bébé allait bien, puis pour percevoir les petits détails de son évolution. Emmi Pikler put ainsi, après plusieurs années, prouver que sa façon d'appréhender les grands mouvements et la liberté motrice accordée au jeune enfant donnait des résultats satisfaisants sur le plan de la souplesse, de l'assurance, mais aussi du développement global de la personnalité : on remarquait une activité riche, une grande sécurité intérieure, une confiance en soi et une conscience de soi déjà précises chez les enfants élevés selon ses principes.

C'est ainsi que sa pouponnière est devenue un lieu de recherches fondées sur un très grand nombre d'observations extrêmement précises concernant les différents aspects du développement du bébé. Mais le souci premier y reste de manière absolue le bien-être physique, affectif et psychique de chaque bébé, la recherche des conditions optimales pour que lui, tel qu'il est, puisse se développer au mieux.

C'est maintenant l'Institut Emmi-Pikler, institut méthodologique d'éducation et de soins du tout-petit, attaché à l'université de Budapest. Il est situé rue Lóczy, d'où le nom de « Lóczy » qui lui est habituellement donné. Les enfants changent, mais les observations sont toujours faites avec le même respect et les mêmes exigences, le plus discrètement possible pour ne pas gêner. Il n'y a jamais d'expérimentation, jamais un

enfant n'est mis dans une situation particulière pour que l'équipe puisse étudier un aspect de son comportement ; il est observé dans sa vie quotidienne, « naturelle ».
Les observations rédigées par les nurses elles-mêmes ou par des personnes plus extérieures sont soigneusement classées puis analysées. Elles nous donnent donc des informations fiables sur ce que les très jeunes enfants sont capables de réaliser quand ils sont placés dans des conditions de sécurité affective et de liberté motrice totales. Elles nous apprennent beaucoup sur le fonctionnement des enfants « à l'état pur » en quelque sorte, quand ils sont peu influencés par les interventions directives des adultes.

> Lorsqu'on voit les enfants de Lóczy, sur place ou dans les films qui en viennent, on est frappé par leur aisance motrice rare chez les tout-petits, par l'harmonie de leurs gestes, par leur concentration, en même temps que par leur gaieté et par le plaisir qu'ils ont à échanger avec les adultes.

Les résultats statistiques de ces observations et leurs utilisations concrètes dans la vie quotidienne ont été confirmés puis enrichis dans la plupart des pays d'Europe par la collaboration avec les professionnels de la petite enfance, spécialement dans les lieux d'accueil : non seulement les résultats concordent, mais l'épanouissement et la joie de vivre des enfants, l'amélioration du comportement de ceux qui étaient en difficulté, l'intérêt porté par les parents et même le changement d'atmosphère dans les institutions qui les mettent en pratique troublent les plus méfiants…
La vie à la pouponnière a été décrite pour la première fois en France en 1973 par Myriam David et Geneviève Appell dans un livre intitulé *Lóczy ou le Maternage insolite*. « Dès l'entrée dans la maison, écrivaient-elles, on est frappé par l'aspect de ces bébés florissants, bronzés, souriants et animés. Enfants aux proportions et aux mouvements harmonieux, engagés la plupart du temps dans des activités variées et en bonne relation avec les adultes, à l'égard desquels ils se montrent peu dépendants. Les groupes sont calmes ; il existe peu de conflits entre les enfants, bien que les interactions ne manquent pas et commencent dès 4 ou 5 mois. » Ce fut également mon impression lorsque j'y passai dix jours en 1985.

Pas de précipitation
Regardez un bébé, discrètement, sans le solliciter. Regardez-le vivre. Quand vous vous approchez, même souriant(e), attendez un peu. Les premières réactions viendront de lui : il prendra l'initiative et vous pourrez alors lui répondre sans le devancer. Il aura le temps et l'« espace » pour pouvoir manifester ce qu'il est maintenant.

Un regard différent

Plutôt que de savoir *a priori* ce qu'il faut pour un bébé, il s'agit de l'écouter, de le regarder pour répondre ensuite à ce qu'il manifeste. **Le suivre, le découvrir, lui faire confiance...**

Attitudes qui vont s'enrichir au fur et à mesure que l'enfant grandit, mais dont le principe de base reste toujours valable même si la formulation doit changer quelque peu après le deuxième anniversaire: certaines informations de la part des adultes deviennent alors nécessaires, mais l'expérimentation personnelle demeure toujours la base d'un bon développement intellectuel et intérieur.

Ces affirmations peuvent vous paraître péremptoires: regarder votre bébé vous permettra de vous faire votre idée. Les deux idées forces de ce livre sont ainsi la confiance que vous pouvez avoir en lui, et la part active qu'il prend à son développement dans la relation avec vous.

La confiance

Vous pouvez faire confiance à votre enfant car il naît avec un potentiel particulier, toujours extraordinaire, qu'il aura le désir et la capacité de réaliser. Le problème n'est plus alors de faire correspondre l'enfant à des normes qui sont les vôtres (ou celles des médecins, des voisins, des revues spécialisées...), il est de lui donner la possibilité de développer ses propres capacités au rythme qui est le sien, de développer son originalité.

Après en avoir observé des milliers, on s'aperçoit que dans ces conditions les enfants ont plus confiance en eux, qu'ils sont moins dépendants des adultes. Leurs réalisations sont variées, accomplies avec plénitude: elles viennent « de l'intérieur ». Votre travail sera de mettre l'enfant dans des conditions telles qu'il puisse réaliser ces capacités.

Une relation de collaboration

Vous devenez ainsi, en quelque sorte, les collaborateurs de l'enfant dans son travail de découverte et de construction de lui-même, ceux qui soutiennent, aident, rendent possible, et non les éducateurs auxquels il incombe de modeler la personnalité (comme on pensait autrefois qu'il était nécessaire de le faire). Attitude tellement plus « légère » alors même qu'elle ne diminue en rien notre responsabilité.

L'enfant est le sujet de l'aventure, l'**être actif** si vous lui permettez de le rester. Vous êtes là, comme en second, pour l'accompagner. Sa totale dépendance première porte en elle le germe de l'autonomie.

Le plaisir : une notion dont on parle peu

Je compléterai avec cet autre regard plus centré sur les parents. Quand nous trouvons du plaisir avec un enfant – plaisir à vivre avec lui, à le regarder, émerveillement devant ce qu'il est dans son originalité –, il est détendu, sa joie de vivre le rend actif et il se trouve dans les meilleures conditions.
Évident quand tout va bien, cela ne l'est plus autant quand nous sommes fatigués, angoissés, déçus, ou simplement à certains moments de la vie quotidienne, puisque la vie avec un petit enfant (comme avec tout être d'ailleurs) s'accompagne obligatoirement de moments de saturation, de découragement, de grande fatigue, des moments dont nous n'osons pas toujours parler.

Retrouver du plaisir hors de nous, et en nous : notre enfant le sentira et nous aidera, quel qu'il soit.

C'est là qu'il faut respirer profondément (à part problème médical bien particulier, qui peut nous en empêcher ?), retrouver un plaisir à vivre tout simplement peut-être, à regarder cet enfant, sa beauté… quel enfant n'en a pas ?
Le plaisir nous accompagnera tout au long de ce livre, spontané, évident ou plus volontairement recherché. Il ne s'agit plus d'une philosophie ou de bons sentiments, il s'agit d'une réalité… observable !
On peut voir là une convergence avec certaines réflexions actuelles sur le besoin de détente du corps, la valeur de la respiration, l'utilité de retrouver ses énergies : yoga et travail sur soi-même, valorisation de la vie physique et du sport… « Il n'y a pas de plus grand plaisir que de se sentir bien fonctionner », a écrit Bettelheim.
Ce plaisir ne correspond pas à la propriété de biens matériels ni à la satisfaction immédiate de ses besoins, mais à une sorte de concordance, d'harmonie avec soi-même et avec l'autre. Un plaisir à vivre, à regarder autour de soi, même si les conditions sont difficiles. Alors le bien-être s'instaure, le fonctionnement est meilleur et il engendre à son tour le plaisir.
Ce travail permanent, nous, parents, devons le faire sur nos angoisses, nos infantilismes, nos désirs de puissance… dont nous ne sommes pas « coupables » puisqu'ils sont aussi le fruit de notre constitution et de notre histoire, mais que nous devons dépasser peu à peu pour devenir un peu plus nous-mêmes. C'est alors que nous pouvons accueillir les informations d'un livre comme celui-là, réfléchir et **nous faire confiance**.
Ce qui, de cet ouvrage, peut pénétrer en nous va cheminer, et nous l'assimilerons peu à peu tout en gardant cependant notre originalité. Il y a trop de richesses en chacun, diverses, multiples, en nous comme dans le bébé, pour ne pas les faire vivre… mais pas de n'importe quelle manière. Amour et bon sens ne suffisent pas toujours.

La vie est trop loin de l'équilibre statique, trop riche, trop multiple pour qu'il puisse y avoir un modèle d'éducation, un modèle de parents. S'il y a amour et réflexion, confiance en l'autre et en soi, il y aura du plaisir et la vie nous orientera sur un bon chemin.

Pourrons-nous aider nos enfants à développer tout de suite leur personnalité originale, leur évitant ainsi un peu de travail à l'avenir, ainsi qu'à avoir plaisir à « fonctionner », diminuant ainsi leur dépendance ? Les attitudes éducatives qui sont décrites ici peuvent leur permettre de prendre un meilleur départ, une orientation plus positive.

Respirez, détendez-vous, prenez le temps de sentir cet air qui vous remplit : prendre conscience de l'intérieur de vous-même et de l'extérieur qui vous nourrit en permanence… découvrir votre bébé, et aller plus loin dans la découverte de vous-mêmes.

Le décor est planté. Maintenant, regardez votre enfant. Nous allons pénétrer dans les petits détails de sa vie quotidienne.

> Vous aimerez sans doute prendre des notes. Écrire de temps en temps sur un cahier ce que fait votre bébé est bien agréable à relire plus tard. C'est aussi très précieux à un moment difficile : vous pouvez alors vous arrêter et écrire, ce qui vous permettra de prendre du recul, un peu comme si vous parliez à quelqu'un.

Chapitre 2

LES SOINS QUOTIDIENS, moments d'échange, moments privilégiés

« L'air frais du matin et le bonheur d'être en vie.
[...]
Être là
Dans la paix du ciel gris
Dans le silence initial
D'une vie nouvelle. »

Christian Bulting, *Les Éléments des poètes*,
Hachette Jeunesse, 1990.

Vous trouverez beaucoup de détails concrets dans les livres de puériculture, mais vous n'y trouverez pas encore décrites ces attitudes, cette approche globale qui consiste à regarder votre bébé, à lui faire confiance et à lui offrir ce dont il a besoin, c'est-à-dire ce qui va l'orienter vers plus de confiance en lui, plus de conscience de lui. Même si elles semblent surtout adressées aux mamans, les observations qui suivent intéresseront tout autant les pères, les grands frères et sœurs, et ceux qui sont en contact avec le bébé.

Comment prendre et porter votre bébé

Il est important pour un nouveau-né d'éprouver le plus grand bien-être possible: si les premières expériences de son corps sont positives, il attendra les suivantes avec confiance. C'est sa toute première représentation de lui-même qu'il est en train de constituer.

Choisissez tout de suite une manière de le prendre, puis de le tenir, qui évitera que sa tête ne parte en arrière, et qui lui donnera (ainsi qu'à vous-même) un sentiment de sécurité.

On prend généralement un bébé en passant la main sous ses épaules, ce qui fait que sa tête part en arrière avant d'être rattrapée. On sent bien que c'est désagréable pour lui, mais comment faire autrement ?

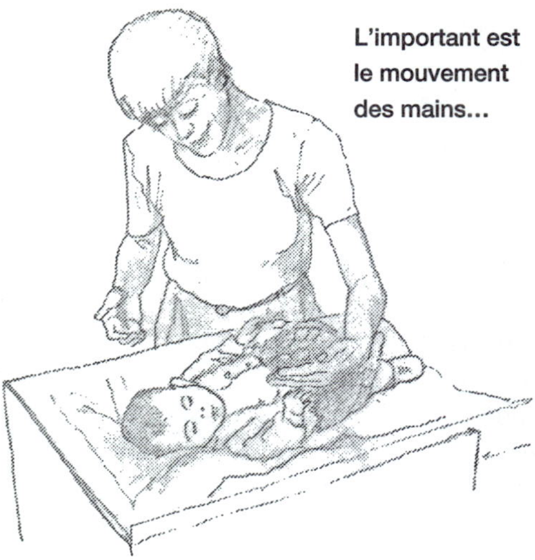

L'important est le mouvement des mains...

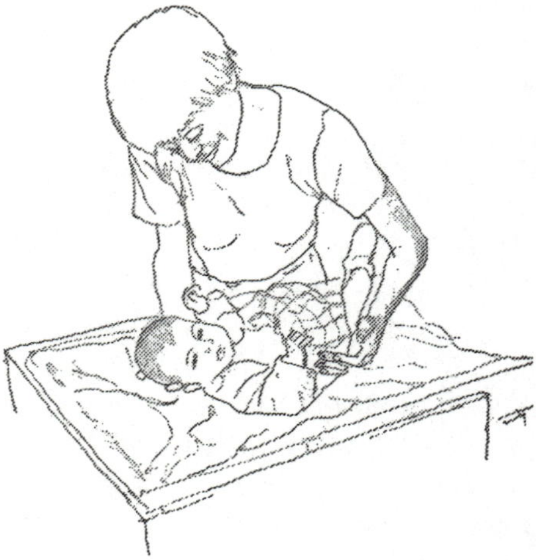

... qui consiste à soulever
la tête de la main droite...

... puis à glisser la main gauche sous
la tête, libérant ainsi...

... le bras droit pour
le glisser le long du dos.

Si vous essayez de le prendre comme les dessins ci-dessus vous le proposent, vous verrez sans doute qu'il n'y a pas que lui qui aimera cette position. Il est très agréable de porter un enfant de cette façon : vous le sentez détendu, et vous l'êtes vous-même puisqu'il ne risque pas de glisser, son visage est proche du vôtre, vous pouvez vous sourire et vous parler.

Bien sûr, la position verticale contre vous peut être précieuse pour lui quand il est tout petit et que vous êtes tout(e) à lui : vous lui tenez la tête, c'est un corps-à-corps, un moment de retrouvailles intime et profond. Mais vous sentirez vite que vous aimez les

échanges par le regard et vous observerez que, lorsqu'il est allongé sur votre bras, sa colonne vertébrale est étirée au lieu d'être « tassée » comme en position verticale, sa respiration peut être plus profonde ; il n'éprouve aucune fatigue puisqu'il n'a pas à tenir sa tête. Vous verrez qu'il commencera bientôt à la tourner librement et aussi, sans doute, qu'il sourira plus volontiers. Il est probable qu'il se sentira ainsi en sécurité « profonde » et d'une certaine manière plus en liberté.
Vous apprécierez cette manière de procéder chaque fois que vous devrez le prendre et le déplacer, le porter de son lit à la salle de bains, le nourrir, ou simplement le garder dans vos bras parce qu'il y est bien et que vous voulez l'avoir un peu contre vous...

Lors d'un voyage en train, j'observais une jeune femme très attentive à son bébé de 4 ou 5 mois. Elle le tenait assis sur ses genoux ou debout contre elle. Il « tenait sa tête », c'est-à-dire qu'il pouvait la tenir droite mais, souvent, elle ballottait en avant ou en arrière et il la redressait bien vite. Il est resté ainsi un quart d'heure, vingt minutes, puis il s'est mis à pleurer ; sa maman lui a parlé gentiment, l'a changé de position ; ne comprenant pas, elle lui a proposé un biberon qu'il a refusé. Ce n'était pas encore l'heure... Ce bébé devait être fatigué par l'effort permanent qu'il faisait pour tenir sa tête : cela pouvait contribuer, sinon suffire, à expliquer ses pleurs. Le tenir allongé, incliné peut-être, la tête bien soutenue, l'aurait reposé.

La tête vient alors au creux du coude, la colonne vertébrale le long de l'avant-bras et les fesses à peu près dans le creux de la main.

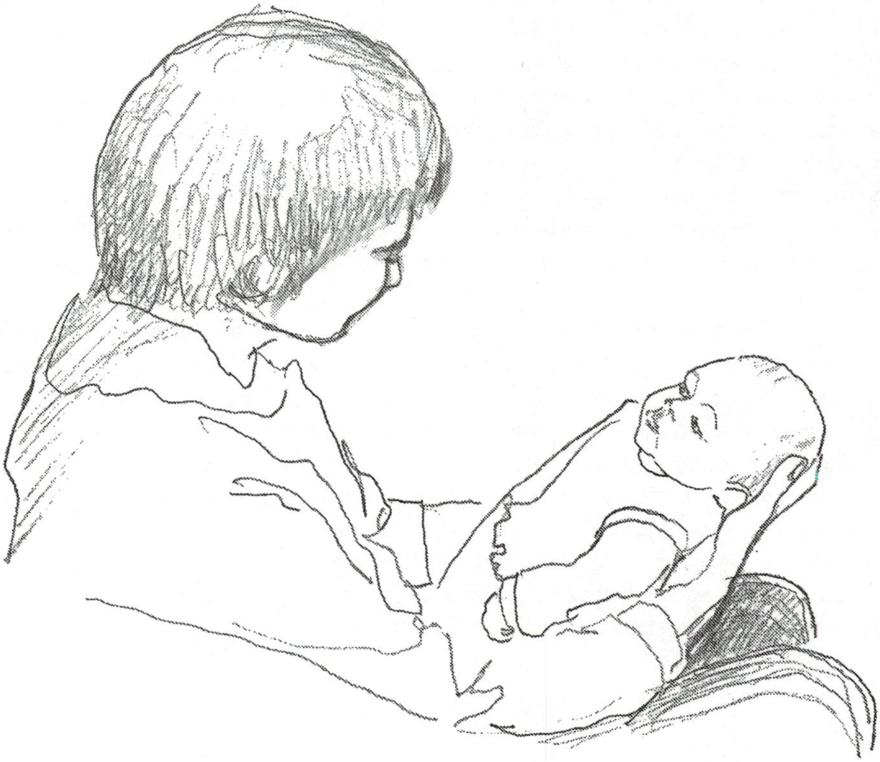

Pensez à bien soutenir de la main la tête de votre bébé.

Si vous êtes surpris(e), si vous doutez : « Mais il ne se muscle pas, il va devenir mou », voyez ce que nous dirons de l'activité du bébé quand il est allongé sur le dos au chapitre suivant. Vous comprendrez mieux, et vous verrez qu'il aura largement l'occasion de se muscler et de se dynamiser ! La tête d'un bébé est très lourde par rapport au poids de l'ensemble de son corps ; comme il manque encore de force, de capacités de coordination suffisantes, tenir sa tête longtemps lui demande un effort considérable qui le fatigue. Par contre, le promener ainsi, pendant qu'il regarde les arbres, les lumières, les livres ou tout ce qu'il aime est souvent un vrai plaisir.
Si vous constatez qu'il préfère vraiment une autre position, allongé, par exemple, sur votre bras mais sur le côté, son dos contre votre poitrine, ne l'en privez surtout pas. Mais pensez au poids de sa tête et à la sensation de bien-être que procure un dos bien étiré.

Les soins du corps

La toilette

Préparer le moment de la toilette

Il est dans son lit, éveillé, vous allez lui donner son bain ou faire sa toilette. Mettez-vous face à lui pour qu'il puisse vous voir et expliquez-lui (même s'il n'a que quelques jours) ce que vous allez lui faire. Regardez ses réactions. Attendez quelques secondes qu'il ait le temps de « réaliser » un peu que vous êtes là et que vous lui parlez, qu'il va se passer quelque chose. Puis prenez-le doucement, en le regardant toujours.

Vous pouvez continuer à lui parler et à observer ses réactions: a-t-il l'air content, inquiet, fatigué? Posez-le doucement sur la table de change en faisant le même mouvement que pour le prendre: tenez sa tête de votre main gauche pendant que vous retirez votre bras.

Y aurait-il une façon particulière de parler à un tout-petit?

Si nous reprenons ce qui a été dit sur ses capacités de compréhension, sur son dynamisme à participer activement à sa croissance, la réponse apparaît simple: lui parler avec le plus de simplicité et de clarté possible, mais sans infantilisme et en vous mettant bien en face de lui pour qu'il vous voie sans difficulté.

Puisqu'il est une personne à part entière à qui vous vous adressez comme tout autre, pourquoi lui parler à la troisième personne: « Oh! Émilie a mal, oh! qu'elle est malheureuse! » Ou: « Regarde ce que Maman a préparé pour Arthur! » Est-il une chose dont on parle? En lui disant: « Que tu as mal! Regarde ce que j'ai préparé pour toi », vous êtes en relation bien plus directe, toute simple et vraie avec lui.

À partir de quoi, vous vous laisserez évidemment aller à votre propre manière de parler à votre bébé: la tendresse qui est la vôtre, vos petits mots qui sont un peu votre secret à tous les deux, toutes ces douceurs que l'on ne vit qu'avec un tout-petit et dont il serait triste de se priver l'un et l'autre.

Vous allez passer un bon moment. Veillez donc à être bien installé(e) – la table de change ne doit être ni trop haute ni trop basse – et placez-vous si possible en face de lui pour que vous puissiez bien vous voir tous les deux. Vous pouvez aussi lui montrer ce que vous avez préparé pour la toilette puis le déshabiller en le regardant toujours et, doucement, lui dire ce que vous faites: « Je prends ton bras, j'enlève ta brassière… Regarde le coton, je vais le passer sur ton visage, sur ta joue, sur l'autre joue… » Plus tard vous le solliciterez: « Donne-moi ton pied pour que j'enlève ton chausson… »

Mais vous ne parlerez pas toujours. **Pensez à l'écouter, à le regarder**, à lui laisser le temps de manifester ses propres réactions : recevez, laissez pénétrer en vous ce qu'il vous apporte... Peu à peu ses mimiques, ses vocalises vont devenir de plus en plus riches. Ne tombez pas dans l'excès du « bain de paroles » où l'on parle sans écouter l'enfant ni se demander s'il a le temps de comprendre quelque chose de ce qu'on lui dit.
Car il vous dit des choses à travers ses vocalises, ses mouvements, ses mimiques. Vous le sentez, mais peut-être croyez-vous que vous bêtifiez ? Pas du tout. Vous pouvez savourer ces moments, la plénitude que vit votre enfant à travers votre plaisir et votre écoute... Vous êtes déjà réceptif(ive) à ce qu'il vous donne. Vous êtes comme rempli(e) à nouveau par lui, mais vous lui laissez l'initiative, vous donnez « corps » à ce qui vient de lui.

Un isolement bénéfique à deux

Ne vous laissez pas distraire par les personnes qui sont autour de vous. Vous vivez là un moment privilégié tous les deux, un moment intime, tranquille. Vous comprendrez peu à peu pourquoi il est tellement précieux pour votre bébé de le vivre ainsi.

> Un bébé, qui est au départ ignorant de tout, commence à se constituer une première représentation de lui-même entièrement et uniquement à travers ces petites expériences quotidiennes qu'il va vivre.

Si on lui parle peu et si on le manipule adroitement et gentiment peut-être, mais rapidement et sans que ce soit en relation avec lui, il ne peut pas faire l'expérience qu'il est important, et que l'on tient compte de lui. Il peut difficilement se remplir de ce bien-être qui donne un sentiment de plénitude.

Une participation grandissante du bébé

Peu à peu, vous pouvez essayer de répondre à ses vocalises plutôt que de lui parler toujours le premier ou la première : vous verrez alors comment vous donnez déjà à votre enfant l'occasion de développer une **attitude d'initiative** dans l'expression (initiative de la pensée peut-être déjà) et pas seulement une **attitude de réponse**, active certes, mais secondaire à l'intervention de l'autre. Toute une série d'observations sont faites à Lóczy sur la manière dont les bébés, dès l'âge de 2 ou 3 mois, peuvent « appeler » l'adulte. Ils commencent à se manifester d'eux-mêmes, à pouvoir prendre une initiative dans la relation.
Votre enfant va grandir, vous pourrez le laisser toucher ou prendre quelques objets qui sont à portée de sa main (le sachet de coton, la brosse à cheveux, etc.), le laisser jouer avec[1].

1. À Lóczy, la table de change est entourée d'une petite barrière qui permet à l'enfant de se tourner sans danger du dos sur le ventre ou l'inverse, puis de se mettre debout quand il en est capable.

Pourtant, vous comprendrez vite qu'il lui est sans doute plus utile d'être attentif à ce que vous lui faites (vous mettez de la crème sur son visage, vous enlevez sa couche, etc.) que de se distraire avec des objets : il se laisse alors manipuler comme un paquet en étant totalement absorbé par autre chose. Ces petits gestes peuvent vous paraître insignifiants, vous en comprendrez mieux la signification au fur et à mesure de la lecture de ce livre.
Lorsque vous devez le mettre sur le ventre, pour défaire des boutons par exemple, tournez-le doucement en le prévenant d'abord ; vous verrez que, si vous dégagez le bras du côté où il va pivoter, en mettant celui-ci à plat dans le prolongement du corps au-dessus de sa tête, votre bébé continuera le mouvement non seulement sans aucun malaise mais avec une participation active.
Au fur et à mesure qu'il va grandir, votre aide diminuera et c'est lui qui effectuera la plus grande partie du mouvement. L'esprit est toujours le même : essayer de lui donner la possibilité de participer à ce que vous êtes en train de lui faire afin qu'il ne prenne pas l'habitude d'être un objet qui se laisse manipuler, de manière agréable peut-être, mais passive.

Un moment intense dans la vie du bébé

Vous vous apercevrez très vite que le déshabillage et la toilette deviennent des moments de vie très intenses pour le bébé – et pour vous aussi. Si vous lui dites : « Je prends ta main, je prends ton pied », il éprouvera au même moment une sensation dans cette main, dans ce pied. Si vous réussissez à être discrèt(e), vous verrez les manifestations de son intérêt.

> *Émilie, 6-7 mois, est intriguée par le changement de son pied quand la chaussette est enfilée. Elle regarde alternativement chacun de ses pieds dans le plus grand silence. Si on le peut, on lui laisse les quelques instants nécessaires à son observation. Un peu plus tard, elle fait sortir elle-même ses doigts de la manche, en riant et en y prenant un grand plaisir.*

Vous voyez comment vous accompagnez ainsi votre enfant dans la **découverte de son corps**.
La découverte de ce corps qui est le sien et qui est lui-même se fait dans le plaisir et dans la relation avec vous, dans le plaisir et dans l'amour. Peut-il y avoir un meilleur commencement ? Car c'est la première conscience qu'il a de lui-même et de son corps, conscience qui va se trouver inscrite à l'intérieur de ses cellules et qu'il gardera au fond de lui pendant toute sa vie.
C'est pourquoi, si vous ne pouvez pas vous occuper complètement de lui, organisez-vous pour que ce soit vous qui lui donniez le plus souvent possible les soins de toilette et de repas. C'est pendant ces moments que, par les contacts corporels, les caresses, les paroles qui prennent un sens, le petit enfant éprouve les limites de son corps, sa peau, la différence entre lui et l'autre… c'est là que se nourrit l'intensité, la force de la relation avec vous.

Il est évident que, si votre bébé a vécu des périodes difficiles (maladie, hospitalisation, séparation...), vous cultiverez ces moments pour lui permettre de se rassembler, de se récupérer dans cette relation où vous êtes entièrement disponible pour lui.

J'ai observé un bébé de 4 mois qui avait été hospitalisé pendant tout le premier mois de sa vie. Alors que sa nurse le prenait doucement, il était agité, remuait bras et jambes dans tous les sens sans regarder l'adulte qui pourtant lui parlait. La nurse lui a alors donné les soins comme je les décrivais, « en écoute », en lui passant lentement un peu de crème sur les articulations. Au fur et à mesure, on a vu le bébé détendre peu à peu ses jambes et ses bras ; puis tout son corps s'est allongé ; enfin seulement, son regard a plongé dans celui de l'adulte qui, à ce moment, ne l'avait pas particulièrement sollicité. La nurse tenait ses deux mains ouvertes le long du torse du bébé, toujours allongé sur le dos, et lui la regardait mi-interrogatif, mi-heureux – peut-on savoir ? – mais visiblement « plein », reconstitué, calme, commençant probablement à ressentir son corps comme une unité.

> Pouvez-vous savoir comment faisait votre mère avec vous ? Était-elle très attentive, enveloppante, ou vous laissait-elle plus à vous-même ? On se comprend mieux soi-même quand on sait ce que l'on a vécu enfant...

Un grand nombre d'observations de cet ordre montrent qu'un bébé « écouté » de cette manière fait lui-même ce travail de rassemblement. Mais l'attitude réceptive de l'adulte est nécessaire pour que ce soit lui qui fasse le travail.
Un bébé se construit lentement **à travers un grand nombre d'événements répétés.** Si votre bébé est en pleine forme, il y réussira de toute façon. Mais, s'il a déjà vécu des expériences perturbantes, si vous l'avez adopté, vous l'aiderez beaucoup en lui permettant ces expériences cent fois renouvelées. Vous verrez comment, ensuite, il pourra jouer seul, dormir tranquillement. Là vous pourrez vous faire remplacer sans dommage pour lui.

Habillage, déshabillage

Pensez à remonter le vêtement le long des bras ou des jambes du bébé plutôt que de tirer sur ses membres. Très vite, vous pourrez lui montrer la brassière, le chausson, la couche que vous allez lui mettre et vous l'inciterez à collaborer avec vous : « Tu me donnes ton bras ? tu me donnes ton pied ? » Ou : « S'il te plaît, donne-moi ton bras ! »
Attendez un peu et peut-être pourrez-vous profiter du moment où il a le bras levé pour lui mettre la manche. Les jours passant, vous verrez qu'il soulève de plus en plus souvent le bras, et un jour viendra où il vous le tendra réellement. Bien sûr, vous n'attendrez pas toujours que le bras soit soulevé pour enfiler la manche ! Mais vous

sentez que c'est là une manière de lui permettre de participer à ce que vous faites, d'être actif. Au fur et à mesure qu'il grandira, regardez ce qui se passe si vous le laissez faire les choses nouvelles dont il est capable: se mettre sur le ventre ou revenir sur le dos en étant très peu aidé, tirer un peu sur la culotte que vous enfilez, enlever les chaussons, etc.

Un jour viendra où il saura se mettre debout seul, puis il marchera: si vous voulez lui permettre d'utiliser ses capacités nouvelles, vous pourrez l'habiller en partie debout, soit en installant en hauteur une petite barrière pour qu'il ne risque pas de tomber, soit en vous asseyant sur un tabouret bas et en l'habillant par terre. Vous sentirez très vite que c'est plus valorisant pour lui que d'être habillé allongé alors qu'il tient déjà très bien debout. On voit pourtant des enfants de 8 mois, délurés mais pas encore « propres », portés par leur mère, posés sur la table de change et changés les jambes en l'air comme des nourrissons...

Un apprentissage essentiel

Si vous vous laissez ainsi conduire par ses progrès, vous y trouverez un très grand plaisir mais aussi un très grand intérêt: les soins ne sont plus quelque chose de mécanique qu'il faut faire bien et le plus rapidement possible, mais un moment d'**intense relation** où l'on sent que l'enfant effectue un apprentissage profond et intime, précieux pour lui, pour son avenir. Vous lui donnez quelque chose qui est une qualité d'être: s'« habiter » pleinement.

Ces attitudes n'empêchent pas la toilette d'être un moment de jeu, où l'on chante, où l'on se sourit, où l'on prend beaucoup de plaisir.

Après quelques jours pendant lesquels les moments d'attention, une sorte de contrôle de vous-même, sont nécessaires, comme pour apprendre les bons gestes, vous aurez assez d'aisance pour vous retrouver détendu(e). Il peut y avoir une sorte d'alternance entre des moments d'écoute, de grand calme, où vous vous contrôlez un peu éventuellement pour l'« écouter », et des moments plus spontanés où vous jouez.

J'attire seulement votre attention sur certains jeux un peu bruyants, sur les chatouilles... auxquels l'adulte semble parfois (souvent?) prendre davantage de plaisir que le bébé, qui semble plus excité que réellement joyeux. Il devient un objet, un jouet pour l'adulte. Là encore essayez d'être attentif aux réactions, aux réponses de votre bébé. Chaque enfant est différent: vous ne pouvez savoir si le vôtre aimera ces jeux beaucoup ou moyennement, et plus ou moins selon les moments.

Le bain

C'est souvent un moment d'appréhension, puis de grand plaisir, pour les mamans! Peut-être voyez-vous mieux maintenant comment procéder?

Au début, mettez peu d'eau dans la baignoire du bébé ou dans le lavabo et prenez-le comme nous l'avons indiqué: allongé sur votre bras, sa tête au creux de votre coude. Puis laissez glisser les fesses sur le fond de la baignoire: sa tête s'appuie sur votre avant-bras et votre main droite tient fermement le haut du bras et l'épaule. Il est ainsi presque entièrement dans l'eau mais, bien tenu, il n'éprouve aucune inquiétude, il ne risque pas de glisser, de se sentir mal à l'aise, et vous, vous n'avez pas peur qu'il se sente mal.

Avec votre main gauche, si vous êtes droitier(ère), faites venir un petit peu d'eau sur le dessus de son corps pour qu'il se familiarise tout doucement. Vous n'avez même pas besoin de le lâcher pour le sortir et le poser à nouveau sur la serviette. Vous faites simplement le mouvement inverse : votre main droite descend le long de son dos jusqu'à le tenir à hauteur des fesses ; sa tête repose alors au creux de votre coude, et il est toujours aussi à l'aise.

Ainsi, pendant toute la durée du bain, vous n'avez pas lâché sa tête. De votre main gauche, vous aurez pu le savonner tout doucement, un bébé n'est pas tellement sale ! Vous verrez qu'il prendra – et vous aussi sans doute – un très grand plaisir à ce savonnage à main nue, sans gant de toilette, semblable à une caresse. Vous verrez sans doute assez vite que, si sa tête est confortablement posée au creux de votre main ou de votre bras, votre bébé ne risque rien. (Faites attention à vos ongles, ils ne doivent pas être agressifs pour le corps du bébé.)

Chaque bébé a des réactions très particulières par rapport au bain. Certains l'aiment beaucoup, d'autres moins. Certains aiment flotter, d'autres préfèrent qu'il y ait peu d'eau. Ainsi, une mère de deux adolescents me disait son étonnement devant les réactions différentes de chacun lorsqu'ils étaient bébés. Le premier aimait y passer de très longs moments, s'étirait dans l'eau, agitait les jambes, les bras, etc. : il était dommage de l'en retirer. Le second, au contraire, s'y trouvait bien quelques instants puis remuait d'une manière un peu tendue et elle comprenait que cela suffisait : il n'avait pas envie d'y rester.

> Si vous voulez que votre bébé acquière peu à peu une bonne idée de lui-même, essayez de l'accepter tel qu'il est : celui qui aime l'eau aura un bain qui dure assez longtemps, pour l'autre ce sera plus rapide.

L'important est le bien-être de votre bébé en fonction de ses désirs et de ses aptitudes. Sans mots, sans conscience claire, il va vivre l'expérience que ses goûts sont respectés, ses appels entendus. (Et vous, comment répondait-on à vos goûts quand vous étiez enfant ?)

Ne vous faites pas de soucis pour l'avenir : de ces deux adolescents que j'ai cités, qui ont maintenant 15 et 18 ans, je ne sais lequel nage le mieux et lequel affronte le plus volontiers les vagues en pleine mer !

Respirez, détendez-vous ! Vous pouvez vous faire confiance, vous verrez que, en réalité, ce n'est pas si difficile. Mais essayez de suivre ces quelques indications, en particulier en tenant bien votre bébé. Des glissades inattendues, du savon dans les yeux… peuvent laisser des souvenirs qui mettront du temps à s'effacer, en lui et en vous.

Comme sur la table de change, mais peut-être plus encore parce qu'il est dans l'eau, vous verrez votre bébé se détendre s'il en a besoin, puis se reconstituer tranquillement, sûrement, si vous lui en laissez le temps. Pensez de temps en temps

à nommer les parties de son corps : « Je savonne ton bras, tes fesses, ton dos, tes cuisses, etc. » Très vite vous y mettrez le ton, les sourires, voire l'humour qui vous sont personnels !
Peu à peu votre bébé grandira, vous vous sentirez à l'aise et vous verrez tout naturellement ce que vous pouvez lui laisser faire, quand le lâcher complètement (bien entendu sans le quitter du regard), le laisser assis tout seul, etc. Il pourra participer activement : utiliser le savon, le gant...
Comme la toilette, le bain est généralement un moment très relationnel : l'enfant est tout entier impliqué dans ce qu'il fait et dans ce qui est fait pour lui. Son corps est détendu, il semble se sentir vraiment très bien.

Faut-il beaucoup de temps pour ces soins ?

Vous pourriez croire que cette manière de donner les soins va prendre beaucoup de temps ; il n'en est rien. Peut-être au début est-ce un peu plus long que si vous manipuliez rapidement votre bébé, mais très vite vous le voyez devenir coopérant, participer à ce qui est fait pour lui. Il manifeste alors très peu d'opposition ; le déroulement des soins est harmonieux, vous « ne perdez pas de temps » et vous vous fatiguez peu quand il est ainsi calme et détendu.
Une chose importante qui vous aidera : préparez tout avant de sortir le bébé de son lit. Pensez à ce dont vous aurez besoin : la couche, la chemise, la brassière, la crème et les produits divers, le coton, etc. Vérifiez que vous n'avez rien oublié, vous éviterez ainsi beaucoup de fatigue, d'énervement et même d'angoisse ! Ayez tout à portée de la main, vous n'aurez pas à laisser votre bébé seul sur la table de change ou à le transporter pour aller chercher une couche juste au moment où, évidemment, il fait pipi sur votre bras !
Il est souvent facile de fixer quelques étagères, éventuellement provisoires, au-dessus de la table de change. Les objets nécessaires ne sont ni lourds ni encombrants, et le fait de pouvoir les saisir facilement, voire d'une seule main, permet d'être plus détendu(e), plus disponible à l'écoute et au plaisir : cela vaut bien deux heures de bricolage et quelques trous dans le mur !

Les soins désagréables

Couper les ongles, nettoyer le nez, mettre un suppositoire ! Des moments d'appréhension qui me font sourire maintenant !
Deux solutions opposées :
- arriver subrepticement et faire très vite ;
- montrer à l'enfant l'« objet du délit » et le prévenir auparavant : « Ça va faire un peu mal, tu n'aimes pas ça... on va essayer de faire vite, après ce sera fini. »

Ces situations étant fréquentes, j'ai pu pratiquer les deux... au début !
Première solution : au début c'est efficace, mais peu à peu l'enfant s'attend à ce que le désagrément arrive à tout moment. Il risque d'être un peu inquiet en permanence, un peu tendu. On a l'impression de le trahir.

Seconde solution : il se raidit au moment où vous le prévenez de ce qui va être désagréable. Vous lui montrez le coton, le pansement, en lui disant que vous partagez son désagrément : « On va accomplir cette tâche tous les deux… » Il peut pleurer, manifester son mécontentement. Puis le « c'est fini ! » représente un soulagement pour tous les deux.

Il comprend ce qui va se passer, il prévoit, puis ressent le désagrément… mais avec vous. Il fait l'expérience presque consciemment que « ce n'est pas terrible », que la souffrance ne détruit pas. Apprenant à la connaître dans un climat de sécurité et de tendresse, il éprouvera moins d'angoisse si un jour il doit y être confronté plus durement.

« Pourquoi toutes ces précautions ? » penseront certains. Parce que la première étape est d'emmagasiner de bonnes expériences pour se constituer une idée positive de la vie et de soi-même, et devenir plus fort quand on sera ensuite confronté à des situations vraiment difficiles…

Deux attitudes possibles

Ces deux attitudes se retrouvent souvent chez l'adulte, qui peut :

- Prendre la position de celui qui domine seul la situation, qui sait, qui protège, face à celui qui doit se soumettre – pour son bien d'ailleurs.
- Miser plutôt sur une collaboration. Bien sûr, l'un est plus fort et « sait » ce qu'il faut, mais l'autre n'a pas à se soumettre passivement ; il peut participer avec toutes ses possibilités actuelles.

Pour ma part, j'ai été impressionnée du soulagement que j'éprouvais. Je me sentais moins « méchante », plus encourageante, plus positive, et j'aimais la joie partagée du « c'est fini ! ».

La participation de l'enfant devient peu à peu plus effective. Il tient le sac de coton ou la boîte de suppositoires. Plus tard, ce sera lui qui sortira le suppo de la boîte ou qui tiendra la pipette de sérum physiologique en même temps que sa maman ; elle appuiera seulement un peu plus fort pour aider le sérum à sortir.

L'enfant qui participe beaucoup à sa vie personnelle assume plus facilement les situations difficiles lorsqu'il peut y prendre une part active. Il se sent plus fort et moins à la merci de l'autre. Il a une certaine maîtrise de la situation, quelque chose à faire…

Pensez toujours à prévenir autant qu'il est possible votre enfant de ce qui va lui arriver de pénible (ou non d'ailleurs !) et faites toujours ce que vous avez promis, que ce soit agréable ou désagréable…

Nous retrouvons là notre idée de base : l'enfant est un être actif et non un être qui cherche à s'en remettre à des mains attentives.

J'ai souvent observé une différence dans les moments qui suivent : l'enfant prévenu et participant semble se remettre plus vite. Y a-t-il, dans le cas contraire, une vague inquiétude d'un « ça peut recommencer » ?

Celui qui, au fil des semaines, fait l'expérience que les sensations douloureuses sont toujours annoncées (sauf, bien sûr, quelques imprévus!) n'imagine pas qu'elles peuvent survenir à n'importe quel moment. Il n'est donc pas sur le qui-vive, il est confiant. Et quand il sait que le moment désagréable va arriver, il a le droit de pleurer, on ne le gronde pas, on partage avec lui. Il sait que « ça va finir ». Il peut en quelque sorte maîtriser la situation. Il peut utiliser ses facultés.

Les soins médicaux

Les médecins sont maintenant de plus en plus nombreux à s'adresser directement à l'enfant, si petit soit-il. Il apparaît en effet évident qu'il est bon de lui expliquer:

- ce qui va se passer;
- si ça va lui faire mal, où et longtemps ou non;
- pourquoi on le fait: parce qu'il a mal au ventre ou parce qu'il tousse; ou au contraire pour qu'il reste un petit garçon ou une petite fille en pleine forme.

Si l'atteinte est plus sérieuse, expliquez-lui ce qui arrive avec des mots simples mais qui vous sont personnels et en fonction de ce que vous sentez nécessaire: « Tu as avalé quelque chose qui peut faire mal à ton ventre, il faut donc aller voir ce qui se passe. » Ou: « Quelque chose te gêne dans tes poumons pour respirer. La dame ou le monsieur [kinésithérapeute] frappe sur ton dos et ta poitrine pour faire partir les choses qui te gênent, c'est très désagréable mais après cela ira mieux. » Ou encore: « Cette eau froide ce n'est pas agréable, mais ta tête est trop chaude, il faut la refroidir sinon tu auras encore plus mal à la tête », dans le cas du bain d'eau tiède lorsqu'il a une très forte température.

Attention: ces mots ne vont pas supprimer la souffrance ou la peur, ils vont **donner à votre enfant des moyens d'y faire face**. C'est lui qui va pouvoir les utiliser, mystérieusement d'ailleurs s'il est très jeune… on ne sait par quel mécanisme.

Ne croyez pas que votre enfant va arrêter de pleurer ou de refuser le traitement. Mais il deviendra une personne non détruite par l'inconnu, l'inattendu, l'appréhension, capable de manifester activement ses sentiments de colère, de refus, de peur… ou autres.

L'habitude est de dire « ce n'est rien, ne pleure pas! » ou bien de détourner l'attention du bébé pour qu'il ne se rende pas trop compte de ce qui lui arrive. Peut-être, au contraire, trouverez-vous les mots pour lui parler de sa souffrance et de sa peur. Il ne se sentira pas abandonné mais saura qu'il est entendu, et c'est alors seulement que les jouets familiers pourront l'aider à supporter cet état douloureux et souvent inconnu…

Si vous voulez qu'il puisse prendre en main ce qui lui arrive, ne cherchez pas à nier ou à minimiser la peur, le désagrément ni la souffrance. Les pleurs lui sont en général nécessaires pour décharger sa tension. Il aura besoin de votre attention, de votre protection (sécurité) et probablement de votre contact physique; gardez-le dans vos bras quelques instants. Essayez de vous mettre à sa place, d'imaginer ce qu'il ressent mais en vous laissant guider par lui, parce que sa manière de sentir lui est personnelle.

C'est à lui de saisir et d'utiliser la perche que vous lui tendez. Vous pouvez donner, mais c'est lui qui utilisera. Même si vous étiez la meilleure mère ou le meilleur père du monde, vous ne pourriez pas faire les choses à sa place et, en le faisant, vous ne lui rendriez pas service.

Nous aimerions avoir le pouvoir de supprimer la souffrance, la tristesse. La vie n'est pas ainsi. Le pouvoir que nous avons, c'est celui d'offrir des moyens au bébé. Ensuite c'est lui qui fait le travail: il est, même tout petit, un être séparé de nous. Nous l'accompagnons. C'est à la fois dur pour certains d'entre nous, et très soulageant. Si nous pouvons le vivre ainsi, il a toutes les chances de devenir un être plus responsable de lui.

Si cette situation reste pour vous très douloureuse, pensez que les enfants se remettent en général vite de la souffrance physique. C'est de l'angoisse, surtout si elle n'est pas partagée ou comprise par quelqu'un d'autre, qu'ils ne se remettent pas.

Les contacts corporels

Un moyen de « faire connaissance »

Il vous sera peut-être naturel de tenir votre bébé nu contre vous, nu(e) également (pourquoi ne serait-ce pas valable pour les pères ?). Sinon, pensez-y, surtout à la maternité et même si cela doit scandaliser quelques infirmières. C'est le contact intime, sans problème, quand le bébé est endormi ou éveillé, totalement détendu et doucement caressé par votre doigt.

Et si vous avez adopté ce bébé, même s'il a déjà quelques mois, n'hésitez pas[1]. Alors il fera connaissance avec votre peau, les pulsations de votre cœur et votre rayonnement, qui ne sont pas ceux qu'il avait connus mais qui en sont proches et avec lesquels il vivra maintenant. Y a-t-il manière plus intime, plus emplie de paix, de démarrer sa nouvelle vie ?

C'est souvent un si grand émerveillement et aussi une telle source de calme, de reprise d'équilibre en quelque sorte, comme si c'était sa respiration et les battements de son cœur qui à nouveau nous emplissaient…

Si votre personnalité fait que ces contacts très proches vous gênent – mais pourquoi ne pas vous risquer à essayer seul(e), sans spectateurs ? –, vous en trouverez d'autres: un bébé grandit, se construit dans l'interrelation avec ses parents tel qu'il est lui, tels qu'ils sont eux, chacun. Votre relation à vous se fera sur un autre mode, qui sera aussi « bon » s'il vous correspond.

1. Mais ne soyez pas brusque, prenez le temps…

Les massages et les caresses

J'ai profondément aimé les massages. Je les ai pratiqués en utilisant le livre *Shantala* de Frédérick Leboyer (voir bibliographie), assise par terre, les jambes allongées et mon bébé étendu dessus. Mais vous pouvez aussi faire ces massages quand votre bébé est sur la table de change ou dans un endroit qui vous convient à tous les deux.

Il est face à vous et vous le massez légèrement (ces massages sont très simplement expliqués dans le livre), vos mains adoucies par de l'huile d'amande tiédie. L'un de mes enfants, un peu hypertonique quand il était petit, a d'abord été un peu surpris et n'a pas aimé tous les jours, puis, au fil des semaines, il s'est détendu. C'étaient là des moments intenses et de grande communication. Bref, vous devriez essayer ! Le livre a l'avantage de donner des idées, mais avec ou sans méthode, vos caresses-massages lui seront tout aussi précieux.

Peu à peu, en grandissant, le bébé aimera toucher, caresser lui-même son corps, ses parties génitales. Vous nommerez celles-ci tout simplement, comme les autres : vulve, pénis, testicules (ou autres termes qui ne soient pas dévalorisants). Un jour viendra où vous lui direz avec tendresse et/ou humour que c'est parce qu'elle est une petite fille comme maman ou qu'il est un petit garçon comme papa. Si vous pouvez observer ses découvertes avec tendresse et bienveillance, les quelques mots nécessaires à cet âge vous viendront tout naturellement : vous n'aurez pas encore d'explications très compliquées à lui donner.

Il n'y a pas lieu de disserter ici sur les caresses de la journée, les baisers, les contacts corporels au fur et à mesure qu'il grandit, qui sont des moments si joyeux et pleins de tendresse. Ils appellent cependant une remarque : les enfants les apprécient différemment selon les moments, la nature de chacun, etc. Regardez un bébé de quelques mois, bien tranquille. Un adulte le prend, le fait sauter, le chatouille, rit, le couvre de baisers : l'enfant rit aussi, mais ne trouvez-vous pas que l'on sent parfois une tension, quelque chose d'un peu artificiel, d'un peu forcé[1] ?

> Si votre bébé est un peu tendu, nerveux, raide ou agité, prenez l'habitude de le caresser lentement. Tous ces bons moments contribuent à lui faire aimer ce corps qui est lui et qu'il est en train de découvrir.

Nous croyons facilement que nous sommes « bien » (à la hauteur) avec un petit enfant quand nous savons le faire rire. Et si nous étions « bien » aussi quand nous savons le laisser vivre, lui, comme il en a envie. Nous pouvons induire une dépendance chez un bébé qui va s'habituer à ces moments parfois (souvent ?) source de plaisir… d'abord pour nous. Ils peuvent agacer, déranger le bébé : certains enfants

1. Même un très jeune bébé a parfois un air étonné et pas forcément ravi.

savent le faire remarquer par un éloignement, un regard, c'est un message et une aide pour nous!
Avec du recul, nous nous apercevons que nous gardons longtemps un droit sur leur corps : caresser la joue ou les cheveux, tapoter le dos, les fesses, affectueusement bien sûr. Mais quand ils sont déjà grands, occupés à un jeu, **ils le ressentent parfois comme une intrusion**, un désagrément. Ce n'est pas parce que l'on est père ou mère que l'on peut toujours avoir ou trouver la bonne attitude! Un enfant sait, sent ce qui lui convient... et il a des moyens de l'exprimer. Mais, savons-nous écouter: « Que me montre-t-il qui est bien pour lui? »
Je veux évoquer là les comptines ou « jeux de nourrice » (« la petite bête qui monte », « quand le roi va à la chasse », etc.), bien rythmés et accompagnés de gestes repérables, toujours les mêmes, que le bébé attend et qu'il retrouve avec le plus grand bonheur. Ce sont des moments de tendresse active qui permettent d'anticiper, d'attendre, de découvrir son corps... trésors qui remontent à la nuit des temps et qu'il ne faut surtout pas négliger!

Le sommeil

Il est beau et réconfortant de voir un bébé dormir en paix, confiant, avant de reprendre ses explorations. Vous aimerez que ce soit toujours pour lui un bon moment, comme pour ce petit garçon de 3 ans qui disait: « Hmm, mon lit c'est mon plus bon ami! » C'est un moment de retrouvailles avec lui-même et avec son passé dans tout ce qu'il a de bon, mais aussi un moment de séparation, de solitude, un peu inquiétant ou triste parfois...
Vous veillerez donc tout naturellement à ce que, dès les premiers jours, son lit soit l'espace protégé et protecteur où il retrouvera les odeurs qui sont les vôtres: peluche ou objet qui vous représente, vêtement léger que vous avez porté et qui conserve votre odeur, une bonne chaleur douce. Plus tard il aura son « doudou », objet transitionnel qu'il choisira lui-même, on ne sait pas très bien comment, ni pourquoi celui-là... Vous pouvez le faire dormir dans un de ces sacs de couchage-combinaisons appelés « turbulettes », d'où les bras sortent mais qui ne peuvent pas remonter sur le visage.
Vous veillerez aussi à ce que, les premières semaines, son corps ne se trouve pas dans une sorte de « vide »: les bébés, même en grandissant, ont souvent besoin que leur tête, parfois leur dos, soit contre quelque chose, sans doute pour se sentir tenus, pour avoir une « enveloppe ». Encore une fois regardez le vôtre, vous comprendrez ce qu'il aime.
Son lit sera un lieu calme où vous éviterez de mettre des jeux (nous le verrons plus loin) car les enfants ont besoin de périodes de repos plus ou moins longues. S'ils vont bien, leur corps aime le repos, la détente, et si à certaines périodes – grande activité, désir d'être le (la) plus fort(e), inquiétude – un petit enfant peut refuser

> **Sur le dos ou sur le ventre?**
> Vous le coucherez sur le dos ou légèrement sur le côté, en évitant à tout prix la position sur le ventre (bien qu'elle ait été longtemps préconisée par de nombreux médecins): des études entreprises depuis plusieurs années et dans différents pays ont montré que faire toujours dormir les nourrissons sur le dos diminuait de façon significative les accidents au cours du sommeil. Une grande campagne a été entreprise en France, sous l'égide du ministère de la Santé, pour recommander de toujours coucher les nourrissons sur le dos et de veiller à ce qu'ils n'aient pas trop chaud pendant leur sommeil.

d'aller dans son lit ou de s'endormir, votre fermeté bienveillante et votre confiance l'aideront à « lâcher prise ».
Si des problèmes persistent, peut-être vous trouverez-vous dans ces situations que nous évoquerons plus loin à propos des pleurs (voir p. 127 *sq.*) ou des difficultés diverses (voir p. 171 *sq.*).
On peut considérer les « troubles » du sommeil sous l'angle de leur utilité: ils sont un bon révélateur de difficultés, petites ou grandes, que votre enfant éprouve lui-même, ou qu'il ressent chez vous ou dans sa relation avec vous. C'est évidemment dommage qu'elles existent mais, puisqu'elles sont là, essayez tout de suite de les améliorer ou de les résoudre: ce sera du temps, de l'énergie et du plaisir gagnés pour tout le monde!

Les repas

Manger, introduire quelque chose de bon, d'un peu chaud, dans son corps semble d'une importance capitale pour les bébés (ceux qui font des difficultés à certains moments sont sans doute gênés par quelque chose; nous y reviendrons). C'est encore l'occasion de contacts corporels et de merveilleux moments d'échange.

Préparer le moment du repas

Lorsque vous allez le chercher pour le repas, faites-le avec le même soin que quand vous le prenez pour sa toilette: en vous mettant bien en face de lui, en lui expliquant ce qui va se passer, en tenant bien sa tête et en le gardant allongé s'il est encore tout petit. Vous pouvez déjà lui mettre sa petite serviette: Audrey, à 1 mois, frétille quand sa maman lui montre et lui met son bavoir; l'a-t-elle déjà reconnu comme un signe du repas qui va suivre?
Si vous lui donnez le sein, regardez sa position et demandez-vous s'il est à l'aise, s'il n'a pas du mal à respirer, le nez trop collé contre le mamelon… Regardez si sa

> Portez tous deux des vêtements peu fragiles et bien protégés : la crainte de salir tout de suite le chemisier propre auquel on tient gâche vraiment le plaisir !

tête est bien tenue, si ses bras et ses mains sont libres (les bébés n'aiment pas avoir les bras bloqués sous la serviette ou sous le corps), si son corps est allongé et détendu. Quand il prendra le biberon, veillez à le retirer de temps en temps pour lui permettre de mieux respirer.

Installez-vous dans une position confortable pour tous les deux : sur un bon siège avec dossier, à une hauteur telle que vos jambes ne soient ni trop hautes ni trop basses (posez les pieds sur un tabouret ou prenez un siège bas). Ayez à portée de main un linge ou une éponge pour réparer les petits malheurs sans avoir à vous lever, et veillez à ce que le micro-ondes ou le chauffe-biberon se trouve à proximité. Comme pour la toilette, faites l'inventaire de ce qui vous est nécessaire avant de commencer.

Préparez-vous un bon moment !

Une nourriture affective et psychique

« *« Pourquoi tous ces petits détails ? Un bébé ne boit-il pas seulement parce qu'il a faim ? »* s'interrogera-t-on. »

Contrairement à ce que l'on semble encore penser trop souvent, le repas d'un très jeune bébé n'est pas uniquement le moment où il absorbe une nourriture matérielle.

Le calme et la régularité des repas

Ce bébé bien « tenu » dans une relation tellement proche de vous, confiant, détendu, va se trouver nourri également dans tout son être affectif et psychique : quatre ou cinq fois par jour, il peut faire l'expérience d'un bien-être quasi total. Il en est à ses premières perceptions de la vie et, si ce sont là ses premières découvertes, il a de grandes chances d'être plus calme et de garder au fond de lui une sorte de confiance dans la vie, d'idée positive de son corps, de lui-même et de l'environnement.

Nous nous plaignons souvent du grand nombre d'enfants nerveux, agités, instables. Les causes sont multiples et différentes pour chaque enfant. Mais percevez-vous qu'un bébé peut être conduit sur cette voie s'il est interrompu pendant son biberon, si les voisins viennent parler, si on bouge sans cesse parce qu'on est mal installé, si on se lève brutalement parce qu'il vient de régurgiter sur le chemisier propre ? Ces saccades permanentes, ce malaise sont souvent renforcés par le fait que ce n'est pas toujours la même personne qui donne le biberon, elle n'a donc pas le même rythme, la même façon de le tenir, de résoudre les petits problèmes…

Vous verrez plus loin comment les professionnel(le)s ont réfléchi à ce problème et trouvé des solutions, dans les crèches en particulier. À Lóczy, on n'a pas le droit de déranger une nurse, sauf en cas d'urgence évidemment, ni de lui parler pendant qu'elle donne le repas à un enfant de moins de 12-15 mois.

Même dans des situations inconfortables, un petit enfant peut boire et manger des quantités honorables et satisfaire les adultes. Mais, lui, il est privé de quelque chose d'autre, qui est une expérience de paix, de bien-être profond, de « re-constitution » intérieure, de capacité à se repérer, à comprendre et même à prévoir ce qui va lui arriver, tout ce qui contribue à le rendre intérieurement calme et un peu plus solide.

La continuité du lien affectif

« On entend dire encore : *« N'importe qui peut bien donner le biberon... il faut très tôt permettre à l'enfant de se familiariser avec des personnes différentes. »* »

Rien n'est jamais absolu ni rigide, mais les observations montrent que les enfants très jeunes ont besoin de continuité pour se repérer : commencer très tôt les apprentissages n'est pas un gage de réussite, bien au contraire.

Jusqu'à 3-4 mois, essayez de lui donner toujours ses repas vous-même. Ensuite, quand vous ne pourrez pas le faire, que ce soit le plus possible la même personne, et cela même sans protestation de sa part, car il peut certes s'habituer aux changements permanents, les accepter, mais on ne se rend pas compte de ce qui lui manque alors...

Si vous souhaitez que votre bébé soit calme tout en restant actif, réfléchissez à ce qu'est le repas pour lui : un ressourcement maintes fois répété. Vous comprenez bien que s'il se passe dans la paix, le calme, avec une constance qui lui permette de se repérer dans le déroulement des faits, votre bébé en retirera quelque chose de très particulier.

Si vous avez des jumeaux, il est important que chacun ait son moment de relation plein et entier. Vous essaierez donc de rester avec un seul, tout(e) à lui, en vous efforçant de ne répondre à l'autre que très discrètement, même s'il se manifeste très fort, et en lui expliquant que son tour va venir. Quand c'est régulier et clairement exprimé à chacun, les enfants s'habituent en général assez bien, comme si chacun savait que, en fait, il en tire bénéfice. Vous sentez bien ainsi qu'il serait dommage de donner le repas aux deux en même temps, une cuillère alternativement à chacun !

Si je peux vous donner un conseil pour l'avenir de votre bébé : ne lésinez pas sur cette qualité à donner au repas. Quand il est encore très petit, que ce soit vous, sa mère (ou son père, dans la continuité avec vous), qui les donniez le plus souvent possible. Là encore, si vous devez être aidé(e), demandez plutôt qu'on prépare le repas (ou que la personne soit là pendant les temps de jeu), mais donnez-le vous-même.

« *« Mais quand une mère est tendue, anxieuse, maladroite, ne vaut-il pas mieux que ce soit quelqu'un d'autre, de temps en temps, qui donne le repas, soulageant ainsi le bébé de l'angoisse de sa mère ? »* »

Peut-être… L'important étant l'expérience de sécurité, de bien-être, que le bébé va pouvoir faire : peut-être en effet peut-on demander l'aide de quelqu'un d'autre. Mais alors, que cette (ou ces) personne(s) fasse(nt) toujours référence à la maman : « C'est ta maman qui me demande de te donner à manger parce qu'elle pense que tu seras mieux ainsi. »
Il n'y a alors pas d'ambiguïté : c'est sa mère qui est la source de son bien-être, même si celui-ci lui est donné par quelqu'un d'autre. Le fil n'est pas rompu entre eux, l'autre n'est qu'un intermédiaire. La mère peut aussi être présente, préparer le repas avec l'autre personne ; il les voit toutes les deux. L'important est que ce repas lui soit donné dans la régularité, le calme et le bien-être.
Peut-être me trouverez-vous trop stricte ? « Quand on est plus nombreux, s'il y a des amis, certains aiment bien faire manger le bébé. C'est sympathique et il participe ainsi à la vie de tous. » Oui, mais regardez le bébé, votre bébé : comment est-il ? Détente du corps, gestes, regard, entrain à manger… Peut-être est-il content ? Il vous regarde et profite de quelqu'un d'autre, et c'est tant mieux. Souvent aussi (si vous vous permettez de le regarder lui, sans *a priori*), vous verrez qu'il ne sait comment se mettre : il se tortille un peu, il glisse, son visage n'a pas la même expression que quand c'est vous qui lui donnez son repas… Il y a un malaise, un étonnement.
Pensez toujours qu'il est une personne à part entière et que, avant un changement, vous devez le prévenir et tenir compte de lui comme vous aimeriez qu'on le fasse pour vous. Il n'est pas un jouet, un objet dont les adultes vont profiter. Cela étant dit, et pensé, pourquoi ne vivrait-il pas de temps en temps des expériences différentes, voire un peu désagréables ?
S'il est tout petit, vous sentirez sans doute vous-même que cette expérience est à éviter. Et s'il est plus grand ? Est-ce une bonne occasion pour lui de découvrir que quelqu'un d'autre peut s'occuper de lui avec gentillesse, ou lui impose-t-on ce relatif malaise pour le plaisir d'un adulte ? Lui retire-t-on, ou non, un moment de recharge précieux pour lui ?
À vous de voir. Chaque bébé est différent des autres, chaque famille aussi. Mais prenez toujours les mêmes précautions : « Aujourd'hui, ce n'est pas moi qui te donne ta purée, c'est Charlotte. Regarde, je lui dis comment tu aimes bien te mettre… je reste là. » Chez certains bébés, l'appétit est très fluctuant selon le bien-être ou le mal-être qu'ils ressentent.
Je ne crois pas connaître de mère qui supporte aisément que son bébé mange mal. La spirale peut alors se mettre rapidement en place : le refus du bébé augmente la tension de la mère, qui augmente à son tour le malaise du bébé. Laisser à quelqu'un d'autre le soin de donner quelques repas peut être sage à condition de prendre les précautions dont nous avons parlé.
J'évoquerai là un point dont on reparlera plus loin : la relation d'une mère avec son bébé peut être si intense qu'elle est parfois difficile à vivre pour celles d'entre vous qui sont assez isolées – et donc pour le bébé lui-même. Être seule avec un bébé toute la journée alors que le père ne rentre que le soir, ou ne rentre pas du tout si elle l'élève seule, peut se révéler pénible, surtout évidemment si le bébé manifeste un

> Plus un nourrisson vivra dans la sécurité, le bien-être, la régularité, plus il aura de chances d'être calme et ouvert à la vie... et donc d'avoir bon appétit !

malaise ou une opposition quelconque. Si c'est votre cas, ce n'est sans doute pas vous qui êtes trop fragile ou anxieuse : des relations à la maison ou à l'extérieur sont indispensables afin d'éviter un face-à-face dans la solitude.

Pour exprimer tout ce dynamisme dont nous parlons, le petit enfant a besoin d'« espace » ; prenez le vôtre, soyez aussi un peu à distance. Qu'il ne soit pas l'unique objet de votre… intérêt ! Pensez donc à sortir pour vous-même, votre bébé mangera – et dormira – mieux !

La participation active du bébé

Vous commencez à percevoir que vous pouvez suivre les initiatives de votre bébé beaucoup plus qu'il n'est proposé dans les manuels.

Les initiatives du bébé au cours du repas

Regardez le moment où il commence à toucher puis à tenir son biberon, puis le verre, le morceau de pain ou de gâteau, la cuillère. Montrez-lui toujours le biberon avant de le lui donner : attendez si possible qu'il ouvre la bouche avant d'y mettre la tétine. S'il veut toucher le biberon avec ses mains, ne l'en empêchez pas. Certains bébés aiment très tôt mettre et enlever le biberon de leur bouche, bien avant de pouvoir le tenir tout seul. Laissez-les faire.

Cette volonté de maîtrise appartient probablement à leur caractère et n'a rien de dangereux, au contraire ! Vous pouvez déjà faire confiance à ce qu'ils vous montrent de leurs capacités. Leurs initiatives sont un langage que vous pouvez comprendre et auquel vous pouvez répondre comme vous répondez à n'importe quelle personne qui vous parle… Mais ne soyez pas non plus trop pressé(e) : proposez-lui le verre ou la cuillère et regardez ce qu'il en fait plutôt que de vous demander : « À quel âge doit-il boire au verre ou manger à la cuillère ? »

Quand vous voyez naître une possibilité, laissez-la se développer en aménageant ce qu'il faut. Chacun a un rythme qui lui est propre, il peut être rapide dans un domaine, plus lent ou moins actif dans un autre (je pense à un bébé très développé sur le plan moteur qui mangeait proprement mais n'a bu seul au verre que vers 14 ou 15 mois).

Faites confiance à votre enfant tel qu'il est : vous découvrirez que son dynamisme intérieur lui fait franchir au mieux toutes les étapes de sa croissance (vous en verrez beaucoup d'autres illustrations au prochain chapitre). Inutile de le bousculer : il continuera à manifester sans cesse de nouvelles possibilités !

Les nurses de Lóczy tiennent le biberon par son extrémité inférieure pour que le bébé ait toute la place de mettre ses mains. Biberons et verres sont toujours transparents, pour que le bébé puisse en voir le contenu.

Le bébé sait s'il a faim

Vous pouvez vous laisser guider par son appétit : des observations ont montré qu'un bébé peut régler lui-même la quantité de lait et de nourriture qui lui est nécessaire.

« Nous nous inquiétions, raconte une mère, de ce que notre petit garçon de 5 mois était un peu gros ; une amie puéricultrice de grande expérience m'a alors donné ce conseil étonnant : "Laisse-le boire tout ce dont il a envie, même s'il double la dose, il se réglera ensuite de lui-même."

« Après réflexion, je l'ai laissé boire deux biberons d'affilée, ce qui m'inquiétait fort et mon mari encore plus : "Il va devenir obèse…" Pendant sept ou huit jours, il a ainsi pratiquement doublé la dose. Puis, tout en restant très "gourmand", vorace même parfois, il a peu à peu et de lui-même diminué les quantités absorbées, à notre grand soulagement. Quelques coups de téléphone à l'amie puéricultrice avaient tout de même été nécessaires pour tenir le coup ! Six mois après, il ne mangeait pas plus que les enfants de son âge. À 7 ans, il est toujours un enfant qui aime manger, mais il se règle de lui-même ; il a plus d'appétit à certains repas qu'à d'autres, mais il est capable de refuser les desserts, que pourtant il aime beaucoup. C'est un petit garçon fin et élancé, ne portant plus aucune trace de ses rondeurs de bébé. »

« Depuis que nous laissons les enfants choisir eux-mêmes leur quantité de nourriture, nous n'avons plus d'obèses ni d'enfants anorexiques dans nos crèches », disent les puéricultrices qui, depuis de longues années, ont adopté cette attitude.

À l'inverse, arrêtez de le nourrir quand il vous fait comprendre qu'il n'en veut plus. Il utilise un langage, vous le comprenez et vous en tenez compte ; plus vous le comprendrez, plus sans doute il vous « parlera ». Des médecins, des grands-mères ou amies vous tiendront des propos différents… essayez de vous faire votre idée et de la suivre.

Le médecin vous donnera une indication moyenne, mais vous pouvez alors faire comme cette mère : « plonger », faire confiance à votre bébé. Laissez-le prendre ce qui lui convient, arrêtez quand il n'en veut plus. Et vous ferez probablement la même expérience qu'elle (je ne parle pas là des horaires mais des quantités de nourriture). L'importance de cette découverte se situe non seulement au niveau du poids de l'enfant, mais aussi au niveau de l'impact profond : « En vivant cela, dit cette mère, j'ai fait un grand pas dans la confiance que je pouvais avoir dans les possibilités de ce bébé. Je crois que toute ma conception de l'enfant en a un peu changé. Ce fut une prise de conscience étonnante et utile. » À l'inverse, certains enfants se trouvent bien en mangeant peu et refusent une grande partie du repas préparé.

> Le bébé se vit actif : que ses initiatives soient suivies contribue à lui permettre de se constituer de lui une image positive. Il apprend à écouter son corps, ses besoins, et à les suivre. Ce qui sera sans doute un atout pour l'avenir.

Eux aussi règlent la quantité de nourriture qui leur convient. Si la baisse d'appétit survient brutalement et dure, peut-être le bébé manifeste-t-il quelque chose d'un besoin ou d'un malaise. La lecture de ce livre vous permettra peut-être de trouver les réponses. Si elle persiste, parlez-en tout simplement à quelqu'un de compétent mais sachez que – sans doute à cause de ce dynamisme de base présent chez tous les enfants – un bébé ne va jamais jusqu'à se « laisser mourir de faim » (en l'absence de problème médical bien sûr, ce que votre médecin vérifiera facilement).
À l'inverse, certains troubles de l'appétit chez les bébés sont une protestation de leur dynamisme qui ne peut se manifester.

> *Je vois à l'hôpital Maria, 8 mois, hospitalisée pour anorexie[1] depuis huit jours. Tous les examens s'avèrent négatifs et je l'observe pendant un repas avec sa mère : celle-ci lui donne un yaourt à la cuillère en lui tenant solidement les bras « pour qu'elle n'en mette pas partout ». Refus du bébé, qui tourne la tête obstinément.*
> *Nous parlons. Chacune se détend et je propose de regarder ce que Maria va faire si on la laisse libre de ses mouvements... Immédiatement, elle prend le yaourt comme un verre et le boit goulûment.*

Le travail avec cette mère a été tout simplement de lui montrer qu'elle avait une petite fille très précoce, adroite et revendiquant son autonomie. Et que l'on ne risquait rien à la laisser utiliser ses possibilités. Maria a quitté l'hôpital et en quinze jours à trois semaines l'appétit est redevenu normal (consultation de psychologie dans un service de pédiatrie).
Toutes les anorexies ne se résolvent pas aussi facilement, mais cet exemple illustre la protestation d'un enfant dynamique à qui on ne donne pas la possibilité de s'investir dans des actes à sa hauteur.

L'envie de jouer avec la nourriture

« Mais il mettra les mains dans l'assiette, il en jettera partout ! »

Nous en parlerons plus loin. Ne vous inquiétez pas, la maturation neurologique et motrice se fait en dehors de vous et ce qui n'est pas possible aujourd'hui va le devenir dans une semaine, dans un mois. C'est sûr, il réussira à manger proprement ! Quelle importance que ce soit à 12 ou à 18 mois si ce n'est pour l'amour-propre des parents, qui n'a pas grand-chose à voir avec le rythme de l'enfant ?
Alors, faites-lui confiance. Ne lui demandez pas de réussir ce dont il n'est pas encore capable : vous allez souffrir et le faire souffrir ! Si vous en demandez beaucoup, il risque d'acquérir l'idée qu'« il n'est pas satisfaisant, pas à la hauteur ».

---

1. Refus de la nourriture ; le bébé ne prend pas ou prend peu de poids.

Votre enfant boira seul au verre, il mangera seul à la cuillère puis à la fourchette, et proprement. Si vous le bousculez, demandez-vous sérieusement ce qui vous y incite.

Lorsqu'il commence à vouloir prendre la cuillère, l'enfant « calme » peut en avoir une dont il se sert à son rythme tandis que vous, vous en utilisez une autre plus « efficace ».

L'enfant « agité » ou encore très maladroit peut en avoir une aussi, mais c'est vous qui tenez l'assiette et il n'y puise que quand vous pensez qu'il en arrivera quelque chose dans la bouche. Vous pouvez aussi lui donner dans la main un morceau de pain ou de fromage qu'il peut porter à la bouche quand il le souhaite. Ainsi, il peut vivre une certaine autonomie dans des limites acceptables. On peut souvent limiter les dégâts en utilisant un matériel adapté : par exemple, une assiette à céréales, plus haute et moins large qu'une assiette à soupe et plus stable qu'un bol, risque moins d'être renversée.

Mais deux enfants ne répondent pas de la même manière à des attitudes identiques des parents, et on a parfois intérêt à faire le vide autour d'un enfant explosif ; on peut limiter les occasions de conflit et attendre qu'il soit plus proche de la réussite pour lui donner des instruments supplémentaires ! Il a envie de grandir et d'agir comme il le voit faire ; ne vous inquiétez pas, ne vous mettez pas en colère et n'ayez pas d'idées négatives de lui.

Les expérimentations périlleuses durent peu chez la plupart des enfants si on leur signifie clairement que ce n'est pas ainsi qu'il faut faire. Il est assez facile, quand ils commencent à vouloir « patauger » dans l'assiette, de leur dire « non, ça ne se fait pas ! » et de tenir l'assiette un peu à distance.

En revanche, ils peuvent tenir le verre, le gâteau, manger des morceaux avec leurs doigts. Leurs gestes se précisent et deviennent moins malhabiles. Les enfants en général désinvestissent alors le fait de mettre les doigts dans la purée. Sinon, pensez à permettre au vôtre, en dehors des temps de repas, de jouer avec de l'eau dans la baignoire ou dans une grande cuvette, de faire de la « patouille » avec du sable, du riz, s'il ne le porte pas trop à la bouche (là encore, en général, après deux ou trois expériences, il ne trouvera pas ça bon et n'aura pas très envie de recommencer...).

Certains adultes pensent que mettre les mains dans l'assiette est une manière de faire connaissance avec la nourriture.

> *« J'ai pensé que mon petit garçon devait avoir besoin de toucher la purée, le fromage blanc, le yaourt, mais pour connaître en touchant et pas en aspergeant, raconte une maman. Il a donc pu calmement, la première fois qu'il l'a voulu, mettre le doigt dans la purée et observer l'effet produit. "Bon ! maintenant tu sais ce que c'est. La purée ça se mange avec la cuillère, pas avec les doigts."*
> *Après une ou deux expériences semblables et quelques rappels doux et fermes ("Maintenant tu connais"), c'était fini. J'ai peut-être eu de la chance, mais je n'ai pas eu à mettre un masque ni à laver par terre après chaque repas. »*

Chance ? Sans doute… Elle a eu depuis un deuxième petit garçon qui n'avait pas le même caractère. Il a longtemps mangé avec ses doigts : « Je pourrais nourrir trois poulets avec ce qui tombe sous ta chaise », lui disait-elle en s'efforçant de rire avant de commencer à gronder, exaspérée.

> Quand l'enfant tient bien assis seul, sur une chaise, on peut l'installer pour le repas à une table basse : ses pieds touchent le sol et il peut s'asseoir et se lever seul.

Les enfants se saisissent différemment de ce qui leur est proposé… Ce qui signifie qu'il peut toujours être bon d'essayer ! Mais, lorsque vous avez décidé quelque chose, efforcez-vous de le tenir : sa première représentation de l'autorité est en train de se constituer. Nous aborderons cet aspect plus longuement au chapitre sur l'apprentissage des règles : je vous dirai déjà ici, rapidement, que beaucoup des comportements qui provoquent notre exaspération disparaissent sans que nous nous en apercevions vraiment (jeter la cuillère par terre, patauger dans la nourriture, en mettre beaucoup trop dans la bouche, plus tard inonder la salle de bains). On se dit un jour : « Tiens, je ne me bats plus pour cela. » Eh oui, l'étape est dépassée !
N'en tirez pas trop de gloire. Votre enfant a envie de grandir, vous pouvez lui faire confiance : ce n'est pas (toujours) pour vous qu'il fait des progrès ! Suivez donc votre enfant à vous, permettez-lui de réaliser ce dont il devient capable et ne le comparez pas aux autres, sauf si c'est pour observer avec intérêt les caractéristiques de chacun. Si vous êtes très pressé(e) que votre enfant progresse, demandez-vous pourquoi !
Les enfants se sentent très dépendants du désir de leurs parents. Vous le verrez de plus en plus au fur et à mesure qu'ils grandissent ; les situations des enfants petits étant plus faciles à régler, il peut être encourageant de s'en apercevoir tôt…
Lorsque les exigences pèsent lourd et que les enfants sentent qu'ils ne réussissent pas à satisfaire leurs parents, la confiance qu'ils ont en eux diminue et l'on observe :
- soit un effort pour se conformer aux désirs des parents, avec une tendance à la soumission ;
- soit une opposition pour « se maintenir soi » face à ce désir, avec des risques de lenteur dans le développement (au moins dans ce domaine particulier) ou au contraire et très souvent des comportements d'opposition dans tous les domaines ;
- soit un malaise accompagné de tristesse ; une jeune femme se souvient combien la fourchette lui paraissait lourde, lourde, quand elle était petite et combien elle se reprochait de la laisser tomber.

Vous voyez que vous mettez alors votre enfant en situation de dépendance ou de doute de lui, alors qu'il aurait réussi harmonieusement un peu plus tard si vous l'aviez laissé faire.

La composition des repas

Un enfant doit-il manger de tout ?

Éternelle question. Du point de vue qui nous occupe, il est toujours utile de soutenir un enfant dans ses découvertes. L'inciter à goûter de nouveaux aliments semble aller dans ce sens. Mais, lorsqu'il grandit, faut-il insister s'il est réticent? Pourquoi pas? Il faut alors garder bien présent à l'esprit que c'est dur pour lui et faire en sorte qu'il sente notre bienveillance.

Est-ce bien utile de vouloir absolument faire manger de tout à un enfant? Les goûts changent. Ce qu'un enfant vous réclamait tous les jours, il le refusera peut être l'année suivante et vous demandera ce dont il ne voulait pas auparavant. Pensez toujours que votre enfant est curieux par nature et qu'un jour il voudra goûter: peut-être alors trouvera-t-il que c'est bon? Surtout d'ailleurs si cela se passe chez un copain et pas chez vous!

Je me souviens du cri de victoire de mon petit garçon de 4 ans: « Maman, maintenant, j'aime la salade! » Quand aimer, goûter les choses nouvelles, est ressenti comme une promotion, ne vous inquiétez pas: un jour viendra où il vous en demandera.

Il n'est pas interdit d'essayer quelques aménagements en fonction de ses goûts: sucrer, saler, mettre un peu de sauce tomate (sans que cela devienne un jeu où on fait marcher maman!). Comme les goûts changent, il n'y a pas vraiment de danger d'habituation...

Tic de langage!

Lequel d'entre nous n'a pas dit à un enfant en train de manger son assiette de légumes: « Hummm! que c'est bon! » avec une conviction exemplaire. En y réfléchissant, n'est-ce pas un peu ridicule? Surtout adressé à un enfant qui ne se précipite pas sur ces légumes. C'est lui qui mange! C'est lui seul qui peut savoir s'il les trouve bons ou non.

Si l'enfant (qui entre dans le monde des adultes et non l'inverse) n'aime pas ce que vous lui avez préparé, n'entrez pas dans le jeu qui consiste à essayer successivement toutes les choses qu'il vous demande: vous le laisseriez exercer sur vous un pouvoir excessif...

Il peut aussi, en grandissant, apprendre à manger un tout petit peu de ce qu'il n'aime pas: chaque famille trouve ses attitudes. Ces quelques éléments de réflexion vous y aideront peut-être. Mais il paraît indispensable qu'il ait le droit de dire: « Je n'aime pas ça! » Après quoi, on peut reconnaître son effort et éviter de lui en redonner trop souvent.

Les horaires

Faut-il imposer des horaires de repas ?

Là encore, **l'environnement et l'éducation reçue** par nos parents entrent en ligne de compte. Pourtant, il n'est pas difficile de se rendre compte qu'il y a contradiction entre faire confiance au bébé pour la quantité de nourriture qu'il va absorber et ne pas lui faire confiance pour le rythme auquel il va profiter de cette nourriture. Tous ceux qui vivent près des nourrissons vous diront que, laissés libres de leurs horaires, ils les régularisent peu à peu. Il est donc préférable de nourrir un tout-petit à la demande.

Mais, si l'âge importe, **l'organisation de la vie aussi**. Au fur et à mesure qu'un enfant grandit : 3, 5 puis 8 mois, il est de plus en plus intégré à la vie sociale. Sa mère est un peu moins « toute disponible pour lui ». Il est nécessaire, pour qu'il acquière peu à peu sa vie autonome, qu'elle commence à avoir, elle, une vie autonome.

Entre la rigidité qui consiste à régler le bébé « parce qu'il est l'heure » et le libre choix complet où rien ne peut être organisé dans la journée parce qu'on ne sait pas à quelle heure il va se réveiller et manger, il y a sûrement place pour une troisième voie où les horaires sont prévus, avec une certaine marge mais prévus quand même.

Lorsqu'une liberté totale est laissée trop longtemps au petit enfant, la mère se sent l'objet de ce bébé, elle est incapable de faire des projets. Son exaspération et le maintien du sentiment de toute-puissance du bébé – qui effectivement fait d'elle ce qu'il veut – sont également dangereux.

> Il paraît donc logique, vers 4-5 mois (ou avant, c'est à vous de voir), de considérer les horaires que l'enfant choisit le plus souvent et ceux qui vous arrangent, vous, puis de fixer ces horaires.

Entre l'écoute totale des premières semaines et la vie organisée, il y a une période charnière, peu facile à aménager parce qu'on se demande ce qui est mieux pour soi, pour le bébé, ce qui est à privilégier, etc. : « Est-ce que je fais du bruit pour qu'il se réveille ou est-ce que je le laisse dormir le plus longtemps possible ? » C'est là un des moments où un regard extérieur vous est bien utile : pas le regard de celui qui « conseille », prêt à vous faire sentir qu'il sait, lui, et vous pas encore, mais le regard qui permet de prendre une distance, de parler de l'enfant, de ses horaires, de son sommeil, de ses jeux, et de ce que, vous, vous avez envie de faire, de ce que vous ressentez, des questions que vous vous posez.

Vous pouvez ainsi vous décharger un peu de toutes ces émotions du moment (le désir de bien faire, la fatigue, l'agacement de se sentir « attachée », etc.) et ensuite décider plus en connaissance de cause, avec un peu de recul.

Entendre les messages du bébé

Pendant les soins que vous donnez à votre bébé, l'important est donc la relation avec une petite personne qui se manifeste déjà très clairement : votre enfant deviendra d'autant plus vivant et expressif que vous l'entendrez et que vous tiendrez compte de ce qu'il vous « dit ».

Vous l'écouterez avec un double objectif :

- qu'il soit bien : chez le bébé, il ne s'agit pas encore d'apprentissage, il est centré sur la découverte de son corps, de l'extérieur (qu'il différencie encore à peine de lui-même), il constitue les bases de l'image qu'il se fera de lui-même et de la vie ;
- que ses initiatives soient prises en compte de telle sorte que, d'une part, on réponde au plus près de ce qui lui correspond et, d'autre part, se forme en lui **l'idée que ses manifestations sont importantes** ; il va apprendre que ce qui émane de lui est intéressant et reconnu comme tel.

Ce qui ne l'empêchera pas de découvrir aussi qu'il grandit au milieu de personnes qui vivaient avant lui et qui continuent à vivre maintenant et indépendamment de lui. Il n'est pas le centre du monde et tout ne va se trouver bouleversé pour lui.

Si vous réussissez à faire quelque chose de ce que nous avons décrit, il est probable qu'il pourra développer beaucoup de ce dont il est capable. Vous lui laissez le maximum de place pour réagir, donc pour être plus tonique. On peut penser que vos « maladresses » ne l'empêcheront pas de se manifester, donc ne l'enfermeront pas. À vous peut-être de l'écouter avec simplicité pour améliorer vos manières de faire.

Il est réconfortant de penser que, dès sa naissance, un bébé a du répondant, si on veut bien l'entendre. Il participe activement à sa croissance, ce qui signifie que tout ne dépend pas de nous, parents : il en a sa part. Nous sommes deux ou trois dans son éducation : nous et lui. Laissons-lui donc sa part et soyons soulagés d'autant.

> « La satisfaction des besoins naturels, primaires, apporte à l'enfant une sécurité, une confiance et une joie de vivre fondamentales qui, réunies, constitueront la base d'une capacité à établir des relations positives. »
>
> J. K. Stettbacher[1]

1. *Pourquoi la souffrance, La rencontre salvatrice avec sa propre histoire*, préface d'Alice Miller, Aubier, 1991.

Chapitre 3

LE TEMPS « ÉVEILLÉ », ou la liberté de mouvement et d'activités

« La pleine exploitation de l'activité spontanée libre permet de mieux connaître les capacités étonnantes du bébé à faire par lui-même, son plaisir à le faire, l'intérêt qu'il y porte, l'ardeur qu'il déploie pour arriver à son but et en obtenir la maîtrise. »

Anna Tardos et Myriam David, « Un travail à l'Institut E. Pikler », in revue *Devenir*, 1991.

« La capacité à être seul constitue l'un des signes les plus importants de la maturité du développement affectif. »

D.W. Winnicott, *De la pédiatrie à la psychanalyse*, Payot, 1969.

Nous venons de parler de tout ce que votre bébé peut recevoir de vous pendant les soins et les repas. Nous allons regarder maintenant ce qu'il peut vivre par lui-même quand il est éveillé et bien installé, gardant à l'intérieur de lui quelque chose de tout l'amour et de l'attention que vous lui avez donnés.

« Ze débrouille tout seul »

Oui, surprenante découverte : « Ze débrouille tout seul », bien avant de pouvoir le dire…

On sait maintenant qu'il n'est pas nécessaire de lui apprendre à s'asseoir, à se mettre debout, à marcher, pour qu'un petit enfant y parvienne. S'il est dans un bon climat de sécurité affective, il porte en lui un dynamisme tel qu'il peut faire par lui-même toutes ces premières grandes acquisitions sans même que l'adulte ait besoin d'intervenir pour les lui montrer, avec bien-être, plénitude et parfois même jubilation.

Ce que nous pouvons observer

Ces observations m'ont d'abord remplie d'émerveillement et d'admiration, puis elles ont nourri toute mon expérience familiale et professionnelle. Concrètement, voici ce que nous voyons.

Sur le dos, tous les bébés sont actifs

Un nourrisson de 3 ou 4 mois posé sur le dos pendant son temps éveillé, et si possible en dehors de son lit, passe beaucoup de temps à découvrir ses mains, ses doigts, puis la variété et la subtilité des mouvements possibles. Il s'intéresse spontanément aux objets placés autour de lui. Un peu plus tard, il dirigera ses mains dans leur direction, cherchera à les toucher puis à les attraper. On se rend compte qu'un bébé posé sur le dos a la libre disposition de toute son énergie : le corps est détendu, la colonne vertébrale est bien droite, la tête peut tourner sans effort à droite et à gauche.

Dans ces conditions, tous les bébés sont actifs et les activités s'enrichissent d'elles-mêmes à mesure des jours qui passent. Lorsque les adultes (dont on a vu par ailleurs la nécessaire qualité d'attention et d'amour) ne les incitent pas à faire telle ou telle chose, ne cherchent pas à leur apprendre quoi que ce soit et ne les aident pratiquement jamais, on observe cette chose étonnante : **les enfants sont poussés par une force intérieure, un désir d'expérimentation de leur corps et des objets qui les entourent**. On observe une progression permanente et un passage par une succession d'étapes communes à tous les enfants.

Le miroir est placé là pour montrer l'intensité de l'effort de l'enfant. Voyez l'étirement de la diagonale : jambe droite, bras-main-doigt gauche.

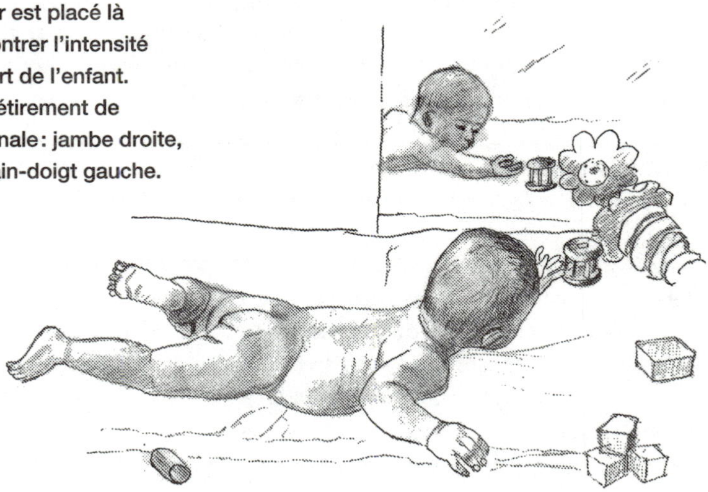

Quel émerveillement, mais aussi quelle retenue nécessaire, devant Thomas, 8 mois, qui commence à se retourner du dos sur le ventre. Il tend la main vers cette girafe entourée d'anneaux qu'il affectionne ; elle se trouve à quelques centimètres du bout de ses doigts. Il s'étire au maximum, pousse de petits cris gutturaux ; la girafe est toujours trop loin. Il semble qu'il l'effleure du bout des doigts, mais il ne peut la saisir. D'un coup de reins, il se met sur le dos ; la girafe se trouve alors de l'autre côté de lui ; il la cherche du regard, la trouve, tend l'autre main… elle est encore trop loin. Le regard est intense. Tout le corps est impliqué. Il poursuit ses efforts et ne réussit pas. Il s'immobilise quelques secondes, suce son pied puis se remet sur le ventre, pivote un peu et se retrouve près de la girafe, qu'il peut alors saisir. Il la prend, la suce, la secoue, puis regarde autour de lui comme pour comprendre d'où elle vient. Il a eu la possibilité de soutenir un effort prolongé, intense, de poursuivre son idée malgré des interruptions, de se forger probablement un début de représentation de cet objet qu'il convoitait. Il semble avoir déjà eu un « projet ».

Les pieds sont aussi actifs que les mains…

Cette petite fille jouera très longtemps à taper le bateau contre la cuvette, puis à écouter le bruit quand elle l'aura lâché dedans, étonnée, attentive. Ensuite, très intriguée par le silence lorsqu'un mouvement brusque aura fait sortir le jouet, elle essaiera de nombreuses fois de le faire se reproduire. Concentrée sur son activité, elle ne fait pas appel à sa maman qui la regarde, toute proche.

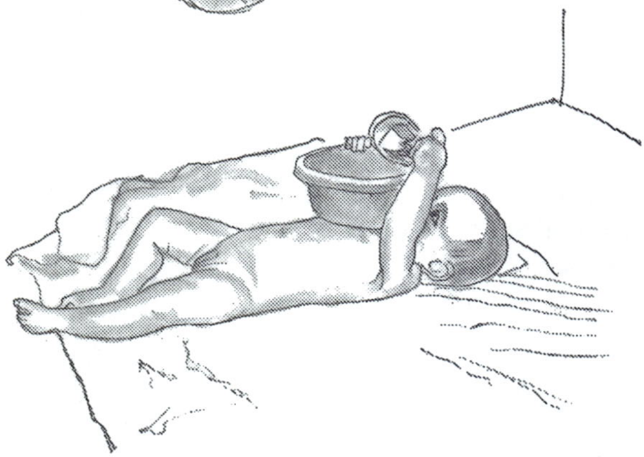

Et Maxime, 7 mois, commence à ramper par terre. Il attrape une petite boîte à savon en plastique jaune. Je le vois la taper sur le sol, écouter le bruit, attendre, recommencer; il la lâche, elle glisse, il s'étire et rampe pour la saisir à nouveau. Son regard tombe en arrêt devant une autre boîte de même forme et de même taille, mais de couleur différente. On sent alors un intense effort de réflexion: son regard passe de l'une à l'autre, il refrappe au sol celle qu'il tenait en fixant l'autre du regard; il arrête, la retape au sol intrigué par… ? le mouvement de l'une et l'immobilité de l'autre? l'intuition de la ressemblance-différence? le bruit?

Marine, 9 mois, dans sa famille, sait se mettre debout seule en se tenant à une table ou à une étagère. Je l'ai observée plusieurs jours consécutifs passant plus d'une demi-heure d'affilée à prendre un de ces anneaux que l'on enfile sur une tige et à faire une multitude d'expériences : ramper par terre et faire rouler l'anneau au loin ; se mettre debout en se tenant à sa petite table, prendre l'anneau par terre, ce qui suppose de se tenir d'une seule main, poser l'anneau sur le bord de la table, le regarder rouler et tomber ; faire un nouvel effort pour le saisir, se remettre debout, le reposer sur la table.

Cette fois, l'anneau se trouve au milieu et ne tombe pas. Geste involontaire du bras sur la table : l'anneau, poussé, tombe et roule un peu plus loin. Marine se laisse glisser, va à quatre pattes le chercher et le retrouve parmi d'autres jouets ; elle revient à la table, remonte, frotte l'anneau sur la table sans le lâcher, puis tape sur la table avec.

J'ai compté plus de huit expériences différentes rythmées par des descentes au sol. Marine ne s'occupe pas de ce qui se passe autour d'elle, puis tout à coup, gardant son anneau, elle se met debout en se tenant au mur et marche tout autour de la pièce en frottant l'anneau. Elle écoute le bruit sourd, sort sur le balcon en se tenant à la porte-fenêtre. Elle semble remarquer la différence de bruit quand l'anneau frotte la vitre. Elle arrive sur la terrasse : contre le mur de pierre, le bruit est strident… Marine continue à suivre le mur jusqu'à l'extrémité de la terrasse.

L'activité a duré plus d'une demi-heure. Gestes précis, réflexion intense. On est frappé par l'harmonie des gestes, le sérieux du regard. La respiration est rapide à certains moments, comme si l'intensité devenait plus grande.

Aucun adulte n'a montré quoi que ce soit à ces enfants, qui ne sont pas exceptionnels. Tous les enfants élevés dans ces conditions réagissent de cette manière.

Un rythme propre à chaque enfant

Les acquisitions se succèdent dans un ordre commun mais selon un rythme propre à chaque enfant (la précocité ne permet pas de préjuger quoi que ce soit pour l'avenir et n'est pas toujours signe de capacités supérieures).

La petite Karine, 5 mois, est allongée sur le dos. Pendant six minutes, je l'observe : elle se met sur le côté, basculant vers la position ventrale mais ne parvenant pas à s'y mettre complètement parce que son bras gauche reste sous son corps ; elle ne réussit pas à le dégager malgré tous ses efforts. Le regard est concentré, intérieur. De temps en temps, ses mouvements entraînent tout le corps, qui se retrouve bien à plat sur le dos ; puis, d'un coup de reins, elle se remet près de la position ventrale. À la sixième minute, elle se retrouve encore une fois sur le dos, avise une boîte avec des dessins rouges : elle pivote sur le dos pour que sa main s'en approche et elle commence à la caresser en gazouillant.

Nous voyons comment elle retrouve toujours son équilibre, une position dans laquelle elle se sent bien. Deux jours plus tard, elle réussit seule à se mettre sur le ventre. Se remettre sur le dos va lui demander beaucoup plus d'efforts...

Peu à peu et **de lui-même**, un enfant va se mettre de plus en plus souvent sur le ventre, puis il essaiera de ramper, de se tenir sur trois points d'appui, enfin de s'asseoir.
Un petit enfant que personne n'a aidé à s'asseoir essaie puis réussit à le faire seul. Au début, il n'y reste pas longtemps, il se laisse tomber avec douceur sans se faire mal ; vous le voyez alors s'exercer un grand nombre de fois à se mettre dans cette position verticale et à la maîtriser de mieux en mieux. D'abord, il ne cherche pas à jouer pendant qu'il est assis, puis peu à peu, se sentant mieux dans cette position, il commence à avoir une petite activité dont la durée va augmenter...

J'aimais bien regarder Karine. Trois semaines plus tard, elle se tenait sur trois appuis et passait de longs moments à jouer avec de petits objets. Puis on l'a vue, de temps en temps d'abord, puis de plus en plus souvent, se redresser en essayant de mettre son dos vertical. Elle se tenait un peu sur les fesses avec l'appui des talons, puis s'allongeait à nouveau. Un très grand nombre de fois, à des intervalles différents, elle a refait ce mouvement, souvent un peu plus haut, jusqu'au moment où son corps s'est tenu droit et où elle s'est retrouvée assise, ce qui n'a pas duré longtemps la première fois : elle est retombée sur le côté, mais cette chute, qui semblait familière, ne l'a pas inquiétée. Allongée sur le sol,

Cet enfant est parfaitement stable sur ses trois points d'appui : pieds, orteils, genou et côté droit s'enfoncent dans le sol ; le bras droit est tendu et le « polygone de sustentation » est large : l'épaule, le bras et la main gauche sont totalement disponibles à la manipulation fine, en l'occurrence sentir sous le doigt la douceur des différents brins de laine du tapis.

elle a ébauché un sourire. Comme emportée par l'élan, elle a roulé sur le ventre, poussé une petite balle, s'est immobilisée trois secondes environ, s'est remise sur ses trois points d'appui, s'est redressée, tenant à nouveau une ou deux secondes la position assise.
Quelle émotion pour l'observateur… On ressent là ce qui peut s'imprimer en elle : confiance en elle-même et capacité à imaginer des situations inconnues, à les expérimenter sans se mettre en danger.
Sa maman était souvent là, elle ressentait une grande émotion devant ce nouveau progrès mais se retenait d'intervenir. Karine semblait très heureuse qu'on la regarde à ces moments, elle ne demandait rien et poursuivait son activité : joie partagée, intense, silencieuse, mais non dépendance (ce qui ne l'empêchait pas à d'autres moments de retrouver les bras protecteurs dans lesquels elle se sentait si bien…).

Dans toutes les crèches où l'on respecte ainsi la liberté d'activité des enfants, on les voit, sans incitations ni encouragements de la part des adultes, se mettre à quatre pattes, chercher des appuis pour élever le haut du corps jusqu'à se tenir debout, longer les murs, utiliser tout ce qui peut leur servir de support, lâcher une main puis l'autre, enfin se lâcher plus longtemps et… faire leurs premiers pas !
Cela sans qu'il soit nécessaire de les y encourager (bien qu'évidemment en famille nous le fassions, ne pouvant retenir notre joie et notre désir de la partager avec eux !) et sans qu'ils aient besoin de modèles à imiter : **la progression est la même chez un petit enfant élevé seul dans sa famille.**
Vous serez surpris(e), tout au long de ce parcours, du calme, de l'aisance des mouvements, de l'absence de brusquerie, et de la grande concentration du visage : tout l'être est impliqué dans ce qu'il est en train de vivre, il ne regarde pas ce qui se passe autour de lui. La voix y est associée, les mimiques et les sonorités d'efforts sont très touchantes !
Surpris(e) aussi du temps assez long qui s'écoule entre le moment où un enfant est capable d'acquérir lui-même une posture (se mettre assis seul, par exemple) et le moment où il l'utilise et joue confortablement : plusieurs semaines parfois. Il assimile progressivement ses nouvelles acquisitions, il les affine, les varie à l'infini, comme s'il savourait toutes ces étapes intermédiaires… Il ne les utilise de manière habituelle que lorsqu'elles sont vraiment intégrées. Ce qui est naturel pour lui semble donc être de prendre le temps de se sentir complètement à l'aise, en harmonie dans une nouvelle posture ou dans un nouveau mouvement, plutôt que de passer rapidement au suivant.
Nous verrons plus loin comment ces enfants, parfaitement à l'aise dans leurs mouvements, ne se lancent pas dans des entreprises qui les dépassent et ne se blessent pas…

> Globalement, le rythme des acquisitions de l'enfant est le même, qu'il soit ou non stimulé par les adultes.

Les dates d'acquisition des grandes étapes de la motricité sont très variables selon les enfants, mais ce à quoi vous pouvez être

sensible est la qualité de cette acquisition : avec quelle sécurité, quelle harmonie, quelle richesse le petit enfant va pouvoir l'exercer...
Ainsi, avoir acquis le stade de la marche peut signifier pour lui :
- faire ses premiers pas ;
- ou aller vers l'endroit qu'il a choisi, en marchant et sans avoir le souci de son équilibre ; son but est alors le déplacement qu'il a décidé de faire.

Or, ces enfants qui profitent d'une totale liberté de mouvement font parfois leurs premiers pas un peu moins tôt. Mais ils marchent plus rapidement, avec plaisir et aisance, sans se cramponner ni tomber.

Des manipulations fines

Vous serez étonné(e) de la richesse des manipulations fines dont ils sont capables. Nous avons regardé Thomas, Maxime... vous verrez le vôtre.

> Donner trop tôt de nombreux objets aux bébés à manipuler peut empêcher ou gêner la découverte de toutes les subtilités des mouvements des mains et des doigts.

Les bébés s'activent avec un seul objet d'abord, qu'ils manipulent en le tenant : regarder, toucher, porter à la bouche, faire tourner, éloigner, frapper sur le sol, passer dans l'autre main... Vous verrez la finesse, la délicatesse des mouvements des doigts, la douceur et même la subtilité de certains gestes, parfois la force ou la brusquerie.
Vers la fin de la première année, les activités s'enrichissent : l'objet n'a plus besoin d'être tenu, il y a une sorte d'interaction avec cet objet que le petit enfant éloigne, va rechercher, fait pivoter en attendant la fin totale du mouvement. Il recommence un grand nombre de fois la même expérience : les contacts peuvent avoir lieu du bout des doigts ou avec la main entière, etc. Il peut aussi porter son attention sur deux objets à la fois, les frapper l'un contre l'autre, essayer de mettre l'un dans l'autre (sans avoir encore aucune notion de la grandeur), les saisir alternativement puis en même temps. Il semble souvent les comparer.

Où s'enracine l'intelligence

Sentez-vous déjà comment le développement de l'intelligence s'enracine dans cette activité qu'on appelle sensori-motrice et comment tout le corps y participe ? L'expression du visage, le sérieux, la concentration montrent que des pensées commencent à surgir.
À travers toutes ces expériences qui ne sont jamais interrompues par l'adulte, le bébé se constitue des représentations mentales : il garde en lui l'image du jouet qu'il ne voit plus, il se pose des questions, commence à évaluer physiquement, avec son corps, la proximité et la distance, la disparition et la possibilité de retrouver ; il éprouve les différentes qualités de toucher, de poids, de résistance, les odeurs, les goûts, etc. Il semble avoir des objectifs, des projets. Il cherche lui-même des solutions et

s'aperçoit qu'il peut souvent en trouver. Quel travail ! On a appelé cela un « mode de penser corporel », toute l'énergie et les mouvements du corps s'y trouvant impliqués. Bref, le bébé s'entraîne à mettre en place des mécanismes actifs de sa pensée, amples, stables, qu'il utilisera de plus en plus au fur et à mesure de sa croissance, de l'élargissement de ses possibilités et de son « champ d'expérimentation ». On peut penser que ces mécanismes seront un outil précieux pour sa vie scolaire et pour toute sa vie intellectuelle.

La richesse de ses expériences émotionnelles

Pendant ce temps, nous sommes frappés par l'énergie, la détermination, les efforts qu'il manifeste, par la grande richesse et la variété de ses expériences émotionnelles. Nous percevons souvent chez lui un grand intérêt, comme un plaisir « viscéral ». Mais il peut y avoir colère, agacement ou jubilation, cris de victoire ou de soulagement lorsqu'il arrive en haut de la marche ou saisit enfin le gobelet convoité… Il peut y avoir préoccupation voire inquiétude lorsqu'il ne voit plus le jeu qu'il tenait, étonnement ou soulagement lorsqu'il le retrouve[1].

Nous verrons plus loin que les émotions venant de ce qu'il vit par ailleurs – joie, fatigue, tristesse, excitation… – peuvent aussi s'exprimer sans contrainte et se soulager au cours de cette activité totalement libre.

La capacité d'autorégulation

Nous observons par ailleurs que toute cette activité est rythmée par des temps d'arrêt ou de repos : périodiquement, nous voyons le petit enfant se remettre en position allongée, étirer son corps, souvent poser sa tête sur le sol pour un temps plus ou moins long, puis reprendre la même activité ou une autre.

Pendant que cette activité se poursuit, parfois assez longuement, il change fréquemment de posture : il fait de grands mouvements, se met sur le ventre, puis à nouveau sur le dos, pivote, s'allonge sur le côté en s'appuyant sur le coude, etc., ce qui ne l'empêche pas de continuer et semble au contraire permettre une détente de tout son être.

Il s'agit là d'une autre découverte : il existe une « capacité d'autorégulation », qui permet au tout-petit de régler lui-même moments d'activité et moments de récupération. On sait aujourd'hui qu'elle est commune à tous les enfants. Si on ne les bouscule pas, ils gèrent eux-mêmes ce rythme.

L'adulte qui est là peut observer – et respecter – la reprise d'activité. Si l'arrêt se prolonge, c'est souvent un signe de fatigue ; le bébé a besoin d'être recouché, ce que

---

1. Le plaisir qu'un bébé trouve à ces mouvements (de tout son corps) et à ces manipulations fines est une compensation joyeuse – et souvent utile – à l'époque du sevrage ou du passage à la cuillère.

nous pouvons lui expliquer : « Je crois que tu es fatigué et que tu as besoin de dormir un peu. »

Cela rejoint curieusement d'autres occasions d'autorégulation :

• la capacité à manger la quantité de nourriture qui lui convient, dont nous avons parlé ;

• l'alternance que nous observerons aussi, plus tard, entre ces moments d'activité remuante ou bruyante et des moments calmes ou silencieux (qui peuvent parfois être étonnants par leurs contrastes : « Pourquoi t'agites-tu alors que tu étais si calme tout à l'heure ? ») ;

• l'autorégulation d'un petit « corps-esprit », qui porte en lui à la fois des possibilités de réflexion intense et une énergie pulsionnelle parfois débordante.

Cela peut nous aider à accepter des rythmes parfois surprenants. Mais surtout, **le bébé peut apprendre à suivre ses propres rythmes, à les respecter**. Quel atout pour maintenant et pour l'avenir : savoir écouter son corps, pouvoir aller dormir ou s'étendre quand on en ressent le besoin et pas seulement quand les parents l'exigent ! Plus tard, ces enfants seront peut-être plus portés à écouter les besoins de leur corps et à en tenir compte que les enfants pour lesquels les parents, avec beaucoup de dévouement sans doute, auront tout décidé.

Une sécurité intérieure

Les enfants acquièrent par l'autorégulation une sécurité intérieure qui explique sans doute en partie ce calme, cette absence de tension qui nous frappent.

Rappelez-vous Karine quand elle commençait à se mettre sur le ventre. De nombreuses observations comme celle-là nous montrent que le bébé faisant l'expérience un peu inconfortable de se retrouver sur le côté, en déséquilibre, sent qu'il peut toujours lui-même revenir à la position dorsale, confortable et connue – et le fait. Il renouvelle cette succession d'expériences un grand nombre de fois. Il récupère toujours son équilibre et il en est sûr puisque c'est toujours ainsi : on voit tous les enfants faire des mouvements de plus en plus difficiles, mais juste un peu plus difficiles, jamais au-delà d'un point où ils ne seraient pas capables de retrouver eux-mêmes leur équilibre.

Ils sont d'autant plus tranquilles que, pour obtenir ce « confort », ils ne dépendent de personne. **Pendant les soins, ils vivent dans la sécurité de la présence de l'adulte : là, ils font l'expérience d'une autre sécurité qui, elle, vient d'eux-mêmes.**

Vous verrez la même chose quand un bébé est allongé sur le côté car il ne sait pas encore s'asseoir seul : il se met sur trois appuis puis il se soulève, se tient un peu sur les fesses avec l'appui des talons, puis il s'allonge à nouveau. Un très grand nombre de fois, les enfants qui vivent cette liberté se soulèvent à nouveau, un peu plus haut, jusqu'au moment où le corps tient droit et où ils se retrouvent assis, ce qui ne dure généralement pas longtemps. Ils retombent alors sur le côté mais ils connaissent cette chute, elle n'est pas inquiétante pour eux. Ils sont prêts à repr

> Un enfant est capable de s'asseoir seul sans qu'on l'ait jamais mis dans cette position, de se mettre debout seul et de marcher seul sans qu'on le lui ait jamais appris.

l'expérience, ils n'ont pas besoin d'appeler un adulte. Retomber à terre, même de la position verticale, fait partie très tôt de leurs expériences naturelles: ils savent tomber souplement, souvent en s'orientant sur le côté, la tête un peu rentrée entre les épaules. Ils pleurent peu quand ils tombent et ne se font jamais très mal.

Il n'est peut-être pas besoin de mots supplémentaires pour que vous sentiez ce qui s'imprime en eux: confiance en soi-même et capacité à prendre de petits risques qui ne font pas courir de danger. L'autre peut être là, ressentant une grande émotion devant ce nouveau progrès, et l'enfant semble alors très heureux qu'on le regarde à ces moments: joie silencieuse partagée, mais non dépendance... C'est le contraire d'être « en solitude ». L'intensité de l'émotion admirative, encourageante, qu'il sent évidemment, le nourrit, lui fait vivre son corps en mouvement dans un grand sentiment de bonheur – mais c'est son corps à lui, non « manipulé » par les adultes. À côté de l'adulte, il est pleinement lui-même.

Jamais (ou presque, rien n'est absolu!) un adulte n'a proposé aux enfants observés de faire quelque chose dont ils n'étaient pas capables. Jamais il ne leur a dit: « Allez vas-y, essaie encore. » Jamais ils n'ont été incités à atteindre un objectif que l'adulte leur avait proposé: « Regarde cette balle comme elle est belle, allez, vas-y, attrape... Allez, mais si, recommence... »

C'est donc une découverte proprement incroyable et pourtant maintes fois observée: les très jeunes enfants portent en eux un dynamisme tel que, si l'environnement leur en fournit la possibilité, ils vont d'expérience en expérience et progressent sans arrêt avec une harmonie et une détermination qui surprennent les observateurs.

Tant que des adultes n'avaient pas pratiqué ce type d'attitude de manière systématique, on ne pouvait pas savoir que les bébés avaient cette capacité. Les enfants qui nous l'ont appris n'étaient pas favorisés puisqu'ils étaient en pouponnière, leurs parents ne pouvant ou ne voulant s'occuper d'eux.

Nous reverrons à la fin de ce livre combien c'est dans notre « nature » d'êtres humains de porter en nous un potentiel original et unique, une énergie, un dynamisme qui nous poussent, tout au long de notre vie, à mettre en valeur, à exprimer ce potentiel, notre richesse... Mais il est étonnant de constater que ce dynamisme – qui aura continuellement besoin d'être soutenu, encouragé, canalisé chez l'enfant grandissant, puis adolescent – s'exprime de manière spontanée chez le tout petit enfant. Alors, regardez votre bébé et faites aussi l'expérience, vous verrez que vous avez raison de lui faire confiance...

Ce qu'apporte la liberté de mouvement[1]

L'harmonie des gestes

On est d'abord frappé de l'harmonie, de la plénitude des gestes, qui sont calmes, sûrs[2]. Ces enfants se tiennent droits, marchent bien plantés sur leurs deux pieds. Ils savent se protéger lors des chutes car ils apprennent dès leurs premiers mouvements à ne compter que sur eux-mêmes : c'est un autre élément d'observation de s'apercevoir qu'ils ne s'aventurent (presque) jamais dans des situations trop difficiles pour eux. Ils ont fait mille expériences de leur corps dans toutes les positions, avec une concentration d'esprit qui a dû les aider à acquérir une conscience précise de ce qui se passe en eux.

Comment vous communiquer l'étonnement, l'émotion que l'on éprouve en regardant ces enfants évoluer ainsi, acquérir une aisance, une élégance même, une tranquillité, une prudence, qui surprend les observateurs ? Leurs gestes deviennent précis, leur sens de l'équilibre est de plus en plus grand. Et quel atout on leur donne ainsi pour l'avenir ! Au contraire, observez l'attitude de certains adultes : ceux qui aident l'enfant avant même qu'il n'ait commencé, ceux qui ont déjà peur que l'enfant ne tombe, ceux qui interdisent sans cesse : « Ne cours pas, tu vas tomber ! » Vous verrez que les enfants très contrôlés ou trop aidés par les adultes se lancent parfois dans des aventures inconsidérées ; les adultes sont alors obligés de les suivre partout, car ils peuvent encourir de réels dangers.

Julien, 22 mois, en arrivant sur une côte bretonne, s'est mis à escalader des rochers bien plus hauts que lui avec un calme et une détermination mais aussi une jubilation auxquels ses parents ne s'attendaient nullement, personne ne l'ayant encore fait devant lui. Évidemment ses parents le suivaient de près, mais il n'a demandé aucune aide : il était surprenant de voir que, lorsque le rocher à affronter était trop haut ou n'offrait pas de prises lui semblant suffisantes, il ne s'entêtait pas et cherchait une autre voie. Il ne se laissait glisser que lorsqu'il avait vu le sol proche de ses pieds. Il a plusieurs fois recommencé cette aventure et il était tout à fait étonnant de voir ce petit alpiniste sur de grandes parois plus hautes que lui : « Ohoh... cé duû... ohoh...

---

1. Les films font apparaître, mieux que les mots et les photos qui sont statiques, l'aisance avec laquelle ces enfants effectuent leurs mouvements.
2. Regardez autour de vous : on voit de nombreux enfants de 10, 12, 14 mois et plus marcher sur la pointe des pieds, le derrière très en arrière, les jambes écartées et quelquefois arquées. Beaucoup tombent souvent et appellent au secours dès qu'ils sont par terre. On dit qu'ils sont casse-cou et on pense que c'est leur caractère.

cé duû ! » (« Oh… C'est dur ! ») Le père, médusé, était tout proche, prêt à parer une chute mais se gardant bien d'intervenir, et Julien ne semblait nullement s'apercevoir de sa présence.

L'un des bébés éprouve son équilibre au bord d'une petite estrade. L'autre, 15 mois, s'est familiarisé très tôt, et seul, avec cette échelle.

Un schéma corporel très précis

Ces enfants, faisant une foule d'expériences, développent un schéma corporel très précis.

• Ils ne se cognent pas ou se cognent très rarement, ils peuvent passer sous les tables, sous les chaises avec une grande adresse et sans se faire mal. La notion de l'espace devient plus exacte.

Coline, 14 mois, qui commence à marcher, traverse une pièce en tenant un balai presque horizontal sans rien casser et le sort par une porte de taille normale sans heurter les montants. Un peu plus tard, elle sera capable de pousser un tricycle sur un plan incliné.

• Ils sont très attentifs à tout ce qui se passe dans leur corps et autour d'eux, et on est étonné de leurs découvertes.

Julien a 2 ans et découvre pour la première fois une balançoire. Sa maman le laisse grimper dessus tout seul, ce qui lui prend déjà un bon moment, puis elle le pousse une seule fois doucement pour qu'il fasse connaissance avec le balancement. En restant à côté de lui, elle le laisse alors se débrouiller seul. Il fait des mouvements avec tout son corps, il essaie de faire bouger la balançoire en tendant son pied par terre. Petit à petit, il découvre le geste qui le fait se balancer de lui-même; il a expérimenté tout seul ce mouvement de dos et de jambes.

L'enfant mesure ses possibilités

On a vu comment un petit enfant qui peut faire ces mouvements lui-même et à son rythme se place rarement dans une position dangereuse qu'il ne maîtrise pas. On s'aperçoit qu'il « sent » ses possibilités et qu'il ne les dépasse pas.

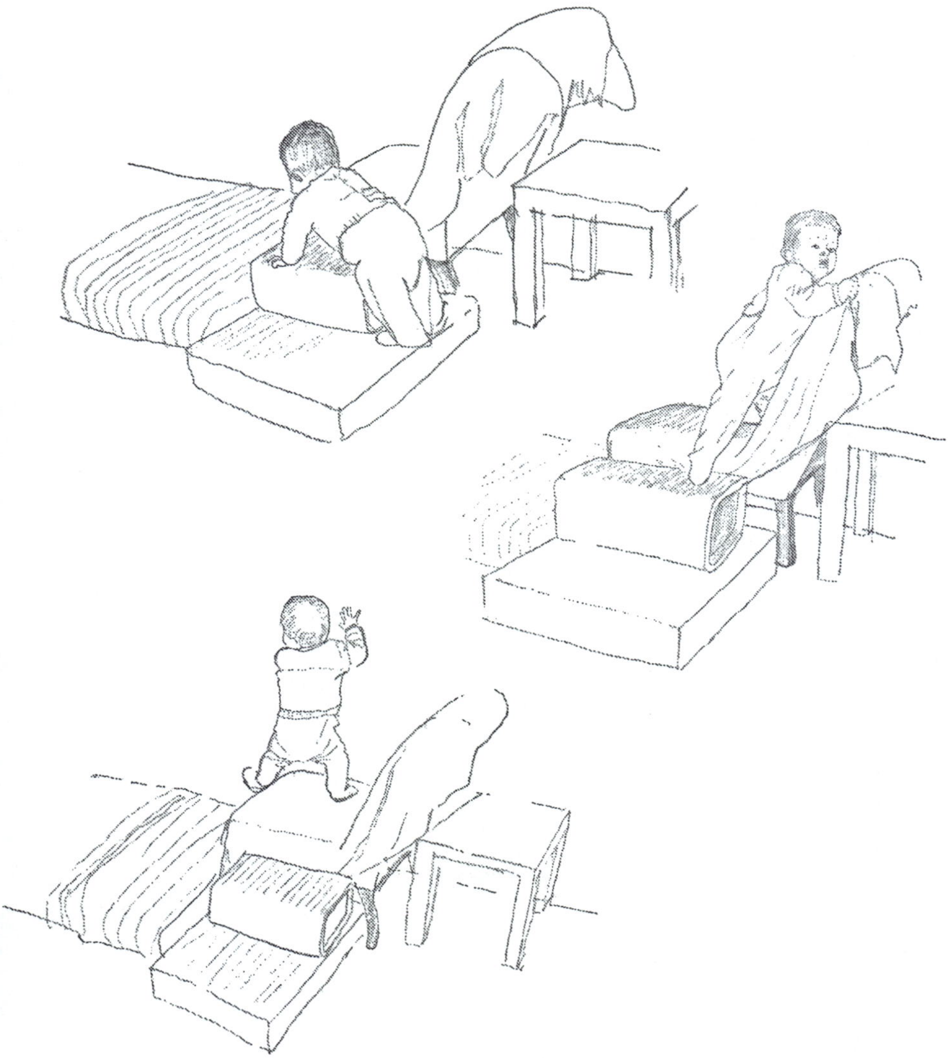

Imaginez le sérieux, la concentration de ce bébé.

Julien a 8 mois, il explore la première marche d'un escalier improvisé[1]*. Il réussit à monter dessus et atteint la deuxième, il la touche avec ses mains et redescend immédiatement sur la moquette. Plusieurs jours de suite, il répétera cette exploration sans monter sur le dessus de la chauffeuse qui constitue la troisième marche. Ce n'est que trois semaines plus tard qu'il ose aller jusqu'en haut, se mettre debout, essayer de descendre par le côté où il n'y a pas de marche intermédiaire : à plat ventre sur le dessus de la chaise, il lance sa main vers le bas, cherche à toucher le sol. Il n'y parvient pas, il se laisse alors glisser progressivement sur la première marche puis sur le sol. Il ne se lance pas dans le vide. Deux jours après, il est encore sur le dessus de la chaise, il réussit à toucher le sol avec l'extrémité de son doigt et à ce moment-là il se laisse glisser tout doucement sur le côté où il n'y a pas de marche intermédiaire. Ses mains se mettent petit à petit à plat sur le sol, et il arrive ainsi à descendre.*

C'est le même qui, à 10 mois, arrive pour une semaine dans une maison inconnue. Il ne marche pas encore, mais se promène à quatre pattes sur le grand palier d'où descend un escalier de pierre. Il se rapproche de la première marche, en contrebas, la tape avec ses mains, met un pied sur cette marche. Il se trouble et semble un peu inquiet. Il remonte alors sur le palier et

1. Je vous donnerai plus loin des exemples d'aménagements faciles à réaliser chez vous (voir p. 98 *sq.*). Il s'agit ici d'un escalier constitué par une boîte de lessive pleine placée devant une chauffeuse (chaise basse et rembourrée, assez large).

expérimente ainsi plusieurs fois la première marche. Il semble avoir très envie de descendre mais, chaque fois, il remonte.
Pendant plusieurs jours il s'approchera de cette première marche, regardera vers le bas, babillera avec l'air de dire que vraiment il voudrait bien se lancer mais que c'est trop difficile pour l'instant, puis retournera sur le palier. Jamais il ne se lancera dans le vide de cet escalier (ce qui ne permet quand même pas à ses parents de le laisser seul à cet endroit).

On voit combien les enfants élevés de cette manière sont essentiellement prudents ! Nous y reviendrons. Ils ont très peu d'accidents. L'illustration impressionnante en est la pouponnière de Lóczy qui, après cinquante années de fonctionnement[1], n'a vu qu'un seul enfant se blesser lors d'une chute (arrivé quand il savait déjà marcher seul, il n'avait pas bénéficié de toutes ces expériences). Tous peuvent se déplacer librement dans leur lieu de vie, qui peut comporter quelques marches. Lorsqu'ils tombent, ce qui ne peut manquer d'arriver, on observe qu'ils ont acquis un réflexe d'autoprotection : ils rentrent la tête entre les épaules d'une manière qui fait qu'elle ne cogne pas lourdement ; grâce à leur souplesse générale (au niveau du tronc en particulier) et à l'étonnante coordination de leurs mouvements, ils se font moins mal que beaucoup d'autres.

Peu de sentiment d'échec

Ces enfants ont peu de sentiment d'échec, car ils n'ont pas l'idée de se donner des objectifs impossibles (c'est nous qui leur donnons cette notion en leur proposant de monter deux marches, de se mettre debout, de descendre du canapé où nous les avons perchés, etc.).
Leur objectif à eux est d'explorer, et, au fur et à mesure qu'ils explorent, leurs possibilités motrices s'améliorent. Ils sont alors amenés à explorer plus loin, et ainsi de suite. On n'observe pas – ou on observe peu – chez ces enfants de réactions de honte ou de fureur aussi fortes que chez ceux à qui on demande beaucoup et qui sont très vexés lorsqu'ils tombent.

Nous avons un très joli film d'un petit garçon qui se met debout pour la première fois sans appui, au milieu d'une pièce. La séquence dure treize minutes : le petit garçon se met debout, il tombe plusieurs fois, d'abord assez sérieusement puis en riant de plus en plus et en y prenant un plaisir manifeste.
La maman, qui l'a filmé discrètement, n'est absolument pas intervenue. Leurs regards ne se sont pas croisés. Le petit garçon a fait cette expérience dans une immense joie, sentant sans doute la présence de sa mère et peut-être sa grande

1. ... et d'observations faites avec rigueur tout au long de ces années.

émotion, mais dans une espèce de communion silencieuse qui n'avait rien à voir avec de la stimulation. Ce petit garçon n'avait jamais fait l'expérience d'un adulte lui prenant la main et l'aidant à se tenir debout, ni d'un adulte l'encourageant à essayer tout seul.

Les enfants, de ce point de vue, n'ont ni bonne ni surtout mauvaise opinion d'eux-mêmes. Ils sont satisfaits puisqu'ils réalisent ce que leur dynamisme les porte à faire (nous verrons au chapitre suivant le rôle important des adultes dans l'aménagement de l'environnement). Sans doute ressentent-ils moins d'impuissance que ceux qui sont sans arrêt stimulés par l'entourage. La plupart de ces enfants sont calmes, indépendants et, somme toute, agréables à vivre…
Comme ils n'ont pas l'expérience de l'intervention habituelle de l'adulte, sauf bien sûr en cas de grandes difficultés (mais nous voyons qu'ils se mettent rarement dans cette situation), ils sont autonomes et non sans cesse à la traîne des adultes. Ils n'appellent pas à l'aide dès qu'ils tombent en courant dans un jardin ou s'ils ont grimpé sur un rocher un peu haut. On les voit regarder et chercher d'abord la solution… Ils aiment la compagnie des adultes et jouent souvent avec eux ou à côté d'eux mais ils ne sont pas crampons ni geignards, ne cherchent pas à attirer l'attention à tout prix.

Concentration et créativité

Sur le plan intellectuel, nous avons vu leurs capacités de concentration, leur intérêt pour l'expérimentation, leur imagination dans la recherche des solutions, leur créativité et leur capacité d'invention, qui leur donnent de bonnes bases pour l'avenir.

La capacité d'être seul

Regarder un enfant, le laisser découvrir par lui-même, ne pas l'aider ne signifie pas ne pas s'en occuper, le laisser à l'abandon en quelque sorte. Non. Lisez bien, vous verrez qu'il y a beaucoup d'attention, de « présence » dans cette discrétion. Il ne s'agit pas non plus de ne pas jouer avec lui, dans ces moments de plaisir partagé que tout le monde connaît où, assis par terre, on renvoie la balle, on cache la girafe, on chante, on bouge, mais il s'agit alors de suivre son initiative plutôt que la nôtre… Bien sûr, il a besoin de rires, de chansons, d'activités communes, d'expressions de votre tendresse!
Nous les voyons également acquérir cette extraordinaire capacité à être seul en présence de l'autre qui fait qu'on est heureux que l'autre soit là, mais qu'on ne dépend aucunement de lui: on vit, on s'active par soi-même. Quand il y a par ailleurs des occasions d'échanges avec d'autres enfants et des adultes, peut-il y avoir meilleure préparation aux relations sociales que de les libérer du caractère de dépendance ou de pouvoir qu'elles ont souvent?
Bien sûr, beaucoup d'autres enfants possèdent ces qualités sans avoir été élevés d'une manière spécifique et l'on en voit bien d'autres qui, plus tard, sont adroits,

inventifs et concentrés. Inversement, certains enfants élevés dans des familles ou des lieux où l'on est pénétré de cette conception ne manifesteront pas plus tard toutes ces qualités, tant interviennent les facteurs personnels (les uns naissent avec de grandes capacités d'attention, de calme ; d'autres sont explosifs et impatients...) et surtout l'histoire familiale, les événements de la vie (santé, séparations, changements, etc.).

Ce qui me donne vraiment envie de vous communiquer ces découvertes c'est qu'il semble bien que nous puissions, en les utilisant, **donner plus de chances à un enfant** : il démarre avec plus d'autonomie, de confiance en lui et en ses capacités, il risque d'avoir plus de force pour affronter les difficultés inévitables de la vie, les insuffisances de notre part, etc.

Et, comme tous les enfants ne sont pas également doués, nous avons envie d'offrir à chacun les conditions lui permettant de développer au mieux les potentialités qui sont les siennes, et ce d'autant plus qu'il est démuni. Il y a des enfants et des familles suffisamment gâtés par le sort pour que, finalement, tout aille bien. Il y en a d'autres pour qui la vie est plus difficile et c'est peut-être plus encore pour ceux-là que je voulais écrire ce livre, en particulier pour les enfants porteurs de handicaps (voir la fin de ce chapitre).

Concrètement, quel est le rôle des parents ?

Vous avez peut-être l'impression qu'il ne vous reste pas grand-chose à faire... Pourtant, « on a tellement envie de tout apprendre à un petit », me dit-on souvent... Rassurez-vous ! L'accompagner sur sa route ne va pas sans une grande attention de votre part. Sous forme de règles d'or, nous allons voir ce qu'il vous « reste à faire » : les attitudes à avoir, bien concrètes, et celles qui sont plus intérieures. Ce n'est pas forcément simple, car faire ainsi confiance à un enfant peut paraître surprenant à certains. En outre, dans la confrontation quotidienne à un bébé, nous nous découvrons parfois bien différents de ce que nous aurions cru ! Vous verrez que ces règles d'or sont valables dans toutes les situations, que vous éleviez vous-même votre bébé ou qu'il soit accueilli pendant la journée dans une crèche ou chez une assistante maternelle.

> Un petit enfant, répétons-le, ne peut développer une activité libre que s'il est entouré d'une relation de confiance et de tendresse, celle qu'il vit en général avec ses parents ou avec les personnes qui les remplacent si elles sont suffisamment attentives.

Après ces moments d'échanges qui se vivent très intensément pendant les soins, il porte en lui une force qui va lui permettre d'agir par lui-même. Au fur et à mesure qu'il grandit, le temps d'activité autonome augmente. Nous retrouverons longtemps cette alternance de moments d'échanges, de relations quasi exclusives et de moments où l'enfant, portant en lui quelque chose de sa mère, de son père ou de la personne qui s'occupe de lui, se découvre lui-même, seul.

Tout ce qui concerne l'aménagement matériel, le choix des jouets et des objets qu'il pourra expérimenter, cet aspect essentiel, vous l'avez senti, fera l'objet du chapitre suivant.

Voici les règles d'or qui pourront guider vos attitudes si vous souhaitez offrir à votre enfant cette liberté d'activité ; elles sont la suite directe de tout ce que nous venons de découvrir.

Ne posez jamais votre bébé dans une position qu'il ne maîtrise pas

Évitez de le mettre assis, calé par des coussins, avant qu'il ne s'assoie tout seul, de le mettre debout avant qu'il ne s'y mette par lui-même. Ceci l'empêcherait de vivre la situation de liberté motrice que nous venons de décrire avec tout ce qu'elle peut apporter de connaissance de son corps et d'acquisitions fondamentales et/ou subtiles. Mal à l'aise ou attentif à ne pas trop bouger, il serait limité dans ses expériences.

La totale disposition de ses moyens

Imaginons qu'une petite Laura vienne d'arriver dans votre famille. Dès qu'elle commence à s'intéresser à l'extérieur, vous pouvez la poser sur une surface douce et ferme, bien allongée sur le dos, en pensant à sa nuque et en prenant les précautions que nous avons décrites au chapitre 2. Le petit moment de transition (et, plus tard, la présence de jouets convenablement choisis, voir chapitre suivant) est important.

S'ouvre alors pour elle un nouveau moment de vie, où elle est détendue et en totale disposition de ses moyens, sans crispation, tension ni appréhension. Vous verrez d'ailleurs que, le plus souvent, elle se met tout de suite en activité, d'abord en regardant des objets, des couleurs, des points lumineux, etc., qui attirent son attention.

Puis, elle va se mettre à jaser, en remuant les jambes, en commençant à tourner la tête sans aucune fatigue. Ensuite, elle va découvrir ses mains, les faire bouger ; les bras tout entiers, n'étant pas entravés, vont se mettre en mouvement. C'est bientôt tout son corps qui bougera et vous devrez commencer à aménager judicieusement son espace.

Quand elle aura 6, 7 ou 8 mois et qu'elle commencera à ramper, à se mettre sur le ventre, continuez quand même à la poser sur le dos : c'est elle qui choisira la position qui lui convient ou le mouvement qu'elle veut entreprendre.

Les inconvénients de la position debout trop précoce

> *« Mais les enfants aiment qu'on les tienne debout! »*

Oui, ils aiment souvent, comme nous, nous aimons le chocolat, le tabac ou l'alcool. Tout ce que nous aimons n'est pas forcément bon, c'est même quelquefois nocif. Ce qui ne veut pas dire qu'on ne mettra pas de temps en temps un enfant debout lorsqu'on le tient sur les genoux, mais on évitera surtout que cela ne devienne un besoin pour lui.

Beaucoup de parents sont fiers de voir leur rejeton se tenir très tôt droit sur ses jambes ou réclamer qu'on l'y mette. On les comprend un peu: il est vif, casse-cou, ce sont des attitudes très valorisées. Mais ils ne se rendent pas compte que leur enfant, placé debout et tout content, doit se tenir pour ne pas tomber, ce qui limite considérablement ses possibilités d'exploration.

Observez ce qui se passe alors: le corps est arqué, les fesses tendues vers l'arrière; il se tient souvent sur la pointe des pieds sans aucune souplesse pour parer aux chutes. Le plus ennuyeux est sans doute que **le bébé n'explore pas les mille possibilités de son corps**, il n'éprouve pas son équilibre, son centre de gravité, il n'a pas l'expérience de rouler sur lui-même. La première représentation de son corps, qui risque de rester gravée en lui, est celle d'un effort, d'une tension pour tenir, d'une crispation; ce n'est pas l'aisance, la détente, le plaisir. Et, pendant qu'il est ainsi occupé à se tenir, il ne peut découvrir le plaisir d'explorer, de manipuler les objets variés qui sont autour de lui. Il apprend à dépendre des adultes puisqu'il a besoin d'eux pour se relever.

Là encore, bien trop de facteurs interviendront plus tard pour que l'on puisse établir de strictes règles de cause à effet, mais ces enfants risquent d'être gênés longtemps dans leur corps, d'être moins sûrs d'eux-mêmes physiquement, de tomber plus fréquemment et de se faire mal plus souvent. Ils appellent volontiers à l'aide. Certains seront de bons sportifs plus tard, mais sous le signe du volontarisme plus que de l'harmonie…

Les inconvénients de la position assise trop précoce

> *« Mais si vous ne le posez pas assis, il n'apprendra jamais! »* m'a dit un jour un docte médecin.

Nous avons vu que c'est inexact et comment les enfants sont capables de découvrir par eux-mêmes cette position, de la maîtriser parfaitement, même s'ils n'ont pas d'autres enfants autour d'eux.

Évitez donc à tout prix de l'asseoir contre des coussins. Observez un enfant dans cette situation: quand on a vu un bébé habitué à la liberté motrice, celui-ci fait peine, limité dans ses activités, risquant de tomber ou de glisser, inquiet ou passivement satisfait de son immobilité. Seul, il ne peut attraper le jouet qui est face à lui ou sur le côté sans tomber, le corps tordu; il lui est alors bien difficile de retrouver une position plus agréable et il doit sans cesse appeler à l'aide.

À une soirée sympathique, des parents étaient venus avec leur petite fille de 8 mois. Ils l'avaient installée dans son parc, calée contre un coussin avec un ours et quelques petits objets familiers, espérant bien profiter de la présence des amis…
Julie n'a jamais voulu rester dans son parc. Affalée d'abord, glissant le long des coussins, elle a fini par passer dans les bras de chacun. La petite fille au regard futé n'avait manifestement pas l'habitude de s'activer seule dans son parc, et les adultes n'avaient manifestement pas celle de la laisser trouver seule des solutions. La maman disait : « Un enfant, c'est quand même bien encombrant ! Avec elle je n'ai jamais un moment à moi. »
Et ce n'est peut-être que le début, madame… Mais croyez-vous que Julie en soit la seule responsable ? Faites-lui découvrir d'autres plaisirs qu'elle peut maîtriser elle-même et bien des choses vont changer.

« *Mais, lorsqu'il est assis, le bébé voit le monde qui l'entoure sous un angle différent !* »

C'est possible. Rien n'est parfait en ce bas monde… Il voit aussi le monde d'une manière différente lorsqu'il se promène dans vos bras, mais c'est plus actif et plus confortable. Est-il vraiment nécessaire, pour lui faire voir des choses différentes, de lui faire éprouver des sensations désagréables ? Si vous le laissez évoluer librement sur le dos, il aura une multiplicité de visions différentes et il ne tardera pas à s'asseoir seul. Alors il l'aura, cette autre vue du monde !

Les inconvénients de la position sur le ventre

« *Mais il "faut" aussi les poser sur le ventre…* »

Pourquoi, en dehors de courts moments où il peut avoir des coliques et où vous sentez que cette position le soulage ? Pour le faire « travailler » parce que cela l'oblige à soulever sa tête ? Parce que vous pensez que, dans une position confortable, il ne « travaillera » pas ? Le voilà accusé de paresse ou de risque de paresse !
Nous avons vu que l'argument ne tient pas : l'enfant en bonne forme s'active plus quand il se sent à l'aise. Or, en dehors de la tête qu'il soulève avec effort, des bras sur lesquels il essaie de s'appuyer, que peut-il faire « travailler » quand il est allongé sur le ventre ? Observez les manipulations et les gazouillis dans les deux positions et vous verrez vous-même la différence.
On observe, par contre, que les bébés toujours posés sur le dos peuvent très tôt tourner la tête des deux côtés, puisque ces mouvements ne leur demandent aucun effort. Ils développent ainsi une musculature du haut du dos, bien symétrique et correspondant à la variété des mouvements qu'ils peuvent déjà faire : les bras peuvent s'élever dans l'espace autant qu'ils le veulent, et d'avant en arrière. Cela sans la tension et la fatigue que suppose le fait de lever et de tourner la tête quand on est sur le ventre : n'oublions pas que la tête est très lourde par rapport à l'ensemble du corps.

> Une grande partie de l'énergie est utilisée à soutenir la tête alors qu'elle pourrait l'être à découvrir et à manipuler des objets ; le plaisir et la sensation de bien-être dans tout le corps seraient plus grands.

La musculature du ventre se développe aussi puisque les jambes sont souvent en l'air et peuvent aussi « battre » de droite à gauche (il « fait des abdominaux » toute la journée !). Tout cela au rythme ressenti par le corps, donc en totale harmonie. L'aisance ainsi acquise leur permettra d'intégrer d'autres mouvements quand ils se mettront d'eux-mêmes sur le ventre ou assis, puis debout. Cela avec déjà une grande solidité, la capacité d'une large variété de positions et une souplesse qui les rendra riches, harmonieux, et qui les aidera à aménager leurs chutes pour éviter de se faire très mal quand il leur arrivera de tomber.

Nous observons, et les professeurs de gymnastique le confirment, que les enfants couramment posés sur le ventre ont un corps beaucoup plus raide. En cas de chute vers l'arrière, ils ont tendance à tomber comme un bout de bois, les bras le long du corps, et la tête, partant encore plus en arrière, frappe le sol très fort. Si la chute se fait vers l'avant, les bras restent raides et souvent le visage est touché.

Ceux qui ont eu l'habitude d'être sur le dos présentent tout de suite les bras et les mains s'ils tombent vers l'avant et, si c'est vers l'arrière, ils rentrent la tête dans les épaules, plient les genoux et tombent souvent sur les fesses. Ainsi, la tête est protégée. L'ensemble des membres étant plus souples, on voit bien comment les chutes peuvent être aménagées et on anticipe sur l'économie de temps à passer pour apprendre à tomber plus tard, dans les sports de combat par exemple…

Les bébés habituellement posés sur le ventre ont des mouvements souvent plus maladroits, un peu rigides, assez morcelés les uns par rapport aux autres. Les pieds sont en général légèrement rentrés l'un vers l'autre. Ces enfants peuvent devenir des grimpeurs actifs, mais souvent de façon tendue et en prenant des risques ; ou bien ils n'osent pas trop et peut-être, plus tard, regarderont-ils les autres avec envie.

Évitez tout ce qui peut entraver sa liberté de mouvement

Sièges-relax et transats

Beaucoup de parents, sensibles au fait que le bébé voie bien ce qui se passe autour de lui, pensent que cela rend la communication facile. Sans doute, mais, dans l'optique de ce que nous venons de dire, ces sièges paraissent peu souhaitables.

Vous voyez que le bébé attaché :

- ne peut pas explorer les possibilités de son corps ni faire de grandes mouvements ;
- ne peut explorer l'espace ;
- ne peut pas non plus manipuler les petits objets qu'il tient mais qui tombent rapidement par terre, et qu'il ne peut ramasser lui-même.

Il se trouve ainsi en complète dépendance par rapport à l'adulte. Beaucoup de bébés s'y habituent et, pendant le temps qu'ils y passent, restent calmes et parfois passifs ou au contraire sont en quête permanente de la relation à l'adulte. Souvent, plus tard, les parents s'étonnent ou s'agacent: « Il veut toujours qu'on s'occupe de lui! »: c'est effectivement ce qu'il a connu. Pensez au contraire à cette possibilité d'alternance entre des moments d'échanges et des moments où le bébé s'active par lui-même.

◆ Pour transporter les enfants, on utilise maintenant ces **sièges-coques** (le plus souvent de la marque Maxi-Cosi, devenue l'appellation générique) qui se fixent facilement dans les voitures. Regardez votre bébé installé dans ce siège, le corps plié en deux, les jambes qui remontent, la colonne vertébrale et les muscles tassés, l'estomac compressé... Qu'en pensez-vous? Il est souvent mal à l'aise, ne peut pratiquement pas bouger ni avoir d'activité ou de jeu autonomes...

Comme il est mal à l'aise, il a tendance à grogner, on lui met une sucette; ainsi, il ne dit plus rien et attend que « ça passe »... De plus, à l'arrivée, on est tenté d'y laisser l'enfant parce qu'il dort ou qu'il y est tranquille.

Vous voyez donc vous-même comme il est important de limiter le temps d'utilisation au strict temps de transport, et de poser dès l'arrivée votre petit dans son lit ou sur son tapis[1].

◆ Le **siège à ventouses** que l'on fixe au fond de la baignoire n'a pas d'autre avantage que de permettre la tranquillité des parents (ce qui peut parfois être utile), mais il immobilise l'enfant, qui doit jouer avec ce qui reste à portée de sa main... et perd ainsi l'occasion d'éprouver son corps en liberté dans l'eau, les glissements, la reprise d'équilibre, l'occasion de n'avoir que les possibilités de son propre corps mais de les avoir toutes, et de ne compter que sur lui. Collez donc plutôt des antidérapants au fond de votre baignoire et, sans perdre de vue votre tout-petit, dosez la quantité d'eau que vous mettez.

◆ Les « **trotteurs** » vous apparaissent maintenant, je suppose, encore plus à bannir, de même que les **sièges sauteurs** à élastiques et à ressorts. Une pédiatre me disait: « Les enfants habitués au trotteur semblent ne pas avoir connaissance du bas de leur corps. » Le bas du ventre, tenu artificiellement, ne peut avoir la mobilité qui permet la diversité des sensations; les jambes flottent et donc ne se musclent pas, les pieds sont peu en contact avec le sol, tout le corps est un peu suspendu, dépendant d'un objet matériel. Les sensations peuvent être excitantes, certains enfants les aiment beaucoup, mais ils auront plus de mal à développer solidité, assurance, adresse,

---

1. Ce système est si pratique et si répandu qu'il me paraît nécessaire d'insister sur sa nocivité s'il ne sert pas strictement à ce pour quoi il est fait: le transport en voiture, sur de très courtes durées, et encore vaudrait-il beaucoup mieux retrouver les lits de voiture qui existaient précédemment. Des pédiatres commencent à attirer l'attention des parents sur les problèmes de développement thoracique et de colonne vertébrale, spécialement au bas du dos, et nous voyons de fréquents retards de développement moteur chez les enfants qui y séjournent de manière un peu prolongée. Avec ce que nous décrivons dans ce livre, nous voyons tout ce dont un bébé est ainsi privé, la passivité qui peut se développer. Il faut là résister à la facilité et à une certaine mode, ce qui n'est pas toujours facile mais donne aussi l'occasion d'affirmer clairement sa réflexion et sa responsabilité.

donc à acquérir l'aisance dans les mouvements des membres inférieurs qui permet la stabilité et la sécurité.

◆ Soyez attentif au choix de la **poussette**: certaines permettent à l'enfant d'être allongé; certaines aussi sont « inversables », l'enfant pouvant regarder devant ou être tourné vers vous, selon sa préférence du moment (petit, il est souvent plus en sécurité en vous regardant que tourné, seul, vers la rue).

Dans le budget, il vaut mieux investir dans le matériel nécessaire – poussette, barrière astucieuse et solide, bon système permettant de porter l'enfant dans le dos... – que dans les jeux et les vêtements coûteux et sophistiqués dont vous savez maintenant qu'ils sont inutiles, et même parfois nocifs.

L'habillement

Il est évident qu'il vaut mieux choisir des vêtements souples, peu encombrants, qui ne serrent pas la taille (évitez les culottes ou pantalons qui s'arrêtent à la taille) ni les épaules, et qui n'empêchent pas de plier les jambes. Dommage pour certains cadeaux, amusants, à la mode et parfois très sympathiques vus de l'extérieur... à ranger tout de suite après les remerciements d'usage (la plupart des magasins se prêtent à des échanges). Soyez simple et efficace: il y va d'un réel enrichissement pour votre enfant et c'est vous qui en êtes responsable; ni les copains ni les grands-parents ne sont tenus de connaître tous les avantages de la liberté motrice!

Dès que le temps le permet, diminuez les épaisseurs, et chaque fois que vous le pouvez, laissez-le tout nu ou seulement avec sa couche, vous le verrez tellement plus heureux!

Le laisser pieds nus

Sur le dos, il aime frotter ses pieds l'un contre l'autre (regardez comme il les utilise pour saisir ou faire bouger les objets!) et, dès qu'il commence à ramper, vous verrez qu'il adhère beaucoup mieux au sol si ses talons et ses orteils sont libres. Ensuite, il pourra bouger plus facilement: les sensations au sol sont plus claires, il glisse moins, le pied se muscle et devient plus solide, les risques de pieds plats sont moins importants. À quoi bon mettre des chaussures ou des chaussons à semelles à un enfant qui ne marche pas! Cela ne peut que rendre plus difficile son « implantation » sur le sol, la sécurité de la station debout. Plus le pied travaille lui-même, plus la musculature se développe.

Vous pouvez craindre le **froid**, sans doute, mais le risque est minime: si le corps est bien couvert, mains et pieds sont rarement froids. Les enfants ne sont pas plus malades dans les crèches où l'on pratique ce système que dans celles où ils gardent chaussures ou chaussons. Mais, si le sol est froid chez vous, il existe des chaussettes antidérapantes, qui, dès lors qu'elles ne sont pas serrées, laissent au pied du bébé sa liberté.

> Les bébés aiment le contact direct avec le sol, même sur le gravier ou le sable. Et c'est ce qui renforce le mieux la voûte plantaire.

Voyez de quelle manière les adultes, dans les séances de yoga, de gymnastique, de thérapies corporelles, essaient de sentir le sol avec leurs pieds nus, les jambes légèrement fléchies, pour se sentir solides, bien implantés, en contact avec la réalité, comme enracinés dans le sol. Si vous pratiquez le yoga, vous serez surpris(e) de voir ces enfants élevés en liberté motrice pratiquer spontanément certaines postures que nous nous efforçons de retrouver… souvent avec difficulté.

Modifier les habitudes

« Et s'il a déjà pris d'autres habitudes ? »

Bien sûr, votre bébé profitera plus de ses possibilités si vous le mettez sur le dos dès les premiers mois : ce sera pour lui la position naturelle. Par contre, il peut être un peu désorienté s'il a été habitué au siège-relax ou à se sentir calé contre des coussins. Que cela ne vous empêche pas d'essayer si vous lisez ces pages. Si vous disposez autour de lui assez de jeux intéressants et que vous lui faites confiance, il serait bien étonnant qu'il n'y trouve pas bientôt un grand intérêt (mais peut-être en dix à quinze jours ou un peu plus… prenez le temps !).

Pendant qu'il est ainsi allongé par terre, vous pouvez vous pencher sur lui, lui parler, chanter si vous en avez l'habitude. L'idée étant d'associer cette nouvelle position à du plaisir et de la sécurité avec vous. S'il ne s'y habitue pas, il est peut-être particulièrement réfractaire ! Mais l'expérience montre que les réactions d'un bébé peuvent être un révélateur des attitudes intérieures des parents et, dans cette situation particulière, surtout des mamans ! Souvent, ce refus de rester sur le dos correspond chez la maman à une tendance à le garder, à vouloir que le bébé ait besoin d'elle, même si consciemment elle a l'impression de vouloir lui laisser toute sa liberté. C'est là un point sensible chez la plupart d'entre nous !

Il est utile d'en parler, parce que, si tel est notre cas, nous risquons de continuer à exercer ce pouvoir quand notre enfant va grandir et ressentir davantage le besoin d'indépendance et d'autonomie. Il peut dans ce cas devenir opposant et négatif sans que nous comprenions bien pourquoi, alors qu'il s'agit d'une réaction de sauvegarde de lui-même comme individu séparé – preuve d'ailleurs de sa force psychique. Il peut aussi s'incliner et développer une attitude d'obéissance et de dépendance (cela étant aussi vrai pour une fille que pour un garçon !). Mais c'est sans doute dommage.

Il n'y a pas de déshonneur à faire partie de ce groupe de mères, mais merci à l'enfant de nous aider à en prendre conscience assez tôt. C'est cela de gagné pour l'avenir !

Aidez-le très peu dans ses entreprises

Laissez-lui la plus grande partie du travail d'exploration et de recherche de la solution. Évitez de l'interrompre même si c'est pour le féliciter, l'encourager ou lui rappeler que vous êtes là et que bien sûr vous l'aimez ! Nos attitudes sont si facilement interventionnistes (toujours pour la bonne cause, bien sûr !).

Rappelez-vous Karine s'étirant au maximum pour saisir la boîte située à quelques centimètres de ses doigts, ou Julien « apprivoisant » son escalier improvisé. Regardez votre enfant qui cherche à grimper sur un fauteuil (autorisé !) ou à en descendre. Si vous vous précipitez pour lui rendre l'objet qui a roulé un peu loin, si vous l'aidez à arriver en haut du fauteuil, *a fortiori* s'il est dans le siège-relax et que vous êtes obligé(e) de lui redonner l'objet avec lequel il joue parce que celui-ci est tombé et qu'il est effectivement incapable de le rattraper, vous créez chez lui l'idée qu'il y a toujours un adulte qui peut lui donner ce qu'il veut. Non seulement il n'aura pas l'occasion de faire toutes les expériences que nous avons décrites, mais **il ne pourra pas grandir avec l'idée que c'est lui qui agit**, qui bouge, qui attrape, que c'est sur lui qu'il doit compter – et y trouver beaucoup de plaisir. Sa représentation de lui se crée à partir de toutes ces expériences quotidiennes.

Bien sûr, il ne faut pas être rigide, il est important de rester « bien » ensemble. Il paraît légitime d'intervenir les premières fois où le bébé se retrouve complètement sur le ventre : certains pleurent, hurlent parfois avec rage, parce qu'ils ne peuvent pas se remettre seuls sur le dos. On a évidemment envie de les apaiser. Mais peut-être, plutôt que de les remettre nous-mêmes bien vite sur le dos, est-il possible d'accompagner doucement le mouvement pour qu'ils y participent. Découvrons et faisons-leur découvrir, par exemple, comment le bras ne les gêne plus s'il est remonté le long de la tête.

Autoriser les entreprises « dangereuses »

Souvent, nous voulons intervenir parce que nous pensons qu'il ne va pas réussir ce qu'il souhaite ou parce que nous craignons qu'il ne tombe ou ne se fasse mal. Nous avons vu que c'est nous qui nous représentons ces objectifs. Si nous n'intervenons pas, lui va jusqu'au bout de ses possibilités et s'arrête... pour cette fois, car nous voyons qu'il ne s'agit pas de découragement : il reprend un peu plus tard et, comme ses possibilités augmentent très vite, il peut aller chaque fois un peu plus loin dans ses entreprises.

Quand il escalade le canapé ou l'escabeau, et surtout quand il veut en descendre, nous craignons la chute et nous voulons la lui éviter. Pourquoi ? Bien sûr, il y a des situations où il vaut mieux être tout proche, prêt à intervenir, mais nous pouvons rendre notre présence la plus discrète possible ; nos mains le suivent mais à une légère distance, il ne les sent pas, il ne fait donc confiance qu'à lui-même. Vous pouvez même parfois l'encourager discrètement : « Allez, je crois que tu vas réussir tout(e) seul(e). » Mieux vaut placer un coussin ou un matelas par terre et qu'il se reçoive en douceur que de le prendre ou de le tenir pour descendre.

Je me souviens d'un petit garçon de 10 mois grimpant par l'intermédiaire d'un fauteuil sur un lit d'adulte bien plus haut que lui. Il aimait en redescendre par l'autre côté, s'agrippant de toutes ses forces au dessus-de-lit, tendant la pointe des pieds au maximum pour sentir le sol et, quand il y parvenait, il se laissait glisser et tomber doucement sur la moquette.

Ses parents le regardaient, haletants au début, en se demandant s'ils devaient intervenir, puis émerveillés et amusés par les sons d'effort intense qui sortaient de sa gorge.

Nous verrons au chapitre suivant que le plus utile dans cette situation est de mettre un matelas, des coussins de fauteuil ou quelque chose de rembourré par terre aux endroits stratégiques – et sans doute de rester assez près au début! Mais il y a quelque chose d'extraordinaire à regarder un enfant si petit faire une chose aussi difficile pour lui uniquement par plaisir et par intérêt profond, sans y être poussé en aucune façon ni avoir vu quiconque le faire avant lui. Si vous ne l'interrompez pas, il pourra développer en lui l'expérience d'efforts prolongés, d'abandon puis de reprise d'un objectif, ceci venant uniquement de son propre vouloir.

> Votre enfant n'a aucune expérience de la vie. Ce sont ces premières expériences qui vont commencer à lui apprendre ce qu'elle est ou en tout cas lui en donner une certaine connaissance.

Chacun de nous, à des degrés différents, est interventionniste. Notre plus ou moins grande capacité à laisser notre bébé faire de telles expériences à son rythme nous permettra encore de nous connaître un peu mieux. Il est intéressant aussi de voir que, dès qu'un enfant reçoit un peu d'aide, il en redemande, se mettant ainsi très vite dans une situation de dépendance (comme quand il commence à connaître les bonbons ou la télévision...). Il nous faut donc être attentifs: le plaisir intense que nous le voyons éprouver pendant son activité libre nous conforte dans l'idée que nous avons raison et que nous ne le frustrons pas, bien au contraire, en le laissant agir par lui-même. Mais c'est un plaisir qui a ses exigences.

Le respect du rythme du bébé dans ses découvertes

Un autre exemple assez drôle est celui des cadeaux ! Quels adultes offrant un cadeau à un petit enfant ont la patience de le laisser ouvrir et découvrir lui-même ce qui est pourtant maintenant à lui? Regardez-les! « Donne, je vais t'aider. Tire sur la ficelle... Mais non, regarde la boîte, elle s'ouvre comme ça. Ah! comme c'est beau! Regarde! » Et on s'agite, parfois même on joue avec l'objet avant l'enfant. On est pressé qu'il découvre ce que l'on considère alors comme plus important... Au fait, lui, qu'est-ce qui lui plaît dans tout ça? Que de choses à découvrir, et dont on peut profiter avant d'arriver au contenu de la boîte! Jouer avec la ficelle, avec le papier, la boîte elle-même et ses couleurs, avant de s'apercevoir que dedans il y a encore quelque chose... À qui voulons-nous faire plaisir?

Si vous laissez votre enfant agir par lui-même, vous verrez avec étonnement, mais je pense aussi avec une joie profonde et beaucoup de fierté, qu'il est capable d'une activité extrêmement riche. Il est possible qu'il n'ait même pas l'idée de vous demander de l'aide, et il trouvera des solutions qui vous surprendront. Vous rendez-vous compte de la force que vous lui donnez en lui permettant ainsi de compter d'abord sur ses propres ressources ? Quel atout dans la vie s'il porte en lui l'idée, parce que c'est la seule qu'il ait connue, que souvent il faut compter essentiellement sur soi et sur ses propres forces – et qu'on peut le faire. Ce sont des choses que nous disons aux enfants plus âgés et nous voudrions qu'ils en soient persuadés. Il serait plus efficace de leur permettre de le vivre dès le début de leur vie.

L'acceptation de l'autonomie du bébé

« Mais on aime que le bébé ait besoin de soi! »

Peut-être en effet n'aimez-vous pas l'idée que votre bébé puisse ainsi passer de longs moments à s'activer seul, sans avoir besoin de vous. Comme dépossédé(e), vous vous demandez encore: « Mais alors à quoi je sers? »

Oubliez-vous les moments de soins et de repas, l'attention nécessaire pour disposer autour de lui les jouets et les aménagements qui lui conviennent maintenant, les moments de rires, de chansons, de comptines, de jeux qui sont à son initiative ou au moment qui lui convient vraiment?

Nous en arrivons encore à cela: si nous souffrons de le voir déjà nous échapper, il n'y a là rien de déshonorant! Mais nous pouvons réfléchir: avons-nous vécu nous-mêmes auprès de parents trop protecteurs ou qui cherchaient à s'imposer? Nous sommes-nous identifiés à eux et avons-nous tendance à reproduire le même comportement malgré notre impression d'être différents? Ou bien aurions-nous aimé qu'on s'occupe davantage de nous?

Peut-être un livre comme celui-ci vous fera-t-il imaginer un autre type de relation possible, plus léger. Il vous aidera à comprendre mais surtout à ne pas être blessé(e) par certaines réactions de votre enfant quand il vous dira, par exemple, comme mon petit garçon de 2 ans: « Maman, va dans ta kuigine! » (autrement dit: « Va dans ta cuisine, je n'ai pas besoin de toi! »). Ce qui malgré tout fait une drôle d'impression la première fois qu'on l'entend!

Oui, c'est dur de se sentir un peu exclu(e), comme plus tard quand il sera capable de nous écarter d'un geste ferme du bras parce qu'on se propose de l'aider à monter sur son vélo ou de faire un câlin! Mais, plus tard encore, n'est-il pas destiné à devenir un être indépendant de nous?

Où aurons-nous le plus de plaisir?

- à voir notre enfant évoluer peu à peu avec autonomie et confiance en lui?
- ou à le garder, à tenter de le façonner dans le sens de notre désir et à sentir comme il a besoin de nous (ce qu'il vivra en soumission ou au contraire en opposition pour s'en défendre)?

Vous me direz: « Cela contredit l'axiome selon lequel il faut se laisser aller à son instinct, à sa spontanéité! » Eh bien oui. Il semble que notre spontanéité nous porterait souvent à entourer plus, à aider, à rester en relation proche, ou à être autoritaire, exigeant, en mettant toujours la barre très haut… Il y a des renoncements parfois difficiles. Dans ce domaine comme dans beaucoup d'autres, nous apprenons à choisir entre des plaisirs différents (voir le dernier chapitre).

Nos réactions, répétons-le, nous apprennent beaucoup sur notre réalité intérieure. Avec notre intelligence, nous pouvons être convaincus de l'importance pour un enfant de vivre par lui-même. Et puis nous nous apercevons que, dans la réalité plus indicible, nous l'entourons, nous sommes intrusifs, nous l'étouffons peut-être par... de l'angoisse, un trop grand désir de bien faire, un autoritarisme bien caché, un besoin que l'autre nous ressemble. C'est différent pour chacun de nous.
Dès que nos enfants nous permettent de prendre ainsi conscience de notre réalité intérieure, ils nous aident. Car c'est une chance : ils nous donnent l'occasion de libérer un peu de toutes ces capacités autres qui sont en nous, merveilleuses, efficaces, mais plus ou moins étouffées. Si nous pouvions être un peu plus nous-mêmes ! Qu'est-ce que je veux, moi, pour mon enfant, en dehors des modèles contradictoires ?
Autre surprise qui peut vous aider : à certains moments, je m'émerveillais tellement de ce que mes enfants étaient en train de vivre que je souffrais à l'idée qu'ils grandissent, et je croyais difficilement les mères d'enfants plus âgés me disant : « Tu verras, quand ils grandissent, c'est bien aussi ! » Elles avaient raison. Mais vous ne me croyez peut-être pas non plus. Soyez tranquille, il y aura encore tellement de moments où votre enfant aura besoin de vous !

Ne lui apprenez à peu près rien au sens d'enseignement

Il n'est pas nécessaire de lui montrer, de lui faire faire, de lui faire refaire, d'insister, etc., avant qu'il ait 2 ou 3 ans. Ne lui communiquez pas des objectifs qui sont les vôtres.

L'apprentissage spontané

Vous sentez bien que le stimuler est inutile, puisque, faut-il le redire, un enfant qui se sent bien dans sa famille, à qui on laisse faire toutes ses expériences comme nous sommes en train de le décrire, se met debout par lui-même, se met assis par lui-même, se lâche d'un point à un autre par lui-même ; ses jeux et toute son activité mentale deviennent extrêmement riches, même s'il n'a pas l'occasion d'imiter d'autres enfants.
Si, par exemple, vous avez l'habitude de le tenir pour lui apprendre à marcher, regardez-le : ses jambes semblent flotter sous lui ; ce n'est pas en lui qu'il a confiance mais en vos bras. Si vous le lâchez, il tombe et souvent se fait mal. Il vous tend les bras pour que vous l'aidiez à se relever.

J'ai vu récemment un bébé de 10-12 mois qui « marchait », sa mère le tenant par les deux poignets. Il regardait avec intensité des garçons en train de jouer au ballon; ses jambes avançaient mécaniquement, comme s'il n'était pas concerné... Il aurait eu besoin de s'arrêter, les jambes légèrement fléchies, impliqué tout entier dans l'observation de ce qui l'intéressait.

> *Essayez d'en regarder un autre se mettre debout seul puis lâcher un tout petit peu son appui, osciller légèrement, sentir son équilibre, retrouver son appui, quelquefois tomber assis, en général bien droit (avec ou sans protestation véhémente !) se relever à nouveau…*

Pères, soyez fiers de la ténacité de votre enfant, fille ou garçon, si vous le regardez dans ses entreprises : on est loin de l'image du bébé quémandeur et dépendant ! C'est un petit être décidé et déjà fort que vous avez devant vous ! Plus tard, il aura besoin de vos informations, démonstrations, pour enrichir ses découvertes. Mais avant 2 ans ou 2 ans et demi, c'est rarement nécessaire, au contraire. Cela est tout aussi vrai pour les activités « plus fines ».

> *« Un jour, raconte une maman, des rires m'ont fait regarder discrètement ce qui se passait dans la chambre : debout contre son lit, Kévin (9 ou 10 mois) avait fait tomber le pyjama qui était suspendu. En tombant, celui-ci avait caché une boîte posée par terre avec laquelle Kévin jouait sans doute. Il était alors très excité de s'apercevoir que la boîte avait disparu et qu'en tirant maladroitement sur le pyjama, elle réapparaissait. En déplaçant encore maladroitement le pyjama, il ne la voyait plus. Cela semblait provoquer en lui à la fois un grand intérêt, un grand amusement et une réelle excitation. »*

On pourrait avoir envie d'intervenir : « Ah, c'est drôle… on ne la revoit plus ! Encore ? » Pourquoi pas ? Peut-être… mais cela ne semble pas nécessaire. Ce qu'on voit, en tout cas, c'est qu'un enfant découvre le fait de l'apparition-disparition, qu'il en profite et l'expérimente seul, avec un grand plaisir, sans qu'aucun adulte ne l'y ait engagé.

Bien sûr, quand vous jouez avec lui à mettre de petits objets dans une boîte, à faire rouler une balle, à cacher la poupée, à regarder les images du livre, c'est un moment de plaisir dont il peut en outre retirer des idées nouvelles. Mais ne l'obligez pas à refaire et refaire encore. Ce serait au détriment de toute son activité d'exploration, qui est infiniment plus riche. Il n'est pas encore à l'âge scolaire où tant d'apprentissages sont nécessaires.

C'est pourquoi toutes les expériences d'hyperstimulation nous paraissent regrettables : les acquisitions restent le plus souvent extérieures et se font au détriment de toute la richesse intérieure que nous avons décrite. Ici, il s'agit au contraire d'un développement de l'aptitude à apprendre, à comprendre, à appréhender le monde, aptitude qui se trouve faire partie de l'enfant, capital qu'il ne peut perdre. Posséder n'est pas être… Dans les années à venir, le dynamisme et la créativité ne seront-ils pas souvent plus utiles que les diplômes ? L'un n'exclut pas les autres sans doute, encore ne faut-il pas étouffer la créativité.

> **Ce sont les choses que l'on a expérimentées par soi-même au moment où elles nous intéressaient que l'on intègre le mieux.**

Un regard encourageant

Pendant tout ce temps, vous n'êtes donc pas inactif(ve). D'abord, vous êtes là et votre enfant aime que vous le regardiez. Vous suivez ses efforts, ému(e), vous vous retenez de l'aider. S'il vous sollicite, vous pouvez aussi répondre : « D'accord, mais regarde, tu le fais (presque) tout seul… C'est toi qui le fais… Formidable… » Ou bien participer en silence : c'est souvent ce qu'il préfère. Communion silencieuse car il sent évidemment l'intensité de votre émotion admirative, encourageante, qui le nourrit. À côté de l'adulte, il est entièrement, pleinement lui-même, il se « construit ». Vous, vous suivez ses progrès.

> *« Quelle émotion, raconte une maman, lorsque j'ai vu la petite tête émerger par-dessus la tête du lit : c'était la première fois qu'il se mettait debout seul, l'air ravi. Puis le jour où je l'ai vu apparaître dans la cuisine : il était sorti à quatre pattes de sa chambre, avait suivi tout seul un couloir assez long et il était arrivé tranquillement, très intéressé. Puis le jour où, alors que nous prenions notre petit déjeuner et qu'il était assis par terre, il s'est mis debout tout seul, sans se tenir à quoi que ce soit. Il est retombé aussitôt, assis, l'air toujours très intéressé.*
> *« Le soir même, pendant plus d'une demi-heure (sur fond de "jazz vivant" sur France-Musique !), il s'est mis debout au milieu de la pièce sans, encore une fois, se tenir à quoi que ce soit, retombant aussitôt, se remettant debout, oscillant d'avant en arrière avant de se retrouver par terre. D'abord sérieux et concentré, puis riant, puis franchement hilare, ravi, restant debout un tout petit peu plus longtemps chaque fois. Je ne voulais pas le troubler et je suis restée là, le plus discrètement possible, pour le laisser tout à son expérience, mais malgré tout pleurant de rire… »*

Vous ferez les mêmes observations pour tous les styles d'activité. On s'aperçoit ainsi qu'un enfant a besoin d'être regardé. Il ne souhaite pas toujours que vous interveniez dans son jeu, mais il veut que vous soyez là. Il y a quelque chose d'indicible dans cette manière d'être proche, ensemble, mais sans intervention active. Myriam David dit que le petit enfant a besoin d'être « regardé » comme tout adulte a besoin d'être « écouté ».

Ne suggérez pas d'objectifs irréalistes

Ainsi, ne vous pressez donc pas de lui donner les objectifs qui sont les vôtres. Montrer à un enfant, avant qu'il en soit encore capable et pour qu'il y parvienne, comment tenir sa cuillère tout seul, comment empiler des cubes, insister pour qu'il grimpe sur ce fauteuil ou qu'il mette ces anneaux sur la tige, a fortiori lui faire reconnaître des cartes avec des mots écrits ou des formes compliquées, c'est lui donner la représentation qu'il y a des choses à faire dont il n'est pas encore capable, donc lui communiquer un peu d'un sentiment d'infériorité, voire d'échec.

C'est aussi susciter un appel à l'adulte : il va demander de l'aide et se mettre ainsi en situation de dépendance et d'évaluation. L'adulte oublie que c'est sa propre intervention qui donne à l'enfant l'expérience d'un objectif auquel il ne peut pas parvenir seul.

◆ Offrez à un petit enfant de 8 à 10 mois une boîte de gros cubes. **Si vous le laissez découvrir**, il les manipulera, les jettera, les sucera… Il va par exemple en poser un sur un coin de table, donner de petits coups de doigt, voir comment le cube tombe plus ou moins loin. Vingt fois il le relèvera, le posera sur la table, essaiera de le faire rouler, tomber, etc. Vous entendrez sa respiration devenir rapide… la loi de la pesanteur: quelle découverte étonnante! Il sera totalement silencieux ou vocalisera avec véhémence. À coup sûr, il ne vous regardera pas. Un jour peut-être, tout seul, quand personne ne le regardera, il découvrira qu'il peut en mettre un sur un autre.

Vous rentrerez ce jour-là dans sa chambre et verrez au milieu ces deux ou trois cubes empilés, témoins d'une grande activité, œuvre d'art surgie dans le désert. Quelle émotion! Un peu plus tard, vous l'observerez discrètement faire et refaire des efforts pour que tienne cet empilement. La joie de la réussite sera le plus souvent discrète mais intense. Observez son regard, tout son corps tendu vers son œuvre; puis la détente… Peut-être partira-t-il vers autre chose.

◆ Si vous offrez la même boîte de cubes et **si vous lui montrez tout de suite qu'il peut en faire une tour**, vous admirerez votre œuvre, lui aussi…! Il la fera tomber et sans doute vous demandera-t-il de recommencer, ce que vous ferez avec amusement et le jeu continuera, sympathique.

- Il fait l'expérience qu'il y a des choses difficiles que lui ne peut pas réussir. Bien sûr, cette prise de conscience doit se faire, mais pas trop tôt: qu'il puisse d'abord se constituer une bonne base de confiance en lui pour affronter la réalité sans risque de découragement.
- Il entre immédiatement en dépendance vis-à-vis de vous et vous demande de recommencer.

Observez… souvent, ce jeu se termine dans la grisaille, vous en avez assez et vous lui dites finalement d'aller jouer tout seul. Lui semble un peu triste et grognon. Le plus fréquemment d'ailleurs, il n'essaiera pas de mettre un cube sur l'autre, il semble bien qu'il en soit incapable.

◆ Combien de fois avons-nous envie de suggérer: « Allez, monte sur le canapé. Vas-y, je te tiens. Oh, ça y est! C'était dur… Encore… Tu recommences? » Ou: « Regarde! On peut tourner (ce cadran de téléphone si fréquent en ce moment sur les jouets des tout-petits). Mets ton doigt! Je le tiens… Oh, écoute, ça fait du bruit! Regarde, ça change de couleur… Oh, un petit chat! Oh, un nounours maintenant! Et là tu peux appuyer, tutut, c'est joli ça! »

Et l'enfant, sollicité, passe de l'un à l'autre **sans avoir le temps d'élaborer son expérience**, de réaliser ce qu'il vient de voir ou d'entendre, sans avoir la possibilité de le refaire lui-même à son rythme, à sa façon.

Si l'on intervient dans une situation donnée, il faut le faire discrètement, à la suite de l'enfant et non en le devançant ou en se substituant à lui.

Nous induisons une excitation et nous entendons dire que les enfants sont nerveux maintenant !
Peut-être nous croyons-nous obligés de faire quelque chose… « Je suis là, j'ai du temps… je peux jouer avec lui… » Ce peut être décevant de « n'avoir rien à faire ».
Mais, tant qu'il ne vous sollicite pas, soyez là, près de lui, savourez ce moment : il est profondément heureux… vous aussi. N'est-ce pas aussi bon qu'un moment d'activité ?

Aménagements et matériel de jeu

Nous verrons plus loin comment vous pourrez aménager son espace. Votre travail à vous sera de diversifier tous les objets qu'il peut manipuler, le matériel qui lui permettra de faire des expériences de plus en plus variées. Donnez-lui du grain à moudre, mais à moudre lui-même ! Ce sera le sujet de notre prochain chapitre. Un dernier exemple illustrera notre propos :

« Lorsque Maxime avait entre 9 et 10 mois, racontent ses parents, il avait un grand espace plat dans la salle de séjour avec tous ses jouets ; nous pensions que c'était bien ainsi parce qu'il était très en relation avec tous les membres de la famille. Puis il est devenu un peu "terne" dans la journée, comme s'il s'ennuyait… Il n'était pas possible, à moins de bouleverser complètement l'espace et la vie familiale, de lui permettre de grimper sur quelque chose.
« Après hésitation, nous avons aménagé sa chambre, une pièce un peu éloignée, mais où il y avait un vieux canapé-lit ; nous avons mis à côté un fauteuil sur lequel il pouvait grimper et, de l'autre côté, un coussin par terre qui permettait de se laisser tomber sans risque de se faire mal et même une petite planche qui faisait toboggan ! La porte ouverte, il pouvait nous apercevoir, mais il était plus seul.

« Il s'est tout de suite approprié cet espace, grimpant sur le fauteuil, de là passant sur le canapé, descendant sur le sol la tête la première, prudemment, tendant ses petits bras puis déboulant, parfois un peu vite. Il a grogné quelquefois mais n'a jamais appelé au secours. En même temps son comportement général a changé, il babillait, il est devenu plus vif, plus actif pour tout... »

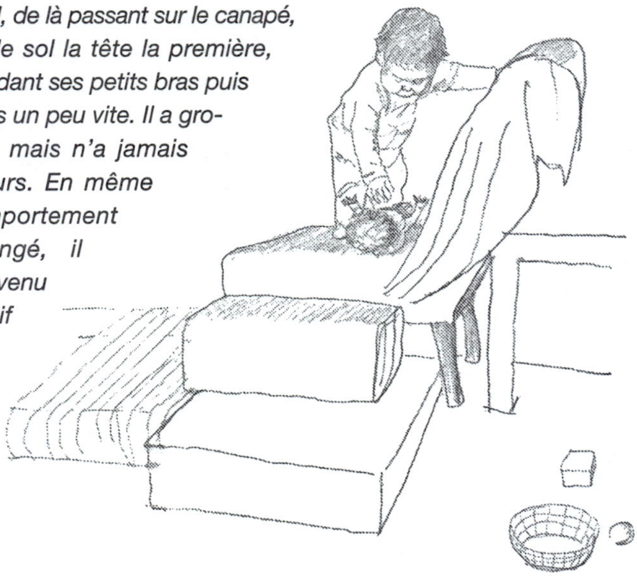

Simplicité de l'aménagement : un tout-petit « en liberté » s'approprie immédiatement l'espace pour mettre son corps en mouvement, même sans sollicitation de l'adulte.

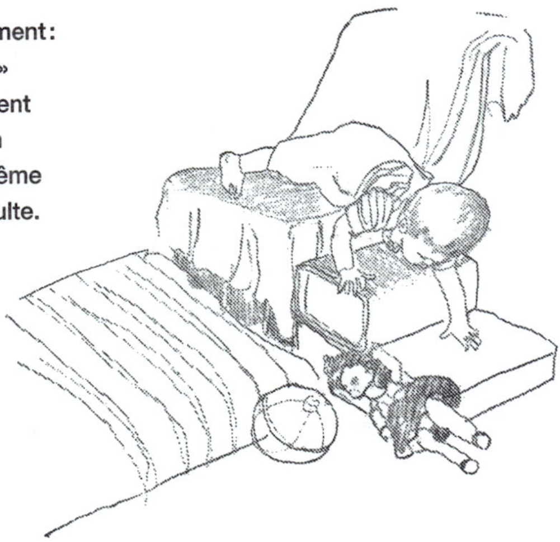

Pourquoi ces attitudes sont-elles si importantes ?

Un dernier exemple avant de conclure sur ce thème :

À la crèche, Laure, un bébé de 7 mois, se réveille. L'auxiliaire, occupée avec un groupe d'enfants, la lève, la pose gentiment sur le tapis, assise contre des coussins, lui met un hochet entre les jambes et repart. Laure la suit du regard, fait quelques mouvements d'avant en arrière pour maintenir son équilibre. Elle se penche en avant en regardant le hochet. Le bras droit ébauche un mouvement vers le jouet, ce qui tend à emporter le corps vers l'avant: Laure se sent en déséquilibre et se renvoie en arrière. Elle tombe alors sur le dos et se met à hurler. L'auxiliaire arrive, lui parle gentiment, la rassied et lui redonne son jouet. Laure le regarde à nouveau, le prend d'abord avec douceur puis le secoue avec véhémence, ce qui le fait glisser. Elle s'immobilise vite pour ne pas tomber. Elle regarde autour d'elle. Après un court moment, elle est toujours assise, son menton se plisse, elle se met à pleurer.

On ne peut évidemment pas dire comment Laure aurait réagi si l'auxiliaire travaillait selon une autre optique. Mais on peut raisonnablement imaginer cela:

Laure se réveille et l'auxiliaire, occupée de la même façon par les autres enfants, la pose, allongée, sur le tapis, en lui parlant et en lui tenant la tête, avec plusieurs jouets autour d'elle. Cette position sur le dos lui est familière. Elle regarde partir son auxiliaire (dans l'observation faite, Laure ne semblait pas particulièrement triste ni inquiète), elle regarde en l'air puis de chaque côté. Elle voit une cuvette rouge, des cubes, une balle. Tout de suite, elle redresse le torse, se tient sur trois appuis, saisit la cuvette qui tourne, laissant tomber la balle qui est dedans. Son regard suit la balle, elle se retourne et rampe dans sa direction, etc.

Laisser s'exprimer la capacité de faire face

Dans les deux situations, Laure porte en elle la capacité de faire face à la situation. Dans le premier cas, l'adulte ne la met pas dans la situation d'en profiter alors que, dans le second, il lui offre cette possibilité. La seconde attitude ne prend pas plus de temps que la première.

Bien sûr, là encore, d'autres facteurs peuvent intervenir. Certains enfants sont naturellement plus actifs que d'autres, les contextes émotionnels, affectifs et familiaux de chacun sont différents. Mais nous voyons dans cet exemple comment l'adulte peut – ou non – permettre à un même enfant de développer ses capacités, de s'activer avec plaisir et intérêt.

Quand ce type d'expérience est répété tous les jours dès le début de la vie, qui pourrait nier que cela va contribuer à donner des orientations différentes pour la personnalité, au moment présent et à l'avenir?

Vous percevez déjà ce dont nous parlerons plus longuement dans le chapitre sur les séparations. Tout enfant va affronter des séparations, en famille et *a fortiori* à la crèche ou à la halte-garderie. Vous voyez qu'il peut vivre là un entraînement à mobiliser ses énergies, donc à pouvoir faire des expériences positives et à continuer à se sentir bien, à progresser même lorsqu'il se retrouve seul.

> Le petit enfant ne pourra réaliser sa capacité d'être acteur de sa propre vie que si l'environnement le lui permet.

Dans le cas contraire, il ne va peut-être pas dépérir, mais il va vivre *a minima*, dans l'attente permanente de l'adulte qui va venir le secourir ou échanger avec lui. Tout le dynamisme qu'il porte en lui mais qu'il ne connaît pas, évidemment, ne pourra s'exprimer. Tout le monde risque d'ailleurs d'ignorer son existence: on dira de cet enfant qu'il est « fragile » ou « capricieux », « qu'il ne sait pas jouer » ou « qu'il veut toujours être pris dans les bras »... Il a effectivement ce comportement, non parce qu'il est ainsi mais parce qu'il y est contraint par l'environnement.

Accroître la confiance en soi

Notre monde de compétition valorise l'enfant précoce, fierté de ses parents qui anticipent déjà sur ses succès aux examens! Ils sont prêts à le stimuler ou à s'inquiéter si les progrès ne leur semblent pas assez rapides.
Ils ne voient pas que la confiance en soi et le plaisir à être soi-même, la sécurité intérieure, la capacité à compter sur ses propres forces sont des atouts bien plus importants à notre époque où l'assurance et le tonus personnels, l'imagination, les capacités d'initiative sont indispensables...
Nous aurons encore l'occasion de le dire: il est soulageant de penser que nous ne sommes pas seuls responsables du développement de l'enfant, que nous n'avons pas à le façonner. C'est lui l'acteur, c'est lui qui intègre, qui fait siennes les données de la vie. Nous devenons plutôt des « collaborateurs »; nous l'accompagnons, ô combien! sur la route qui est la sienne, mais nous pourrions l'accompagner seulement, sans vouloir toujours lui dicter la route...
Enfin, cette « capacité à être seul » en présence de l'autre le prépare à la relation avec les autres. Ayant pu acquérir une bonne conscience de ce qu'il est, dans un grand plaisir à se mouvoir et à réaliser ce qu'il porte en lui, il va aborder les autres sans inquiétude et avec un grand intérêt. Ce sont là les meilleures bases d'une bonne socialisation, qui ne gagne donc pas à être trop précoce.

Les règles d'or

1. Ne posez jamais (ou presque!) votre bébé dans une position qu'il ne maîtrise pas encore par lui-même.
2. Évitez tout ce qui peut entraver sa liberté de mouvement.
3. Aidez-le très peu dans ses entreprises, laissez-lui la plus grande partie du travail d'exploration et de recherche de la solution.
4. Ne lui apprenez rien, au sens d'enseignement (montrer, faire faire, faire refaire, insister, etc.), avant qu'il ait 2 ans et demi ou 3 ans.

L'aide aux enfants qui ont eu, ou ont encore, des difficultés

Nous avons déjà évoqué le fait que tous les enfants ne sont pas également doués. Si nous avons là des moyens de donner de meilleures chances aux enfants « qui vont bien », *a fortiori* devrions-nous en faire profiter ceux qui sont en difficulté.

Votre enfant a pu être prématuré, hospitalisé ou vivre d'autres événements qui font qu'il ne se développe pas rapidement ou qu'il présente quelques difficultés, importantes ou non. On pourrait penser que, pour lui, la conception exposée ici n'est pas valable et qu'il faut le stimuler beaucoup. Il apparaît au contraire, de plus en plus, que cette attitude d'écoute active du bébé et des potentialités qu'il manifeste est un atout majeur. On ne fait plus de l'enfant un petit-être-à-qui-il-manque-quelque-chose que l'on va chercher à compenser le plus possible, mais un être à part entière, différent certes de la majorité mais qui a aussi son originalité à lui, par laquelle il peut avoir du plaisir et être heureux. Je ne minimise en rien la déception, la souffrance, et souvent l'angoisse des parents, mais lisez ces quelques lignes.

Une kinésithérapeute allemande, Monica Aly, après une longue expérience auprès des enfants handicapés, a exposé au Congrès de Lóczy à Budapest, en 1991, comment, pour elle et son équipe, cette conception de la confiance dans l'enfant était une base importante pour le travail thérapeutique. Dans un film de Myrtha Chokler, psychologue argentine qui utilise cette conception dans son travail avec les enfants handicapés, on voit ainsi une petite fille de 2 ans et demi paralysée du bassin et des membres inférieurs, avec un léger retard mental, éduquée depuis longtemps dans la liberté de mouvement. Allongée sur le sol, elle rampe rapidement en utilisant ses coudes, le regard vif, manipule avec attention les jouets qui sont à sa disposition. Elle frappe par sa vitalité calme, sa concentration, son intérêt pour ce qu'elle fait, et l'on ne prend conscience du handicap que dans un deuxième temps.

Un dynamisme ralenti mais réel

Devant un enfant qui a souffert ou qui est handicapé, nous avons tendance à chercher d'abord ce que nous pouvons faire, nous, pour le stimuler, oubliant qu'il reste comme les autres un enfant acteur de son propre développement, même si son dynamisme est beaucoup plus lent, moins visible, et s'il a plus besoin de nous pour s'exprimer. Il nous faut donc éveiller puis renforcer cette vie qu'il porte en lui.

Par toutes les petites expériences de la vie quotidienne, nous pouvons l'aider à se rendre compte des possibilités qu'il a et que souvent il ne connaît pas encore. Les réaliser lui apportera du plaisir et, ayant du plaisir, il aura envie de recommencer. Le mince courant d'énergie disponible risque de grossir. Il pourra sentir que, malgré l'inquiétude, l'angoisse ou la souffrance, nous voyons des capacités en lui, nous en sommes contents, nous en profitons avec lui.

Un regard qui aide à progresser

Observez votre enfant, cherchez ce qu'il aime faire à ce moment : manipuler tel petit objet, bouger, faire du bruit avec tels objets particuliers, etc. Variez, enrichissez ces activités en fonction de ce que vous observez ; vous allez lui permettre d'exprimer ses envies personnelles, originales – inattendues peut-être – de croissance, les capacités qu'en ce moment il est prêt à développer.

Il ne s'agit surtout pas de regarder pour évaluer ; il suffit d'un regard discret, parce qu'un enfant peut cesser son activité s'il se sent observé avec insistance ; d'un regard

> Aménagez l'environnement de l'enfant en fonction de ses motivations du moment. C'est alors qu'il développera le maximum de ce qui est disponible en lui.

plein de bienveillance et de sympathie, qui « enveloppe » cet enfant dans une confiance, voire une sorte d'admiration émue, pour les efforts qu'il fait. Pour lui, le fait de le sentir soutient ses efforts, la part de plaisir qu'il y trouve, et, même si c'est difficile, il y trouve une expérience de sécurité qui le renforce.

Rappelez-vous cette citation de Myriam David: « Un enfant a besoin d'être regardé comme un adulte a besoin d'être écouté. » Des équipes soignant les enfants en grandes difficultés physiques et psychologiques ont montré que ces derniers font de grands progrès quand ils sont « regardés » avec intérêt, sympathie, amour au sens large. Ce qui est traduit en termes professionnels par: « L'observation de l'enfant est thérapeutique. » Le regarder avec curiosité, attention, partager le plaisir de ses réussites, l'intensité de ses efforts, l'émotion qu'il ressent... Nous avons décrit chez l'enfant qui va bien ce plaisir si grand à se sentir objet d'intérêt tout en gardant sa liberté. C'est aussi une source de plaisir et de réconfort pour l'enfant en difficulté dans son développement. Ainsi pourront se développer en lui une confiance, un bien-être intérieur qui libéreront le maximum de dynamisme, de vitalité.

Proposer des jeux selon ses capacités et ses goûts

S'il a 10 ou 12 mois et qu'il ne cherche pas encore à s'asseoir, permettez-lui de vivre avec plaisir sur le dos, par terre, avec les jeux qui lui plaisent à ce moment. Vous pouvez lui montrer plus de choses qu'à un autre, mais commencez ainsi, par les objets qui l'intéressent lui plutôt que par ceux avec lesquels vous pensez qu'il devrait jouer.

Vous pouvez éloigner un des jouets pour qu'il ait juste un petit effort à faire afin de le saisir lui-même, vous ressentirez avec lui le plaisir qu'il a à le retrouver. Il lui faut être tranquille pour laisser à son énergie le temps de s'exprimer, à ses désirs le temps de se manifester.

Pour susciter en lui l'envie de bouger, d'expérimenter, mettez près de lui ce petit matériel qui lui correspond, avec lequel il est content, et laissez-lui le plus possible l'initiative et l'occasion de connaître **le plaisir de la découverte et le plaisir de la réussite**. Puis vous compliquerez juste un peu pour qu'il ne soit pas mis en échec: ces enfants se referment très vite[1].

Prenons l'exemple d'un rouleau dur, comme un traversin qui serait très bourré. Vous pourriez mettre ce petit enfant à plat ventre dessus pour lui faire éprouver le déséquilibre et le forcer à avancer ses bras, puis peut-être à progresser en s'appuyant sur les bras seulement. Il vit un inconfort, le visage se crispe souvent. Il maintient son effort et réussit ce qu'on lui demande, ou bien il se met à pleurer.

---

1. Il porte en lui un dynamisme de croissance comme les autres enfants, mais il faut lui faire confiance (activement). Les observations de ce livre peuvent peut-être vous en convaincre et vous y aider...

Face à l'obligation de faire quelque chose, il peut obéir ou essayer d'obéir, mais il risque d'y mettre moins d'« élan » que si ce même mouvement venait de lui.
Vous pouvez aussi agir différemment : ne pas commencer avec un rouleau trop gros, poser dessus un objet qu'il aime pour que l'enfant se soulève de lui-même en cherchant à l'attraper. Un peu plus tard, vous pourrez mettre l'objet de l'autre côté en prenant soin qu'il le voie évidemment ; tout cela en acceptant quelques détours entre-temps. Pensez à profiter de ces détours : eux aussi sont un « travail », un exercice, et vous pouvez permettre à l'enfant d'en tirer profit. Peut-être pouvez-vous mettre un petit obstacle sur les détours. Et ainsi de suite : il n'est pas livré à lui-même, mais ce que vous lui proposez est fonction de sa motivation à ce moment précis. Vous verrez qu'il manifestera de nouveaux intérêts et que vous avancerez.
On voit souvent les enfants qui commencent à bénéficier de ce type d'attitude changer de visage et de tonus général : ils sont plus ouverts, le regard est plus vif, plus présent. Ils montrent plus de confiance en eux et commencent à prendre de petites initiatives. Ils ont des moments de vrai plaisir. Ils sont plus actifs et continuent à avoir envie de progresser. Comme pour les autres, une acquisition est un point de départ vers une autre étape.

◆ Il s'agit toujours **de regarder l'enfant, de l'écouter et de le suivre**. Vous devez guetter avec le plus de confiance possible cette vie ténue que vous sentez, et vous faire confiance à vous aussi quant à vos capacités à l'aider à surgir davantage. Nul ne connaît au départ l'intensité de cette vie. Vous pouvez parfois être déçu(e), mais je pense à de nombreux cas où cette vie s'est révélée infiniment plus forte que médecins et parents ne pouvaient le supposer. Les réalisations surprennent tout le monde, dans leur niveau et dans leur originalité. Vous voyez parfois l'enfant épanouir des capacités que vous ne connaissiez pas et auxquelles vous n'auriez jamais pensé. C'est un peu comme s'il y avait bien de l'essence, mais un minuscule tuyau pour qu'elle puisse sortir. Élargissez le conduit, faites venir l'énergie, et le moteur marchera déjà beaucoup mieux même s'il y a réellement quelques pièces déficientes. Dans certains cas, il s'agit uniquement ou surtout d'énergie bloquée. Et si se mettait alors en route un mécanisme un peu rouillé mais bien moins déficient qu'on ne pouvait le croire ? Si la déficience est là, inéluctable, on a besoin de libérer toute l'énergie interne pour faire marcher tout ce qui peut quand même marcher.
◆ En revanche, **son dynamisme a toutes les chances de se bloquer si on lui impose trop de choses** qui ne lui correspondent pas. L'enfant peut essayer de répondre aux attentes, mais, si elles sont trop importantes, il risque de se bloquer ou de s'essouffler dans ses efforts, de perdre confiance et de se décourager. Si des professionnels s'occupent de votre enfant, parlez-en avec eux. Vous écoutez votre enfant, demandez et obtenez qu'on l'écoute aussi.
Tout ce qui est écrit dans ce livre peut lui être utile : tous ces petits moments de la vie quotidienne vont l'aider à progresser. Et, malgré certaines différences, l'observation d'Olivier et celle de Jérôme peuvent illustrer ce que nous disons là (voir chapitre 6, p. 172 et 175).

Chapitre 4

LES JOUETS et les aménagements

« Des jouets qui donnent envie à l'enfant de découvrir la richesse de ses sensations, les conséquences de ses actions et de ses manipulations. »

Marie-Renée Aufaure, psychologue attachée à la Banque du jouet, *À la découverte du jouet français*, Centre de documentation du jouet, octobre 1995.

Après la lecture des chapitres précédents, vous voyez que l'un de vos rôles est d'offrir à votre « pitchoun » les aménagements et les objets qui lui permettront d'expérimenter et de développer ses possibilités (ce qui ne correspond pas forcément à ce qui est à la mode !). Ce sont en général des objets bon marché et peu sophistiqués.
Vous vous demandez peut-être, au fur et à mesure qu'il grandit, quels jouets lui offrir, quel cadeau lui faire. Il en existe tellement ! Vous trouverez là quelques éléments de réponse.

L'aménagement de l'espace

Les bases de l'aménagement

Dès 2 ou 3 mois, la première chose à faire est de préparer pour lui une surface plane sur laquelle vous le poserez quand il est éveillé. Vous verrez qu'elle doit être assez grande. Un lit avec un matelas assez dur est très commode : la hauteur fait que ce n'est pas fatigant pour vous, et vous n'êtes pas très éloignés l'un de l'autre.
Quelques traversins autour, ou quelque chose de comparable, l'empêcheront de tomber. Là, soyez vigilant(e), veillez à ce que ces « barrières » soient bien fixées et efficaces car le bébé développe vite des possibilités nouvelles, et faites bien attention qu'il ne tombe pas. Assez vite, c'est par terre qu'il sera le mieux et le plus en sécurité : mettez une grande serviette de bain sur la moquette ou sur un tapis assez épais, en essayant de la fixer pour qu'elle ne roule pas.
Posez votre bébé sur le dos, en procédant comme nous l'avons expliqué au chapitre 2, et, dès qu'il a un peu grandi, placez autour de lui quelques objets correspondant à son âge : tissus colorés, bracelets en plastique, hochets légers vers 3-4 mois. Nous les décrirons en détail un peu plus loin. Bien sûr, vous pouvez les lui montrer, les agiter ou les frapper l'un contre l'autre devant lui, mais vous verrez que ce n'est pas nécessaire et que très vite c'est de lui-même que votre bébé s'y intéressera.

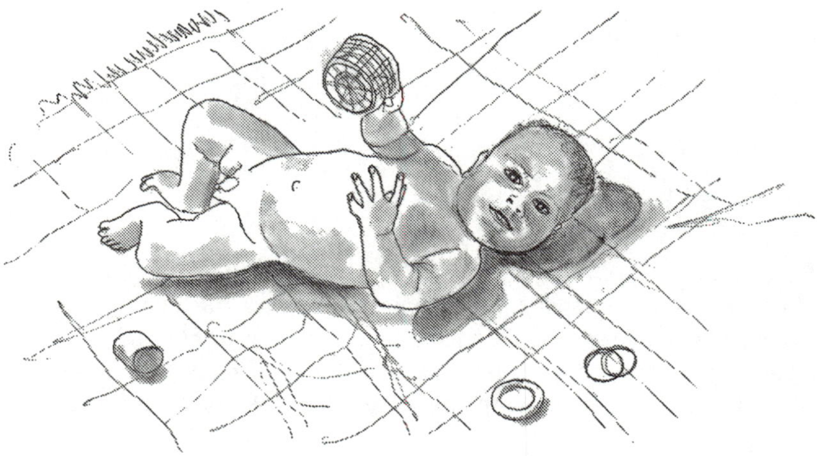

Observez la détente du corps, l'allongement de la colonne vertébrale. Vous verrez comment il peut tourner la tête, comment il se met à bouger les jambes, les bras, etc. Pendant un court moment, il ne dépend de personne : il découvre en lui-même la source de son activité et de son plaisir.

Enrichir l'espace

Peu à peu, au fur et à mesure des nouvelles possibilités qui apparaissent, vous enrichirez cet espace. Un matelas posé par terre à côté du tapis du bébé m'a paru être une source intarissable d'expériences et d'activités. Ce peut être aussi un grand coussin plat ou, mieux, un ou deux blocs de mousse dure de hauteurs différentes, bien enveloppés dans un tissu lavable et assez grands pour que l'enfant ait un peu d'espace quand il est dessus.

Vous pouvez mettre ce matelas sur le sol vers 6 ou 7 mois, quand votre bébé commence à se mettre assez facilement du dos sur le ventre et inversement. Mais attention, pour qu'il ne fasse pas d'expériences douloureuses, posez-le toujours d'abord sur le tapis : que ce soit lui qui, petit à petit, monte sur ce matelas puis fasse des efforts pour en descendre. Ayant intégré dans son corps les mouvements de la montée, il pourra découvrir en lui ceux qui sont nécessaires à la descente.

Je me suis aperçue avec étonnement que les 15 cm d'épaisseur du matelas sont une montagne pour un bébé. Lorsque j'ai posé mon bébé la première fois sur ce matelas et qu'il a voulu se diriger à nouveau vers son tapis par terre, la descente a été vertigineuse. J'entrevoyais déjà la bosse ou la fracture du crâne ! Or, notre principe étant de laisser l'enfant faire ses découvertes par lui-même, comment n'avais-je pas compris qu'il lui fallait d'abord expérimenter la montée ?

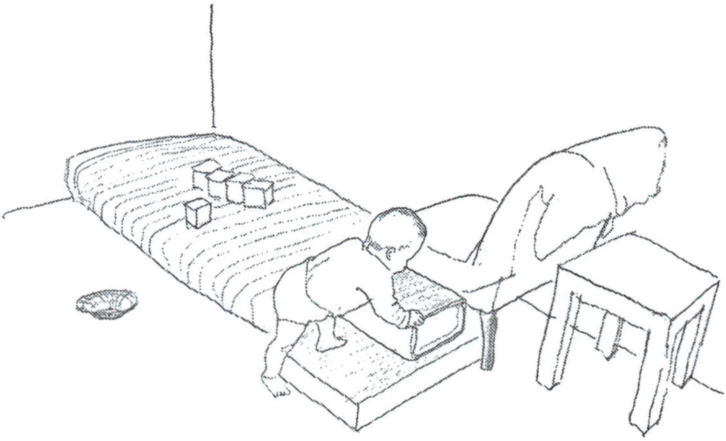

Comprenant cela, j'ai décidé de le poser désormais à l'« étage inférieur », directement sur son tapis. Il lui a fallu une bonne dizaine de jours pour parvenir à grimper sur son matelas et à s'activer avec les jouets qu'il trouvait dessus. Il a pu alors, en rampant jusqu'au bord du matelas, tendre sa main vers le bas, toucher le tapis puis se laisser glisser ou rouler, un peu brutalement parfois. Il y a eu encore quelques grognements, mais il ne s'est plus fait vraiment mal.
Il semble bien qu'il avait intégré quelque chose de cette dénivellation et que les sensations nouvelles et bizarres de la descente ne le surprenaient pas vraiment, même si elles étaient désagréables. Ensuite, il aimait monter et surtout peut-être descendre; les multiples positions dans lesquelles il se trouvait semblaient lui procurer beaucoup de plaisir et s'accompagnaient de « sonorités », de mimiques d'effort et d'intérêt très évocatrices!

On voit bien là comment le grand nombre d'expériences solitaires sont utilisées par un enfant. Si nous intervenons en le touchant, soit pour le retenir, soit pour l'encourager, nous introduisons un facteur qui est extérieur à lui, nous l'empêchons de sentir et d'élaborer à son rythme. C'est une grande sécurité pour nous de savoir que notre enfant peut ainsi découvrir et réussir par lui-même. Il ne va pas rester impuissant parce que nous ne l'aidons pas: trois semaines après environ, mon fils maîtrisait la situation, montait et descendait avec entrain, se laissant parfois tomber avec de grands éclats de rires.
Il est possible ensuite d'enrichir les occasions d'expériences: une petite estrade en bois que l'on peut faire soi-même (environ 12-15 cm de hauteur, 60-80 cm de côté) et qui présente l'avantage d'être dure (elle ne change pas de forme comme le matelas), un traversin très bourré pour qu'il soit assez ferme, des blocs de mousse assez dure, etc. On peut aussi créer des reliefs plus importants.

J'avais pour ma part improvisé un escalier constitué par un bloc de mousse d'une dizaine de centimètres de hauteur, sur lequel était posé un paquet de lessive laissé plein pour qu'il soit lourd, et enfin une chauffeuse (chaise basse et rembourrée), le tout placé le long du matelas toujours sur le sol. L'exploration, tout à fait progressive, a duré plusieurs mois (voir p. 74).

Un petit enfant peut retrouver le calme et devenir moins accapa-rant s'il investit son énergie débordante dans des activités motrices intéressantes : escala-der, se laisser glisser, ramper sous quelque chose...

On peut construire une « petite maison », constituée par le dessous d'une table avec un grand tissu qui pend pour la fermer un peu et derrière lequel l'enfant peut se cacher. Vous trouverez peut-être un petit plan incliné sur lequel il pourra glisser... À partir de ces exemples, vous aurez vos propres idées et votre bébé lui-même vous en donnera.

Tous les bébés ont régulièrement besoin d'interrompre leur activité de manipulation fine pour effectuer, avant de la reprendre, quelques mouvements intégrant leur corps tout entier. C'est pourquoi les aménagements que nous avons décrits sont beaucoup plus utiles qu'on ne le pense habituellement.

Un espace à lui

Il est donc assez simple d'aménager la chambre d'un bébé de telle sorte qu'il puisse jouer directement par terre. Mais tous les enfants n'ont pas la chance d'avoir leur chambre à eux. Bien que ce ne soit pas toujours très facile à réaliser, il est cependant nécessaire qu'un petit enfant ait un coin à lui, au moins à de grands moments de la journée.

Vous pouvez mettre un petit matelas au bas du canapé, de gros coussins, ou au contraire quelque chose de dur comme un grand casier avec couvercle rempli de livres pour qu'il soit stable… Vous verrez que votre enfant adorera ces explorations, qui peuvent être variées !

Cette période ne durant pas très longtemps, il est en général possible de modifier l'agencement des meubles et des fauteuils. Il y va bien de quelques renoncements à l'esthétique… Des fauteuils recouverts d'une bonne housse, un escalier improvisé du genre de celui que j'ai décrit, peuvent, avec le lit à barreaux dont on aura descendu un des montants, délimiter un espace où notre héros aura fort à faire et où il pourra développer tranquillement ses capacités de concentration !
Des aménagements de ce type sont à revoir assez fréquemment : ce qui était un rempart efficace ne l'est plus deux ou trois mois plus tard. « Les joies de vivre avec un tout-petit ne vont pas sans peine ! » Mais, plus tard, vous trouverez que cette période a passé si vite.
Si vous souhaitez l'installer dans la salle de séjour ou ailleurs, il est facile de transporter partout une grande serviette (style drap de bain) et un panier dans lequel vous mettez ses jouets.

Le parc, un espace protégé

Rappelez-vous que si vous passez de bons moments d'échanges avec votre bébé, en particulier pendant la toilette et les repas, il sera capable d'en passer d'autres, assez longs, à jouer seul sans tenir compte de vous. Vous n'êtes donc pas obligé(e) de l'emmener partout avec vous dans les pièces où vous vous trouvez. Vous pouvez l'installer confortablement quelque part, puis lui parler à distance et venir de temps en temps le regarder et faire un petit coucou !
Bien qu'il suscite souvent beaucoup d'opposition, le parc peut être un bon endroit de jeu, sympathique, si on ne l'utilise pas trop longtemps et si on prend soin d'y mettre ces objets intéressants que l'enfant aime bien, qu'il connaît et avec lesquels il fait beaucoup d'expériences. Lorsque le petit enfant commence à ramper un peu plus loin ou à se déplacer à quatre pattes, il y a des moments où la maman a besoin de s'activer avec l'esprit tranquille… ménage et cuisine peuvent alors être faits tellement plus vite !

◆ Évitez le **parc en filet**, auquel l'enfant ne peut pas s'agripper en sécurité : il oscille, risque de tomber et c'est très désagréable. Mais faites aussi attention au **parc à bords rigides** car l'enfant peut se mettre debout trop tôt. Il y parvient parce que c'est facile, mais il n'est pas encore assez développé pour pouvoir se remettre à terre sans tomber ou sans aide ; il reste donc en position verticale, un peu coincé, tendu, et en profite souvent pour haranguer une foule imaginaire. Il ne se sent pas vraiment bien et il vit les inconvénients dont nous avons parlé à propos de la station debout trop précoce.

Quand il maîtrise bien lui-même le fait de se mettre debout puis de se lâcher pour se remettre à terre, ce n'est plus un inconvénient. Il est actif dans son parc tout en voyant ce qui se passe autour de lui, ce qui peut parfois lui donner envie de sortir mais limite aussi la sensation d'isolement.

◆ La **manière de se sentir** dans le parc dépend de l'enfant lui-même et surtout de l'attitude des parents, de ce qu'ils vont lui permettre d'expérimenter pendant qu'il s'y trouve. Il est évident qu'un petit enfant de 7 ou 8 mois qui se retrouve dans le parc assis avec quelques objets en peluche et une girafe qui couine va se mettre à pleurer immédiatement et vouloir en sortir parce qu'il s'ennuie. Mettez-lui deux cuvettes et des boîtes, quelques cubes et quelques anneaux... Passé l'effet de surprise, je serais bien étonnée qu'il n'oublie pas les barreaux.

Veillez quand même à ce qu'il ne se passe pas à l'extérieur de choses trop intéressantes, auxquelles il aurait envie de participer !

Nous pouvons en dire autant des barrières, souvent indispensables en haut d'un escalier, très utiles à l'entrée de la cuisine ou de la chambre. Il n'y a qu'aux adultes qu'elles évoquent la prison : l'enfant, lui, a tout son espace derrière. Il faut parfois bien chercher pour trouver celle qui convient à votre intérieur ; mais vous verrez qu'il est préférable d'investir dans du matériel de bonne qualité (comme pour la poussette) que dans des jeux ou des vêtements aussi sophistiqués qu'inutiles.

Les jouets de la première année

Devant la profusion de ce qui existe, on se demande parfois quels jouets donner à son bébé. Peut-être aurez-vous quelques surprises en lisant ce chapitre !

Des jouets qui suscitent l'intérêt

Les peluches sont sans doute utiles comme objets de câlins, elles représentent pour certains enfants la douceur du contact avec les parents. Certains les aiment beaucoup, d'autres les ignorent. À vous de voir ce qu'aime votre bébé. Beaucoup sont inutiles, en particulier les très grosses, qui font bien plus plaisir aux adultes qu'aux enfants et qui souvent encombrent notablement les chambres. Mais peut-être s'en serviront-ils plus tard si leur imagination est assez riche pour en faire des personnages de théâtre.

Les objets et jouets utilisés en « activité libre »

De 3 à 6 mois:

- petits carrés de tissu de couleurs vives (faciles à prendre, ne font pas mal en tombant sur le visage);
- hochets légers et presque silencieux, qui ne le font pas sursauter;
- jouets allongés et silencieux;
- bracelets fins en plastique et de couleurs vives;
- volants de badminton tant qu'il n'a pas de dents.

De 6 à 9 mois:

- balles et gros anneaux;
- petites corbeilles (quelques-uns de ces petits paniers qui s'emboîtent les uns dans les autres, par exemple, et qui résistent au mordillement), corbeilles à pain comme on les faisait autrefois, en plastique très ajouré, casiers de rangement en plastique ajouré également;
- cuvettes en plastique de tailles différentes, petits seaux;
- cubes (pas trop gros ni trop légers);
- gobelets et petits objets creux genre boîtes à savon, moules pour faire des pâtés;
- culbuto.

De 9 à 12 mois:

- jouets creux, cuvettes en plastique, seaux et timbales de toutes tailles et de toutes matières;
- hochets, jouets allongés;
- balles, gros anneaux;
- couvercles de petits pots en grande quantité, rassemblés d'abord dans une cuvette.

Donc à peu près les mêmes que les mois précédents, mais souvent un peu plus gros. C'est surtout l'utilisation qui change.

De 12 à 15 mois:

L'éventail s'élargit, l'utilisation s'enrichit encore, mais les quilles et les jouets allongés qui peuvent se mettre debout, les cuvettes en plastique et les seaux ont encore souvent leur préférence.

Les objets qui suscitent la concentration

Une observation statistique a montré par ailleurs que, dans un groupe d'enfants en activité libre de manière habituelle, les objets qui suscitaient le temps de concentration le plus long, c'est-à-dire une activité de la plus longue durée sans que l'enfant détourne son regard, étaient:

- de 3 à 6 mois: les mouchoirs de couleurs vives;
- de 6 à 9 mois: les cuvettes, les seaux et les objets creux;
- de 9 à 12 mois: les balles et les seaux.

La plupart de ces jouets sont silencieux, alors qu'on croit communément que les bébés sont attirés par tout ce qui fait du bruit… attirés peut-être, mais souvent ils en ont un peu peur, surtout quand ils ne comprennent pas d'où vient le bruit. Les enfants ne les choisissent pas spontanément, ce sont souvent les adultes qui les utilisent pour faire rire le bébé, un peu comme quand ils jouent à le chatouiller. En faisant cela, ils l'excitent parfois plus qu'ils ne lui font réellement plaisir.
En revanche, les enfants aiment créer des bruits : en frappant les objets sur le sol, sur des surfaces différentes, l'un contre l'autre, etc.

Les livres et les jeux

L'intérêt pour les livres se manifeste à un âge très variable. Vous pouvez donc en mettre deux ou trois à disposition vers 8-9 mois et vous verrez. Choisissez-les en carton, avec des dessins très simples. Tenus à l'endroit ou à l'envers (cela peut durer jusque vers 2 ans et plus sans inconvénient !), ils passionnent certains enfants, qui babillent avec conviction et manifestent parfois des choix très précis. D'autres s'y intéresseront plus tard : là encore, ne vous inquiétez pas !
Ensuite, entre 15 et 18 mois, les activités s'enrichissent avec les mêmes objets auxquels vous pouvez ajouter ces anneaux qui s'enfilent sur une tige, des cubes en bois plus gros, ces boîtes que l'on appelle « boîtes à lettres » à l'intérieur desquelles il s'agit de remettre des morceaux par les trous de forme correspondante, des livres en carton. Et c'est le début des jouets d'imitation : les autos, les poupées, les objets de la maison de petite taille (petites assiettes, tasses, verres en plastique, petite casserole, petit balai, chiffon, etc.), jouets qui sont plus habituels et sur lesquels nous reviendrons.

La richesse des objets usuels

Donnez à votre bébé beaucoup d'objets usuels : cuvettes en plastique de tailles et de couleurs différentes, écumoires, boîtes à savon, grilles de fond d'évier, cuillères en bois, moules à glaçons, bouteilles transparentes en plastique bien fermées avec de grosses perles dedans, bracelets de couleurs vives, corbeilles à papier ajourées dans lesquelles il réussira même à entrer en rampant !

> Le bébé s'intéresse aux objets usuels et choisit tout de suite ceux avec lesquels il peut faire toutes sortes de manipulations.

Vous serez étonné(e) de tout ce qu'il invente avec des objets en plastique. Vous le verrez, concentré, ne s'occupant de personne, semblant quelquefois retenir sa respiration, parfois silencieux, parfois babillant très fort. Plongé dans son activité, il dégage un sentiment de plénitude.
Une cuvette, un gobelet et un petit objet comme un cube ont été pour moi les objets les plus utiles, en consultation, à l'hôpital ou en pouponnière, pour entrer en contact avec certains enfants, ou pour les aider à se calmer quand ils ne se sentaient pas

bien (le plus souvent ils ne me connaissaient pas encore). Essayer de sortir le petit jouet de la cuvette, retourner celle-ci, éprouver le creux en mettant au fond la main ou le visage sont des « activités » qui intéressent tous les très jeunes enfants et qui doivent avoir des résonances très profondes.
À ces objets, vous pourrez ajouter quelques-uns des jeux que l'on trouve dans le commerce : grelots en bois, groupe de clés en plastique, petites girafes et jouets en caoutchouc, tableaux de découverte... Par contre, vous pouvez éviter de payer très cher ces jouets sophistiqués dont les enfants font rapidement le tour bien qu'ils soient très beaux : « Elle s'ennuie, dites-vous, elle veut très vite qu'on la prenne dans les bras. » Cherchez plutôt dans vos placards ou au supermarché au rayon des plastiques. Financièrement, ce ne sont pas des investissements importants.
Vous ne courez pas de gros risques : mettez votre bébé par terre sur une grande serviette qui ne glisse pas ou sur un tapis, posez à côté de lui quelques-uns de ces objets et regardez plusieurs jours de suite : vous vous ferez une opinion et vous découvrirez ce que lui, il aime.

Un de nos petits garçons a passé beaucoup de temps avec ce que l'on appelle « le tableau des découvertes », sur lequel sont fixés des rouleaux qui tournent, des objets qui font du bruit lorsqu'on appuie dessus, une petite glace, etc. ; mais l'autre, pas du tout. Une petite maison en plastique dont les portes et le toit s'ouvraient a passionné le premier et a laissé à peu près indifférent le second, qui préférait faire rouler des balles, escalader et... raconter des histoires !

Il est donc difficile de savoir *a priori* ce que votre enfant aimera, et vous voyez là combien les enfants sont différents.

Permettre la découverte progressive des objets

Bien sûr, vous ne mettrez pas tous les jouets à la fois. Vous commencerez par les plus simples et, selon les progrès, vous verrez comment vous pouvez ajouter de nouveaux objets et lesquels : même dans la situation où aucune idée nouvelle ne lui est proposée, **aucun enfant ne stagne**, vous savez maintenant qu'en dehors de toute stimulation, au fur et à mesure du développement normal de ses possibilités neurologiques, sensorielles, motrices, l'enfant enrichit lui-même ses activités à condition bien sûr qu'il ait à sa disposition les objets qui le lui permettent.
Cependant, les enfants installés longtemps dans leur lit, dans leur siège-relax (à plus forte raison dans le siège-coque pour automobile) ou par terre, avec seulement quelques peluches et des jouets ou des objets sans intérêt, ne peuvent pas découvrir – ou perdent – ce plaisir de l'activité ; ils n'éprouvent pas dans leur être cette joie, qui semble intense, d'un fonctionnement personnel « à plein ».
Est-il nécessaire de rappeler là l'inutilité de ces sièges avec plateau de jeux, boulier amovible ou non, poire pour faire du bruit, volant à tourner... (fixés parfois sur

roulettes, ils deviennent « trotteurs d'éveil ») où l'enfant, immobilisé, est censé jouer. Nous avons vu comme il « s'active », donc s'éveille bien davantage quand tout son corps est impliqué et comme il y manifeste beaucoup plus de joie. Et que penser a fortiori de ces balançoires mécaniques qui assurent un balancement régulier pendant un temps réglable ! Le tout-petit est là, souvent le regard dans le vague, objet passif d'une machine actionnée par quelqu'un d'autre. Vous voyez pourquoi ces jeux sont nettement déconseillés.

« Un enfant qui pleure est souvent un enfant qui s'ennuie » : voyez donc si le vôtre a suffisamment de découvertes à faire pour l'instant ou s'il serait bon de lui apporter quelques nouveautés. Ainsi, comme nous l'avons dit, il sera très heureux que vous mettiez près de lui quelques objets usuels qu'il va regarder, frapper l'un contre l'autre en ayant l'air de comparer les bruits, essayer de mettre l'un dans l'autre, sucer, jeter au loin, soupeser. Il vous surprendra par la variété de ses manipulations et le sérieux qu'il y met.

Quelques « jouets » à l'intérêt discutable

Les portiques

Dès lors que le lit est l'endroit pour dormir et non pour jouer, ces portiques que l'on attache au-dessus semblent totalement déplacés. D'ailleurs, la plupart des enfants jouent peu avec et l'on observe chez certains des crispations dans le cou et les épaules. Il est en effet difficile que l'enfant soit bien placé par rapport au portique ; il en est généralement trop proche ou trop éloigné. Certains sont comme fascinés par cet objet et semblent ne pas pouvoir en détacher leur regard. Théoriquement faits pour inciter à tendre les mains puis à se soulever, se balancer, se redresser, ces portiques semblent en fait bien inutiles puisque notre expérience montre que les enfants n'ont besoin d'aucun objet, d'aucune incitation pour réaliser tous ces mouvements par eux-mêmes.

Suspendre soi-même quelques petits jouets au-dessus du bébé allongé amuse certains et énerve les autres, qui semblent vouloir s'en débarrasser... peut-être voudraient-ils pouvoir les prendre complètement ? Ce n'est donc pas indispensable. À vous de voir.

Les jouets difficiles à manipuler

En général, les bébés aiment beaucoup entendre les sonorités des boîtes à musique. Attention cependant : ils ne peuvent pas les actionner eux-mêmes, et certains tendent désespérément les mains mais on leur interdit d'y toucher. Enfin, elles sont parfois trop sonores.

Par ailleurs, méfiez-vous de ces jouets assez séduisants de l'extérieur : certains mobiles, personnages ou voitures sur ressort ou à piles, etc., peuvent exercer une sorte de fascination sur les enfants, qui ne les quittent pas des yeux, veulent les toucher, les manipuler, mais ne peuvent rien en faire eux-mêmes. Parfois même, ils n'ont pas le droit d'y toucher parce que c'est fragile. Ces jouets deviennent donc vite source de conflits ou de frustration.

La télévision

Elle fascine souvent les bébés et certains ne peuvent plus en détacher leurs yeux. Il est bien évident qu'elle ne peut rien apporter à des enfants aussi jeunes, qui ne comprennent pas ce qui s'y passe. Mais elle représente une aide très dangereuse pour les adultes: comme les enfants installés devant se tiennent tranquilles, les adultes deviennent plus calmes à leur tour. Fatigué, on ferait n'importe quoi pour pouvoir avancer rapidement tout ce qu'on a à faire ou pour se reposer. Et l'on demande à la télévision de résoudre le problème.

Il y a toujours un danger à faire découvrir à un enfant un plaisir facile, qui l'éloigne de beaucoup d'autres tellement plus vivants et tellement plus enrichissants. Devant le poste allumé, l'enfant s'habitue à recevoir passivement des images sur lesquelles il n'a aucun pouvoir, avec un fond sonore qui va lui manquer quand il s'arrêtera.

> Laisser le bébé devant la télévision, c'est développer chez lui des attitudes opposées à celles que nous avons décrites comme étant si précieuses pour son présent et son avenir.

Certains parents pensent de bonne foi qu'il y a là un moyen d'éveiller l'intelligence de leurs enfants. J'espère que ce livre leur en aura montré de plus riches, de plus efficaces et de moins dangereux.

Les jouets sophistiqués

De nombreux autres jeux de plus en plus sophistiqués, et généralement coûteux, sont (prétendument...) destinés à stimuler l'activité des enfants. Vous voyez qu'ils sont inutiles! En dehors du fait que les enfants jouent souvent assez peu avec, comme nous le disions au sujet des portiques, ils créent une dépendance, l'enfant étant soit limité dans ses activités, soit obligé de demander l'intervention de l'adulte.

Regardez par exemple un cheval à bascule, qui par définition bouge dès qu'on le touche: comment un tout-petit peut-il monter dessus autrement que solidement tenu par un parent? Et comment fait-il pour en descendre? Un tableau de découverte est parfois même installé sur la tête du cheval: coincé sur le siège, incapable de descendre quand il en aura envie, comment l'enfant peut-il trouver de l'intérieur, et avec tout son corps, un intérêt pour ce jeu passé le premier moment de surprise? Attendez donc qu'il puisse y monter seul! Et laissez-lui alors le plaisir de découvrir le balancement et d'en profiter vraiment!

Vous voyez qu'il y a des économies à faire! Mieux vaut donc attendre et utiliser votre argent un peu plus tard, pour fabriquer vous-même une petite structure sur laquelle votre bébé grimpera, ou pour acheter des jeux pour les plus grands, qui sont souvent plus coûteux. Dites-le à vos amis qui cherchent quel cadeau (vous!) fera plaisir...

L'âge de l'exploration (10-12 mois à 15-18 mois)

Votre bébé va commencer à ramper et à sortir du tapis, à se mettre debout en se tenant à quelque chose, à se déplacer à quatre pattes. Avec émotion, vous le verrez un jour se promener d'une pièce à l'autre le nez en l'air, essayant de regarder tout ce qui est autour de lui.

Pour que son envie d'exploration ne soit pas trop exaspérante pour vous, vous pouvez faire le tour de votre maison et enlever ce qui est dangereux, fragile ou... ennuyeux à remettre en place, car il n'aura de cesse de prendre les choses, de les regarder, de les faire tomber, de les sucer, etc. Certains enfants réussissent rapidement à contrôler leurs gestes et à ne plus toucher à ce qui est interdit, d'autres y mettent assez de temps pour réellement vous fatiguer! À vous de voir à quel numéro vous avez affaire, et avec quelle clarté et quelle permanence vous allez poser les limites.

Veillez à ce qu'il ait quelques endroits où il puisse se mettre debout et se trouver devant une surface plane: petite table, meuble qui se trouve à sa hauteur et qui lui permette de manipuler les objets en étant très à l'aise.

Nous pouvons distinguer trois domaines d'activités: sa chambre ou son coin à lui; la maison qu'il explore; dehors.

Cet enfant aime avancer avec ses deux cuvettes. Il veille à « régler » la pression des mains et des doigts, jubile parfois parce que les cuvettes glissent rapidement; il est parfois intrigué, voire agacé par un blocage. L'équilibre du corps se modifie, les sons produits varient selon l'endroit où il se trouve...

Sa chambre ou son coin à lui

Beaucoup de livres vous donneront des idées sur les activités et les aménagements possibles, et nous en avons évoqué un certain nombre plus haut; pensez toujours qu'il a envie d'expérimenter, de comparer, d'être actif.

◆ Nous l'avons dit, vous pouvez éviter les jouets chers et sophistiqués, et privilégier plutôt ce qui permet l'**activité motrice**. À cet âge, les enfants éprouvent une véritable jubilation à grimper, à se laisser glisser, à passer sous un tunnel... Amusez-vous avec lui en étant le concepteur tandis que lui est l'utilisateur exclusif!

Un fauteuil bien stable à côté d'un lit d'adulte ou d'un canapé assez haut, avec un matelas par terre de l'autre côté, peut constituer un circuit passionnant pendant quelques semaines. De plus, si vous êtes bricoleur(se), vous trouverez quelques plans de « structures à grimper ».

À cet âge, il sera souvent plus intéressé par tous les objets de la maison, mais il aimera sans doute encore les cubes, les grandes cuvettes, les anneaux qui s'enfilent sur une tige. C'est le début des jouets gigognes, des livres en carton qui se diversifient, des premiers encastrements...

◆ Vous veillerez à ce que ces jeux soient fréquemment **remis en ordre**. Le coffre à jouets n'est probablement pas un bon système, car les objets s'y trouvent en désordre: des cubes voisinent avec des anneaux, une poupée la tête en bas, une page de livre. En revanche, vous pouvez avoir la corbeille « petit bazar » pour tout ce que vous ne savez pas où mettre. Mais l'ensemble des jeux doit être rangé. Ils n'auront pas du tout la même signification s'ils sont mis en ordre sur une étagère: les cubes placés les uns à côté des autres, les anneaux enfilés sur leur tige, les livres rangés, les jouets démontables remontés, les poupées assises la tête en haut (c'est un peu agaçant à faire, mais cela vaut la peine!).

Dans une crèche, l'observation montrait que les enfants d'un groupe de 15-18 mois s'ennuyaient, et les éducatrices pensaient nécessaire d'introduire de nouveaux jeux. Les crédits manquant dans l'immédiat, elles ont décidé de remettre en ordre tous les jeux plusieurs fois par jour « pour leur donner meilleure allure ». Elles ont alors constaté un regain d'intérêt et d'activité chez les enfants. Le nombre et le type de jeux convenaient très bien; c'est une présentation cohérente et ordonnée qui était nécessaire!

Vous pouvez faire le tour de votre appartement et de ses placards et sortir de ce qui est conventionnel! Regardez aussi votre enfant: par l'utilisation inattendue qu'il fera un jour de tel objet, il vous donnera une idée. Un escabeau de ménage peut trouver mille utilisations: allongé par terre, à plat, il est un vrai terrain d'escalade pour un explorateur de 8 mois; à terre mais droit, calé aux extrémités, il peut devenir une barrière; ouvert ensuite, et vertical, il devient un lieu à grimper extraordinaire, en votre présence évidemment...

La maison que l'on explore

C'est souvent dans la cuisine ou dans la salle de bains que les enfants aiment aller le plus souvent. Le problème de la cuisine n'est pas simple. Il s'y trouve beaucoup de dangers pendant que vous préparez les repas: four très chaud, queues de casserole qui dépassent, couteaux... et, de façon permanente, des instruments et des produits d'entretien dangereux. On en parle assez pour qu'il ne soit pas nécessaire de les détailler ici.

Barrières protectrices et barrières limitatives

Si elles ne sont pas installées dans un esprit de punition et de limitation systématique de l'espace de l'enfant, les barrières ne sont pas un handicap. Ce n'est qu'aux adultes qu'elles évoquent la prison, on l'a vu, l'enfant a tout son espace derrière. Placer une barrière en haut d'un escalier ne pose guère de problème, mais en mettre une à la porte de la chambre pour que l'enfant n'en sorte pas alors même que l'on peut continuer à se voir et à s'entendre, donc à être ensemble, ou en bas d'un escalier pour qu'il ne puisse pas monter, demande parfois un peu de réflexion... Le petit enfant de 10 mois, ayant plus de possibilités et d'intérêt pour l'extérieur qu'auparavant, a besoin d'un espace plus vaste et plus varié, mais pas forcément en permanence.

Nous voyons souvent qu'un petit enfant a besoin d'apprendre qu'il s'intègre à un monde déjà existant et non à un monde où tous ses désirs sont réalisables. Il peut être « riche » pour lui de vivre de petits désagréments tels que celui-ci: ne pas pouvoir entrer dans la cuisine parce que maman y est avec ses casseroles, découvrir alors, après quelques instants de tristesse ou de révolte, la balle qu'il peut faire rouler loin dans le couloir en face... Il fait l'expérience qu'il peut trouver lui-même des compensations. C'est utile d'y penser quand on a tendance à se faire des reproches: « Je ne voudrais pas le limiter dans ses expériences! »

Veillez donc à acheter une barrière facilement amovible. Le jour où vous la poserez, il aura peut-être des réactions de surprise ou de désagrément. Vous pouvez l'aider à les surmonter les premiers jours en vous mettant avec lui à l'intérieur de sa chambre ou de l'espace fermé. Il aura alors probablement envie de prendre les jouets qui y sont et peut-être de vous faire participer à son activité. Ainsi, la barrière sera associée à un plaisir et non à une frustration: il la découvrira avec vous de l'intérieur et non alors que vous êtes à l'extérieur, comme si elle l'empêchait de vous rejoindre.

> Il est utile de déterminer à peu près les moments où le bébé pourra arpenter la maison et ceux où il restera dans sa chambre. On peut aussi décider qu'il y a des endroits où il ne peut entrer quand il est seul.

Puis vous lui expliquerez ce que vous redirez souvent ensuite, qu'il y a un moment pour jouer dans sa chambre et un moment pour se promener partout: « Maintenant, c'est le moment de jouer dans la chambre. Tout à l'heure, quand j'aurai fini, tu pourras sortir... »

Début d'apprentissage en douceur de règles qui n'ont rien de limitatif. Début de représentation de la durée : maintenant, après, un peu plus tard… Importance que ce qui est décidé soit clair et permanent. Toutes ces précautions sont diversement nécessaires selon les enfants et selon les périodes.

La cuisine et la salle de bains sans danger

◆ Si l'aménagement de la **cuisine** s'y prête, il est sans doute possible d'y laisser venir votre enfant aux moments où il n'y a pas de danger et où vous êtes disponible pour le surveiller. Avec une petite table ou un tabouret large sur lequel il puisse monter (tout seul si possible !), l'évier devient un domaine de « travail » plus qu'apprécié ! « Faire la vaisselle », « laver la salade » ou jouer à l'infini avec des objets en plastique : le plaisir que vous y voyez vaut bien le petit désagrément de deux serpillières à essorer !

À titre d'exemple, vous pouvez lui consacrer dans la cuisine un ou deux placards en fermant soigneusement les autres. Ceux-là, il pourra les ouvrir, les vider, y trouver des choses passionnantes : boîtes à réfrigérateur, couvercles, bouchons, passoires, boîtes de camembert, godets pour les glaçons, etc. Certaines cuisines se prêtent à ces « travaux », d'autres beaucoup moins… L'important est d'avoir des lieux d'exploration, non de jouer spécifiquement dans la cuisine…

Pensez que les enfants mettent beaucoup de temps à construire leur notion d'espace, de grandeur, de profondeur, d'éloignement, etc. C'est pourquoi sans doute ils passent autant de temps à mettre des objets les uns dans les autres. Donnez-leur des boîtes, des contenants et des objets plus petits qui pourront se mettre dedans (un peu plus tard, quand vous ouvrirez votre boîte à boutons, pensez à donner deux boîtes à l'enfant et vous verrez qu'il passera beaucoup de temps à mettre tous les boutons de l'une dans l'autre, à les retransvaser, etc.).

◆ La **salle de bains** peut devenir un autre lieu d'activité. Certains enfants peuvent jouer des heures près du bidet, qui se trouve bien à leur hauteur, sans faire trop d'inondations (merci aux fabricants de serpillières : elles n'ont plus l'air rébarbatif d'autrefois !). Ouvrir, fermer les robinets, la bonde, voir l'eau sortir puis ne plus sortir, disparaître : quelles sources d'étonnement et de réflexion !

Vous verrez vous-même comment il tire parti de votre appartement ou de votre maison selon son aménagement[1].

Apprendre la prudence

Ne craignez pas de le laisser **faire des expériences un tout petit peu risquées,** comme ouvrir et fermer une porte ; vous pouvez empêcher celle-ci de se fermer complètement en posant par terre un paquet lourd ou une boîte de lessive pleine. Certains enfants passent beaucoup de temps à se mettre debout et à se déplacer avec

1. S'il joue souvent au pied d'un escalier, il serait idéal de bricoler quelque chose qui lui permette de monter seulement une marche, puis deux, trois… car il pourrait les redescendre seul, sans risque, surtout si vous mettez un tapis épais à l'arrivée. À vos talents de bricoleur et à votre imagination !

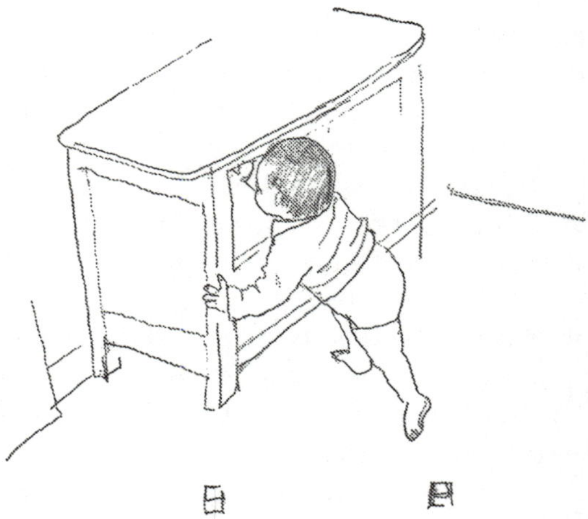

le battant de la porte qui avance et recule: ils éprouvent une sorte de jubilation à jouer avec leur équilibre. Quand vous êtes là, vous pouvez enlever la boîte qui empêche la porte de se fermer. S'il a l'habitude de jouer seul, vous verrez qu'il fera attention à ne pas se pincer les doigts.

Si vous lui dites sans arrêt: « Ne touche pas à la porte, tu vas te pincer! », il aura sans cesse envie d'y toucher tout en sachant que c'est interdit. Ce ne sont pas les dispositions idéales pour apprendre à faire attention! Alors que, si vous le laissez faire après lui avoir montré ce qu'il risque, vous le verrez renouveler l'expérience un très grand nombre de fois: approcher la porte jusqu'à ce qu'on ne voie plus le jour, l'écarter à nouveau, la refermer, l'écarter... Peut-être le verrez-vous appuyer lui-même la porte sur son doigt pour expérimenter, seul, ce que vous lui avez dit. Manifestation de son intelligence et du fait qu'il ne se sent pas un être « obéissant passif » mais qu'il cherche à comprendre, à s'approprier ce qu'on lui dit. Là, nous apprenons que nous pouvons lui faire confiance.

Il va intégrer lui-même ce que vous venez de lui montrer. Croyez-vous qu'il aime souffrir? S'il s'est fait un peu mal, il n'aura aucune envie de recommencer; par contre, il aimera toujours tenter de faire ce que vous interdisez. C'est, je crois, un bon exemple d'apprentissage « de l'intérieur » et non par soumission aux adultes, apprentissage qui, lui, est toujours prêt à être remis en question.

S'il perd un peu l'équilibre en fin de mouvement, il ne pleurera pas mais se laissera tomber avec souplesse, le visage attentif (éventuellement rieur ou même jubilant), prêt à se remettre debout et à renouveler l'expérience si aucun adulte ne vient l'interrompre.

Si un enfant est élevé en activité libre, on n'aura pas besoin d'acheter de casque pour lui ni de cabochons arrondis à mettre aux coins des tables. Il aura appris par lui-même à être attentif.

Si votre enfant a l'habitude de l'activité libre, vous verrez qu'il fera ces expériences très calmement. On peut souligner ici la différence entre se blesser et se faire un peu mal. Autant une blessure est à éviter à tout prix évidemment, autant il peut souvent être utile de se faire un peu mal. L'enfant qui est tombé parce qu'il a grimpé à un endroit trop

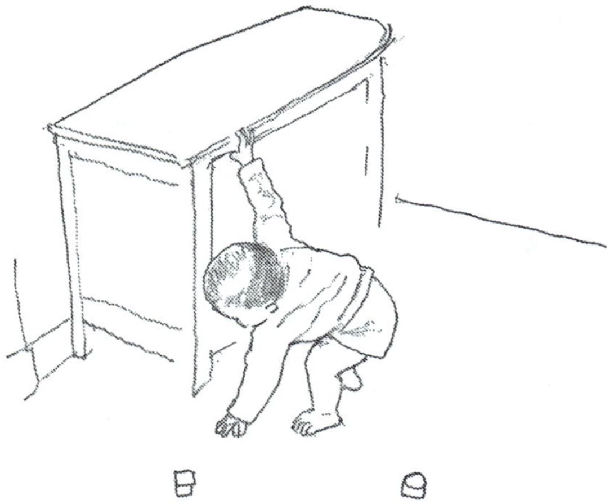

Profitez des meubles tout simples de votre maison. Ce bébé se met debout puis essaie de se retrouver sur le sol : mouvement très lent dans lequel on perçoit la concentration, la prudence, l'attention pour « s'assurer » (comme on dit en escalade). Il cherche à bien tenir sur le sol : les pieds sont écartés, les jambes légèrement fléchies, les orteils repliés agrippent le sol.

difficile pour lui, ou qui a tapé sur son doigt avec le marteau, fait un pas en avant dans la connaissance de lui-même, de ses possibilités et de la réalité.
A-t-il besoin d'être grondé, ou plutôt de s'entendre dire avec encouragement : « Tu vois, là, tu as appris quelque chose, tu t'en rappelleras maintenant… C'est ainsi qu'on grandit… qu'on apprend » ? Être positif ! Ce qui pourrait être un échec ou une désobéissance devient une occasion de grandir : encore un élément qui contribue à aider l'enfant à avoir une idée plus positive de lui-même et plus d'autonomie intérieure. Le prépare-t-on aussi à avoir plus tard un esprit critique constructif et une certaine indépendance de pensée ? En tout cas, il est amené à penser un peu plus par lui-même.
Bien entendu, cela n'exclut pas la **prudence de votre part**. Autant il peut être utile de laisser un enfant près des marches d'escalier lorsqu'on est tout près et disponible, autant il est important de mettre une barrière en haut pour l'empêcher de tomber lorsqu'on n'est pas là ou qu'on est occupé : il peut alors évoluer en toute sécurité, sans anxiété et évidemment sans risques physiques. Il est utile aussi pour les enfants de pouvoir faire un certain nombre d'expériences ou de jeux loin du regard des adultes. Il faut donc que ceux-ci puissent être assurés que les risques ne sont pas trop grands.

Je vous citerai en vrac un certain nombre d'activités qui ont passionné mes petits garçons. Vos enfants à vous auront beaucoup d'autres idées…
- *vider le placard de conserves, faire rouler les boîtes, les empiler ; explorer tout le contenu d'un carton au retour des courses d'épicerie, monter tout seul sur un tabouret près de l'évier et « faire la vaisselle », laver les légumes ;*
- *mettre et enlever les coussins sur un canapé (aider à ranger, à faire le lit) ;*
- *vider et remplir la corbeille à papiers (veillez alors à ce que vous jetez dedans) ;*
- *grimper sur l'escabeau et en descendre ;*

- *balayer;*
- *entrer dans des grands cartons, en sortir, se cacher dedans.*

Le bricolage de papa a été la source d'un intérêt inépuisable. À un enfant qui est habitué depuis toujours à une activité libre et à un contrôle de lui-même, on peut parfaitement prêter des morceaux de bois, un marteau pas trop gros, montrer les clés anglaises, les pinces, etc. Ce n'est évidemment pas possible avec un enfant agité, touche-à-tout, inquiet.

Deux boîtes de sachets de potage en ont ravi un pendant plus d'une semaine: sortir les sachets de leur boîte n'était déjà pas facile, mais les remettre à l'intérieur était une tâche extrêmement longue et minutieuse. Après les avoir sortis, on pouvait les mettre bout à bout, les empiler, les cacher, les chiffonner, etc. Le second ne s'y est jamais intéressé. Les boîtes de lait et de jus de fruits se sont avérées d'une grande solidité lorsqu'ils les empilaient et s'en servaient comme d'un cheval.

Chaque chose en son temps

Jetez juste un coup d'œil sur ces enfants de 12-15 mois ou un peu plus, engoncés dans leurs habits, que les parents bien intentionnés perchent en haut du toboggan pour les faire descendre sans qu'ils en aient aucune envie puisqu'ils ne savent pas encore ce que c'est, et qui surtout ne sont pas encore assez grands pour se lâcher et se laisser glisser. D'abord inquiets, ne sachant comment se tenir, ils finissent souvent par y trouver un certain plaisir, avec un sourire un peu crispé, une certaine excitation en réponse à celle des adultes. Ils en redemandent, incapables pourtant de descendre seuls et bien sûr d'y monter: « Vous voyez bien qu'il aime ça, pourquoi ne pas le lui permettre? »

Pourquoi? Pourquoi vivre une expérience de dépendance, découvrir un plaisir qu'on ne peut avoir que par l'intermédiaire de quelqu'un d'autre et surtout sans être détendu alors qu'on connaîtra cette expérience un peu plus tard, dans la fierté de ce qu'on a réussi soi-même? Pourquoi faire vivre à un enfant une expérience où l'aide de l'autre est indispensable, une aide qui limitera la richesse de son apprentissage: équilibre, contrôle de son corps, prudence?

Confiance! Il grimpera sur ce toboggan, il en redescendra surtout. Un peu plus tard, quand ce sera son désir, quand il s'en sentira capable. Peut-être ce jour-là ne lui refuserez-vous pas un léger coup de main! Il n'est pas nécessaire d'être intransigeant.

Dehors

Chacun sait combien les enfants aiment être dehors, ce qui attriste bien des parents qui vivent dans de petits appartements. Avez-vous pensé que, même l'hiver, vous pouvez lui mettre un bon chandail ou un manteau, un bonnet et lui permettre de jouer près de la fenêtre grande ouverte? Si vous avez un balcon, il peut sortir en toute saison!

Il sera peut-être en meilleure santé : à Lóczy, tous les enfants font la sieste dehors, même l'hiver ! Je l'ai expérimenté : c'est en effet possible à aménager (très près de la fenêtre grande ouverte, par exemple), bien qu'un peu surprenant. Les enfants dorment bien, ont de belles couleurs et semblent très détendus. Et je me rappelle une crèche où deux ou trois bébés qui ne pouvaient dormir l'après-midi ont commencé à faire de vraies siestes quand on les a installés sur la terrasse.
Je ne vous apprendrai pas grand-chose sur l'émerveillement des enfants devant les arbres, les oiseaux, et sur la joie des adultes qui les regardent ! Choisissez donc des habits bon marché et qui se lavent bien pour ne pas freiner les découvertes de votre enfant, pour le laisser courir à son rythme ou contempler longuement une fourmi, un caillou...
Laissez-le s'éloigner jusqu'à (presque) ne plus vous voir et revenir lui-même, apprivoiser ainsi la distance. Si vous vous êtes un peu habitué(e) à la liberté motrice, vous ne serez pas inquiet(ète) ; vous ne vous précipiterez pas pour l'aider à grimper, l'empêcher de tomber ou le relever. Vous le laisserez, s'il le peut, se débrouiller seul.

Le début des activités organisées (15-20 mois)

Vers 15-20 mois, le temps d'exploration est toujours important, mais celui des activités plus organisées s'allonge : imiter, reproduire tout ce que l'on voit faire à la maison et à l'extérieur, construire, assembler.

Favoriser l'initiative

Aussi, le principe sera toujours le même : donner à votre enfant la possibilité de jouer, de créer, d'expérimenter, de prendre des initiatives. Votre attitude va changer progressivement : vous serez amené(e) peu à peu à expliquer, à montrer, à intervenir un peu plus dans certaines activités...
Comme votre bout de chou cherche maintenant à reproduire dans ses jeux tout ce qu'il voit, il aura besoin d'autos, d'un garage, d'un train, de matériel de construction, de poupées, de vaisselle petit modèle (les dînettes ne l'intéressent pas encore, et il joue davantage avec de vrais objets de petite taille et incassables : petites assiettes en plastique, gobelets et couverts de pique-nique, etc.). Biberons, petites boîtes de produits alimentaires vides, petit(s) instrument(s) de musique, album photo, cassettes ou musique à écouter, etc., feront également son bonheur.
Les garçons aussi aiment reproduire ce qu'ils voient à la maison, c'est-à-dire s'occuper d'un bébé, faire la cuisine, le ménage, jouer à la poupée : petites assiettes et biberon ne sont donc pas à exclure complètement d'une chambre de garçon. En

effet, nous savons maintenant que nous portons tous en nous, *a minima*, des composantes de l'autre sexe et que, profondément, nous sommes d'autant plus à l'aise que nous ne cherchons pas à les renier[1].

Une échelle ainsi posée permet une infinité de jeux, seul ou avec d'autres enfants : passer dessous (les espaces n'étant pas de la même taille, la difficulté change), remonter le long en alternant les barreaux, s'enrouler autour des montants, faire circuler le ballon, les camions. Vous pouvez poser un drap dessus pour offrir une cachette ! N'oubliez pas les « tunnels » qui font disparaître l'environnement (ou soi-même) un court moment… l'enfant pouvant les allonger ou les raccourcir à sa guise !

Mais les enfants de cet âge ont bien d'autres activités.

• Transvaser : sable, cailloux, bouchons, pinces à linge, riz, pâtes, couvercles de petits pots que vous pouvez garder systématiquement ; les contenants de toutes tailles, matières et formes sont intéressants.

• « Patouiller » : avec l'eau, le sable, la pâte à sel, bientôt avec la pâte à modeler.

• Dessiner : vous pourrez prévoir un tableau avec des craies, bien qu'elles fassent beaucoup de poussière… mais évitent que l'enfant n'« écrive » sur les murs.

1. Voir notamment Paule Salomon, *La Sainte Folie du couple*, Albin Michel, 1994.

La chaise est peu stable et l'adulte doit être proche. Mais alors quel exercice d'équilibre : à cet instant, le pied gauche ne touche plus le sol et la main droite n'a pas encore atteint le dossier. Effort, alors que la chaise bouge. C'est le troisième essai : placé sur le côté, l'enfant avait perdu l'équilibre en inclinant trop la chaise. Après sa réussite, il recommencera trois fois avec le même succès pour terminer assis, tranquille, dans une position confortable et avec un regard satisfait vers l'adulte... qu'il semble venir de découvrir !

- Les chants, rondes, jeux de doigts, comptines.
- Tout ce qui exprime la motricité globale : grimper, sauter, se cacher, glisser... Vous pouvez inventer tous les parcours possibles avec des chaises : ils adorent par exemple les mettre bout à bout pour en faire des trains (gardez vos tickets d'autobus !) et commencent à introduire un chauffeur, un ou des passagers, des planches, des grands cartons d'emballage, un drap qui retombe d'une table...
- Se déplacer sur les engins porteurs, sur lesquels ils acquièrent rapidement une étonnante dextérité.
- Se déguiser, faire l'oiseau, le chien, le cochon et tous les jeux d'imagination...

Permettre l'intervention dans les activités de la maison

Mais c'est souvent dans la réalité que les enfants de cet âge aiment intervenir : si vous les avez laissés découvrir et manipuler les objets quand ils étaient plus petits, vous aurez sans doute bien du plaisir à les voir participer à ce que vous faites, même si cela vous donne aussi quelques émotions. Votre enfant vous suivra partout, et la maison est un magnifique champ d'activité. Pensez à en profiter : faire les lits, ranger (ou déranger ?) les coussins, essuyer les meubles, ranger les casseroles ou les couverts, les boîtes de conserve, laver la salade... Regardez et donnez-lui la possibilité de « faire comme maman », plutôt que de vous dépêcher de tout faire seule pour pouvoir jouer avec lui après (bien qu'il y ait des choses aussi que nous devrions faire seules ! Nous avons vu pour cela l'intérêt des barrières par exemple). Il souhaite déjà vous aider pour mettre le couvert et vider le lave-vaisselle, laver

quelques couverts ou boîtes en plastique, étendre le linge, bricoler, apporter des instruments ou des planches, laver la voiture, etc.
« Jamais je ne vous aurais laissés faire cela », me disait une grand-mère admirative, après un moment d'inquiétude, devant les assiettes qui s'empilaient à la sortie du lave-vaisselle. « Mais vous avez raison... » Bien des parents très jeunes – et très honorables ! – n'y croient pas ou n'y pensent pas...
Vous pouvez essayer cette collaboration les jours où vous avez un peu de temps : vous verrez ce dont votre enfant est capable et à quels moments vous pouvez le laisser faire. C'est parfois charmant, mais parfois épuisant (et, comme toujours, tellement différent selon les enfants). On ne peut leur permettre à tout moment ces expériences passionnantes !

Pensez à la manière dont vous habillez votre enfant : qu'il puisse être à l'aise, se salir sans que ce soit un drame. Ayez toujours un tablier en plastique à portée de main pour lui et, vous aussi, soyez à l'aise !

Pourtant, quand vous avez vu l'effort de concentration d'un enfant pour sortir les fourchettes d'un lave-vaisselle et sa satisfaction intérieure quand il voit qu'elles sont toutes sur la table, quand votre regard croise alors le sien avec une admiration muette ou discrètement exprimée, vous ne

pouvez vous empêcher de penser que quelque chose d'important s'est passé pour lui. Comme si son moi était devenu un peu plus fort, un peu plus « plein » après cette expérience minuscule et pourtant si intéressante pour lui.

De nouveaux jeux

Les jeux dits éducatifs le passionneront peut-être : tonneaux qui s'emboîtent les uns dans les autres, puzzles, encastrements. Il commence sans doute à « dessiner » davantage, à vouloir donner une signification à ce qu'il a dessiné. Il regarde les livres en demandant qu'on lui raconte l'histoire...

Vous commencerez à lui montrer ou à lui expliquer ce qu'il ne pourra pas découvrir seul – ou alors si lentement : réaliser le premier puzzle, enrichir la construction de la maison en gros Lego, tasser le sable dans le seau pour que le château tienne... Il ne s'agit pas encore d'apprentissage, mais d'explications discrètement données, d'idées supplémentaires qu'il va très vite s'approprier pour les utiliser à sa manière.

À chacun son rythme

Ne vous étonnez pas des rythmes différents. Certains jouent des semaines entières au même jeu, qu'ils abandonnent ensuite complètement pour un autre, certains en revanche varient leurs activités au cours d'une même journée.

À cet âge, il n'y a pas d'apprentissage au sens scolaire du terme, il y a imitation, appropriation par l'enfant lui-même de ce qu'il voit et de ce qu'il entend. Votre « travail » consiste encore beaucoup à mettre à sa disposition les objets qui rendront possible toute cette activité. L'essentiel est de maintenir bien vivante cette capacité d'invention et d'initiative, ce que chacun porte en soi d'original et de dynamique – et que les adultes ont bien souvent du mal à retrouver en eux.

Chapitre 5

LE DROIT À L'ÉMOTION

« L'enfant a le plus grand besoin qu'on lui donne une chance de se comprendre mieux au sein du monde complexe qu'il doit affronter. Il faut donc l'aider à mettre un peu de cohérence dans le tumulte de ses sentiments. Il a besoin d'idées qui lui permettent de mettre de l'ordre dans sa maison intérieure et, sur cette base, dans sa vie également. »

Bruno Bettelheim, *Psychanalyse des contes de fées*,
Robert Laffont, 1977.

Dans les chapitres 5 et 6, nous verrons toujours coexister deux tendances qui peuvent paraître contradictoires et qui, pourtant, sont le propre d'un être humain équilibré. C'est une double nécessité :

◆ **Laisser s'exprimer les émotions et les désirs**, en avoir conscience, ne pas les nier : « je n'ai vraiment pas du tout envie de travailler », « je déteste cette personne », « je suis blessée », « je suis en colère », « j'ai envie de chanter alors que mes voisins sont en deuil ».

◆ **Contrôler son comportement** : « je travaille quand même efficacement », « je déteste cette personne mais je ne vais pas lui nuire », « je suis blessée par ce qu'il m'a dit, mais je ne me laisse pas abattre », « je suis en colère contre X, mais je ne le frappe pas », « être heureux avec ma famille en bonne santé ne m'empêche pas d'être proche de ceux qui souffrent en ce moment ».

Un adulte a plus de chances d'être épanoui, en possession de ses moyens, s'il a pu, enfant, exprimer la réalité de ce qu'il était et de ce qu'il ressentait dans ses caractéristiques personnelles et la diversité de ses émotions. Il est banal de dire combien un petit enfant cherche à plaire à ses parents pour garder leur amour. S'il a cru devoir prendre l'habitude d'étouffer ses émotions et ses sentiments, s'il a ainsi adopté une manière d'être assez éloignée de ce qu'il est en profondeur, il sera toujours « à côté de lui-même », il souffrira et sera toujours en quête d'autre chose qu'il ne connaît pas et qui, en fait, est lui.
Idée peut-être assez simple à comprendre, mais dont la réalisation concrète n'est pas toujours facile. Chacun de nous, en tant que parent, est confronté à cette situation. La réponse est très influencée par ce que nous avons vécu pendant nos premières années. Et pourtant, il s'agira bien d'aider notre petit enfant à exprimer ses émotions et ses désirs, ce qu'il est lui, tout personnellement (c'est l'objet du chapitre 5), et à contrôler son comportement (sujet abordé dans le chapitre 6).
Après la lecture des chapitres précédents, vous vous serez déjà entraîné(e) à laisser vivre votre enfant dans son corps, dans ses mouvements, à son rythme ; vous aurez pu découvrir ce qu'il était dans ces domaines.

Vous allez aussi découvrir ses réactions émotionnelles et faire l'expérience d'une certaine distance entre lui et vous : vous vous apercevrez par exemple que vous n'êtes pas détruit(e) par la colère de votre petit enfant contre vous, pas plus qu'il n'est détruit par sa propre colère, car l'amour est plus fort et réapparaît toujours ; il se calmera bientôt et reviendra tout heureux vers vous. Vous vous rendrez compte alors que vous restez pour lui un père ou une mère qu'il aime et avec qui il connaît la confiance et le plaisir.

À l'inverse, la plupart de vos fatigues, énervements, découragements ne viennent pas de lui (vous verrez comme il est utile de le lui montrer). Vous êtes proches tout en restant des êtres séparés.

Il va donc s'agir d'aider votre enfant à accepter les règles de la vie en société pour pouvoir y prendre une part active (et heureuse si possible), à tenir compte des autres sans pour autant trahir ce qu'il est réellement, sans étouffer ses caractéristiques personnelles, ses émotions.

Ce n'est pas toujours simple... La lecture de ces deux chapitres vous apportera quelques éléments. Pensez que, même adultes, nous évoluons et nous prenons de chaque lecture ce qui nous correspond sur le moment. Au fur et à mesure que votre enfant grandira, les mots prendront un sens différent, auront sans doute un écho plus clair. C'est à lire... et à relire même quand votre ou vos coquins auront dépassé 3 ans !

Vous découvrirez surtout quels sont vos types de réaction par rapport à vos enfants. Ce n'est pas facilement prévisible car, tant que vous n'y êtes pas confronté(e), vous ne soupçonnez pas tout ce qui sommeille en vous : l'amour, la tendresse, la patience, mais aussi des choses moins agréables, comme la souffrance, la frustration, l'amertume, la peur, l'excès d'autorité. Vous êtes fabriqué(e) avec tout ça ! Le résultat, c'est un être humain bien vivant, portant en lui toutes les contradictions comme tous les êtres humains... Plaisir, confiance...

Par rapport aux enfants, envisageons tout de suite quelques excès.

◆ **Si vous êtes très laxiste** (par fatigue, par faiblesse, ou parce que vous n'avez pas pris le temps de décider ce que vous autorisez ou non), l'enfant fera l'expérience illusoire que c'est lui qui a la puissance. Ses pulsions s'exerceront dans tous les sens, il voudra tout, tout de suite. Pensant que c'est possible, il risquera de vivre dans l'agitation et l'instabilité. Vous serez alors obligé(e) de le gronder et vous ne serez pas très bien ensemble.

◆ **Si vous êtes trop sévère**, si vous lui dites « non » trop souvent et si vous le réprimandez, si vous le blessez surtout, vous risquerez de briser son élan de vie : soit il sera inhibé, soit il intégrera votre violence et sera violent à son tour, fera souffrir les autres et vous-même.

Dans les deux cas, bien souvent, il risque de perdre peu à peu cette bonne image qu'il a de lui, de perdre sa confiance en lui. Lui qui était si gai et si ouvert devient triste et préoccupé, agité et de mauvaise humeur...

Ce que l'on voit souvent chez les parents est un mélange des deux. Beaucoup laissent faire l'enfant jusqu'au moment où ils ne le supportent plus : ils le réprimandent alors fortement ou deviennent très exigeants. L'enfant a du mal à se

construire dans la paix, la sécurité et la confiance car il ne sait pas clairement jusqu'où il peut aller.
Voici donc, pour l'instant, quelques idées pour aider votre bébé à exprimer les siennes. Vous trouverez ensuite des indications pour lui apprendre peu à peu à respecter les règles et à s'intégrer activement à la vie sociale.
L'émotion : ressentir la colère, la tristesse, mais aussi le bien-être, le plaisir, la tendresse, l'amour... Pour être soi-même plus tard, il faut avoir été reconnu dans son être et dans ses besoins dès le début, dès la maternité. Il est banal de dire que le bébé a connu bien-être et sécurité à l'intérieur du corps de sa mère et qu'il en sort brutalement. Nous pourrions donc essayer d'imaginer ce qu'il en ressent et en tenir compte.

La proximité du nouveau-né avec sa mère

Il a été beaucoup écrit sur le sujet, et nous ne pouvons ici que dénoncer une fois de plus le scandale de ces nouveau-nés qui hurlent dans une salle de maternité loin de leur mère. Toute la suite de leur relation peut en être influencée. Il suffit de penser à ceci, qui est assez évident : dans ces premiers moments de vie où alternent souvent bien-être et souffrance, le nouveau-né peut être un peu tendu et méfiant. Où sera-t-il mieux que dans les bras de sa maman, qui va tout naturellement le réconforter ? Si elle est tranquille, pas trop fatiguée, si elle a déjà une certaine expérience, si l'environnement est suffisamment accueillant pour elle, attentif, protecteur, elle va trouver instinctivement les attitudes qui conviennent pour l'apaiser.
Dans le cas contraire, elle se trouvera en difficulté, ce qui va renforcer le malaise, la tension et la méfiance du tout-petit et rendre la tâche plus difficile. Des réactions en chaîne peuvent très vite s'instaurer : selon le cas, on aura tendance à incriminer le bébé, son caractère (déjà...), ou la manière d'être de la maman, alors qu'il aurait bien souvent suffi de conditions meilleures pour que l'un et l'autre se « trouvent » sans problèmes.
Vous recevrez maints conseils contradictoires... Ce qui suit vous aidera peut-être à vous faire une opinion personnelle.
Toutes les études actuelles montrent que l'adulte porte en lui les traces de chacune des expériences de sa vie, y compris celles de sa toute première enfance. Le premier contact d'un nouveau-né avec la vie va influencer la suite de ce qu'il vivra, sa manière de l'aborder. Les études longitudinales montrent que les enfants ayant vécu dans un grand bien-être physique et affectif les premiers jours et mois de leur vie deviennent souvent des adultes plus stables et plus confiants. Des événements difficiles vécus ensuite peuvent modifier cette attitude, mais n'est-il pas encore plus important

> Le nouveau-né a besoin de se sentir bien, en sécurité, en continuité avec vous. Ce sont les bases de sa personnalité, les fondations qui se constituent. Détendez-vous, prenez votre plaisir tous les deux sans inquiétude.

alors d'avoir bien vécu les premières expériences ? Il est donc très utile pour son avenir d'homme et de femme qu'un enfant ait pu vivre **le plus possible d'expériences positives** pendant les premiers moments de sa vie.

Vous, les mères, vous pouvez donc oser affronter infirmières et sages-femmes pour obtenir d'avoir votre bébé à côté de vous le plus longtemps possible – pourquoi pas tout le temps, s'il n'y a pas de problème grave ? Prenez-le dans votre lit, tout contre vous, faites-lui sa toilette dès que vous vous en sentez la force. C'est le moment de le prendre et de le tenir, de lui donner les soins comme nous l'avons décrit aux chapitres 1 et 2.

Ses premières émotions seront alors de plénitude, de bien-être, de paix. Peut-être en gardera-t-il quelque chose sa vie durant. « Bien tenu », il éprouvera toute la sécurité qu'il a connue pendant sa vie précédente, il retrouvera votre odeur, les battements de votre cœur, le contact de votre peau.

Car l'émotion du bébé, à ce moment, c'est un désarroi possible devant cette foule de sensations nouvelles, la lumière, le bruit, les changements de température, etc. Votre rôle est d'essayer d'en tenir compte le plus possible. À partir de sa naissance, et sans doute bien avant, **il est une personne à part entière**. Il a donc droit au même respect que tout adulte.

Si votre bébé continue à pleurer dans vos bras, ne vous dites pas d'abord que vous ne savez pas le consoler. Ayez confiance, car vous portez en vous ce dont il a le plus besoin : vous et votre corps, qui est ce qui lui est le plus familier ; vous et votre être, votre amour, votre tempérament, ce qu'il va connaître de plus important. Aussi, respirez, essayez de vous détendre, et écoutez ce que vous avez envie de faire pour lui. Que croyez-vous sentir de son besoin, là, maintenant ? Ensuite, écoutez peut-être les suggestions ou les conseils, mais essayez de les utiliser sans renier ce que vous ressentez. C'est vous la maman.

À certains moments, on peut se sentir dominée par l'angoisse, la panique, les reproches, la honte, l'agacement devant les autres, un sentiment d'échec : « Il me tient déjà tête... » Alors, bien sûr, et avec l'aide de l'infirmière peut-être, si vous êtes encore à la maternité, vous chercherez ce qui le gêne et vous essaierez d'y remédier : peut-être a-t-il trop chaud, est-il trop serré, a-t-il été réveillé brutalement, etc. ? S'il continue, il a peut-être besoin de décharger une tension. Laissez-lui le temps d'y parvenir. Prenez tout de suite l'habitude de partager avec lui ce désagrément. Avec des paroles compréhensives du genre : « Oh ! tu as l'air bien triste... tu as mal... Il faut attendre un peu, ça va aller mieux tout à l'heure, je suis là. » Dites-lui ce que vous avez envie de lui dire, tout bas peut-être ; on a alors tant de pudeur, et aussi parfois tant de timidité, devant ce petit être qui bientôt vous regardera avec une telle intensité – ou devant les adultes présents.

Encore une fois, écoutez-vous, laissez-vous aller à ce que vous sentez bon pour lui, faites-vous confiance plutôt que de chercher « ce qu'il faut faire ». Vous portez en vous ce qu'il faut pour être la maman « bonne » pour lui ou pour être le père « bon » pour lui. Vous sentez que vous l'aidez tellement plus qu'avec le « c'est fini, c'est fini ! » des mamans qui se sentent atteintes par les pleurs du bébé et qui le secouent pour qu'il s'arrête, ne sachant que faire d'autre ! Dans quelques semaines, vos réponses pourront être différentes, mais pour l'instant attachez-vous à ce qu'il soit bien, à ce que vous soyez bien tous les deux.
Et si vraiment il continue, sans doute devrez-vous le reposer dans son lit en lui parlant doucement, ou le garder contre vous sans autre intervention : c'est la première expérience de ce que vous pouvez faire pour votre bébé, mais aussi **de tout ce que vous ne pourrez pas faire à sa place**. Vous lui donnez toute votre attention et votre amour, mais c'est à lui de se calmer, vous ne pouvez le faire pour lui. Vous, vous l'accompagnez, vous êtes avec lui.

Les pleurs

Quand il pleure, vous continuez évidemment à chercher ce qui peut le gêner « matériellement », mais s'il ne se calme pas ? Pour trouver votre réponse personnelle, voici quelques éléments d'observation. Rappelez-vous que le nourrisson a besoin d'autant d'expériences positives, d'autant de bien-être qu'il est possible.
Des études américaines ont montré que, pour un groupe d'enfants donné, ceux qui étaient pris régulièrement quand ils pleuraient les premières semaines pleuraient moins à 10-12 mois que ceux qu'on laissait dans leur lit « pour qu'ils ne prennent pas de mauvaises habitudes »... Même si ces enquêtes sont à regarder avec précaution, elles laissent penser que les enfants pris quand ils le réclamaient ont développé un **sentiment de sécurité** suffisant pour ne plus avoir besoin d'en demander autant plus tard. Les autres avaient sans doute encore besoin d'être rassurés.

Réagir aux pleurs

Replaçons-nous dans la conception qui est la nôtre. On vous dira bien souvent d'un ton réprobateur : « Il veut qu'on le prenne. » Ce qui signifie : « Surtout ne le prends pas, c'est un caprice, il veut imposer sa volonté. » Non, pas déjà ! N'est-ce pas voir tout de suite les manifestations de la vie comme des rapports de forces ? On sait en effet maintenant que les pleurs sont un **mode d'expression** du nouveau-né, qui n'en possède pas beaucoup. Ils sont donc un langage à décoder, ce qui est parfois simple, parfois difficile voire impossible...
Si votre bébé pleure et que ce n'est pas pour cause de souffrance, de faim, de fatigue ou de malaise, c'est peut-être parce qu'il a besoin d'être pris dans vos bras pour

revivre un échange, être entouré au sens propre, sentir cette enveloppe autour de lui, être « tenu ». Pourquoi ne pas le prendre, le renourrir en quelque sorte, lui permettre de se recharger? Là encore, le bébé est capable de ressentir et d'exprimer ce dont il a besoin.

> Le bébé n'a-t-il pas raison de vouloir qu'on le prenne et de vouloir le faire comprendre, de manifester ses désirs ? Il est si bien dans vos bras ou tout contre vous...

On peut penser également que certains nourrissons, habitués à être « à l'intérieur » des mouvements de leur mère avant la naissance, ont du mal à s'habituer à l'immobilité du lit. C'est sans doute pourquoi ils aiment tant être bercés; c'est peut-être aussi pourquoi certains retrouvent le calme quand ils sont portés dans le « kangourou » ou dans le porte-bébé, qui leur permet d'être allongés, la maman pouvant poursuivre ses activités (ménagères ou autres) en même temps.

La suite dépend beaucoup de votre attitude intérieure. Vous pouvez le prendre avec l'idée de le reposer au plus vite parce que vous avez autre chose à faire, attitude qui s'avère souvent inefficace: il avait besoin d'un moment de relation détendue, apaisante, et il ne l'a pas eu... il continuera à le réclamer.

Vous pouvez le « garder » dans votre amour, votre inquiétude, votre incertitude... « Il a besoin de moi », avec l'idée qu'il ne doit pas pleurer une seconde, que vous devez toujours être là. « Il faut bien... si je ne le prends pas, il pleure. » Si, en grandissant, il ne connaît pas d'autre alternative que le lit (ou le transat, le siège-relax) et vos bras, il préfère vos bras, bien sûr...

Ou bien vous le prenez pour passer ensemble un bon moment qui lui permet de se recharger et ensuite de se retrouver bien et de « vivre sa vie ». Ce n'est plus le prendre dans les bras pour qu'il y reste, c'est le prendre pour lui donner la possibilité de refaire ses forces et de trouver du plaisir par lui-même à regarder, à manipuler, à jaser, à développer une activité à lui...

Et c'est effectivement ce qui se passe: votre bébé, après un moment d'échange et de bien-être dans vos bras, est comme rechargé. Vous le verrez parfois pleurer quelques secondes au moment où vous le reposez, puis, le plus souvent, s'arrêter et reprendre une activité autonome (cette activité que nous avons longuement décrite) plus importante que celle qu'il avait auparavant, avec beaucoup de plaisir, comme s'il avait pu replonger en lui – et en vous – et trouver toute une énergie nouvelle.

La nature de l'être humain étant d'accomplir activement ses potentialités, si un petit enfant cherche « trop » à rester dans vos bras, ne serait-ce pas plus pour répondre à votre désir secret, inavoué peut-être, que par vrai désir venant de lui? Encore une réaction d'enfant qui peut vous apprendre quelque chose sur vos attitudes intérieures, souvent peu conscientes! Vous n'en êtes pas toujours très content(e), mais vous savez bien qu'à des degrés divers tous les parents sont pareils.

Si vous avez vu le plaisir de votre bébé à s'activer de longs moments seul (à l'intérieur de votre présence comme nous l'avons décrit), il devrait vous être plus facile de le prendre quand il pleure sans vous inquiéter de le voir devenir capricieux ou

Petite illustration

Chercher ce qu'il « faut » faire, ou chercher en l'écoutant, en le regardant, lui ? Un bébé pleure depuis un moment, à une heure qui n'est pas habituelle ; la maman décide d'intervenir. Nous pouvons imaginer deux scénarios.

Le premier : « Il a peut-être besoin d'être changé ? » Elle prend l'enfant, regarde la couche : non... « Il a peut-être faim ? » Elle fait chauffer un biberon après lui avoir donné un peu d'eau : le bébé pleure toujours. Elle le prend dans ses bras, tente de le consoler, le fait sauter, essaie de le faire rire : le bébé se calme de courts instants, puis semble souffrir et recommence à grogner puis à pleurer. Elle a beaucoup de patience, de gentillesse, puis on sent qu'elle s'inquiète un peu et s'énerve à son tour. Elle tente de le poser à côté d'elle dans le transat, il se tortille et se laisse glisser. Gardant son calme, elle le pose dans son lit, impuissante. L'histoire peut durer encore... l'enfant continue à pleurer...

Le second : la maman s'approche, interrogative : « Que se passe-t-il ? Tu ne dors plus ? On va regarder la couche, est-ce que tu t'es déjà sali ? » Elle l'emmène sur la table de change en le regardant, en essayant de l'écouter : « Non, ce n'est pas ça... Eh bien quoi, tu as soif ? » Elle lui montre le biberon : il boit un peu puis détourne la tête. Alors, le tenant dans ses bras ou se penchant sur lui, allongé dans son berceau, elle lui parle : « Je voudrais bien faire quelque chose pour toi, mais je ne vois pas ce qui peut t'aider... je suis là... tu as l'air d'avoir mal. » L'enfant la regarde intensément par moments, semble vouloir lui dire quelque chose qu'elle ne comprend pas. Malgré l'absence de mots et l'incompréhension, on sent qu'ils communiquent tous les deux. « Je te pose là sur ce tapis que tu aimes bien, avec ton petit âne. Je te laisse un peu, peut-être que ça va aller mieux... »

« crampon ». Car vous saurez que **le bébé à l'aise affectivement aime davantage s'activer par lui-même que rester dans les bras**. Il a seulement besoin de retrouver de l'énergie, après quoi il est à nouveau prêt pour une activité autonome. On revient toujours à ce jeu d'alternance entre les moments de proximité (d'échange) où le bébé se recharge, et les moments en général de plus en plus longs où il peut s'activer seul avec plaisir. Si c'est dans cette perspective que vous le prenez dans vos bras, il y a peu de chances que vous soyez trop accaparant(e) et que lui étouffe ce dynamisme qu'il porte en lui.

Voyez les deux cas décrits dans l'encadré ci-dessus. Ces deux mamans ont autant d'attachement pour leur bébé l'une que l'autre, et elles passeront là peut-être le même temps. Pensez-vous que le bébé, lui, peut vivre avec autant d'« épaisseur de vie » dans les deux cas ? Petite chose bien traitée dans le premier, petite personne écoutée, interrogée, dans le second : il y a alors un va-et-vient entre lui et sa mère, et l'on peut penser que les influx de vie qui émanent de ce bébé prennent corps en quelque sorte puisqu'ils sont pris en compte. Les échanges par le regard sont cultivés et, même si le bébé ne se calme pas, on peut penser qu'il aura fait une expé-

rience d'émotion partagée. Il ne souffre pas dans l'isolement, sa relative souffrance est occasion d'échange et il en ressort avec un peu plus de vie…
S'il continue à pleurer, sans doute est-ce à lui de décharger sa tension, qu'il puisse faire l'expérience qu'il n'y a pas toujours quelqu'un à côté de lui, qu'il est lui, seul, séparé.
Le problème est un peu particulier pour ces tout petits nourrissons qui n'ont pas encore la possibilité de s'intéresser beaucoup à l'extérieur. On peut distinguer deux situations bien différentes. Le bébé qui pleure à de nombreux moments de la journée, éventuellement la nuit; nous allons parler de lui un peu plus loin. Et le bébé qui pleure surtout le soir, à partir de 5 ou 6 heures; regardons-le tout de suite.

Les pleurs du soir

Nous n'avons pas de certitude sur l'origine de ces pleurs, mais l'explication selon laquelle le bébé décharge les tensions qu'il a accumulées dans la journée paraît souvent plausible. Imaginez la somme de sensations qu'il a pu éprouver: bruits, odeurs, luminosités différentes mais toujours très intenses pour lui, sensations extraordinaires et minuscules, agréables, étonnantes, inquiétantes ou qui font mal. Qu'il se produise une accumulation de quelque chose qui l'« étouffe » ne serait pas étonnant. Il ne peut pas, comme nous après une journée épuisante, se laisser tomber sur un fauteuil en disant: « Brrrr… quelle journée! » Il n'a même encore aucun moyen de se représenter cette journée par ailleurs si riche. On conçoit que les pleurs soient la seule façon de vider ce trop-plein. Il a besoin qu'on le laisse pleurer… en faisant autour de lui des gestes d'amour et de compréhension, mais qu'on le laisse un peu seul[1]. Après une dure journée, vous-même souhaitez-vous autre chose que d'être tranquille? Ne lui communiquez donc pas une inquiétude, une insatisfaction, un mal-être qui n'existe pas.

> Regardez les innombrables mimiques d'un nourrisson, l'intensité des regards, les tensions et détentes des différentes parties de son corps: tout cela traduit une activité intérieure mystérieuse mais intense.

Quand vous êtes sûr(e) que le bébé ne souffre de rien d'ennuyeux, après lui avoir parlé et manifesté toute votre tendresse, il peut être bon de fermer la porte de sa chambre et de vous imposer un temps pendant lequel vous n'allez pas le voir ni le toucher. « Je te laisse dix minutes, jusqu'à ce que la pendule dise 6 heures et quart; d'ici là, je ne bouge pas. »
Petit temps où vous arrêtez la valse-hésitation, où vous vous obligez à ne pas vous poser de questions, où vous respirez et pensez vraiment à autre chose. Il est surprenant de voir que souvent l'enfant a arrêté de pleurer avant la fin du temps prévu. S'il continue, vous pouvez aller le réconforter et lui dire que vous le laissez à

---

1. Rappelons l'idée du hamac où le bébé est allongé et qui permet de continuer à préparer le dîner ou de s'occuper des plus grands…

nouveau seul un petit moment. Et de nouveau vous regardez la pendule! Pensez aussi que, dans ces conditions, cette période de pleurs ne devrait pas durer très longtemps: quelques semaines tout au plus, ensuite il franchira un cap.

Les pleurs écho d'une souffrance psychologique

Si malgré tout ces pleurs vous paraissent encore suspects, s'ils se manifestent à tout moment de la journée, ils peuvent correspondre à un malaise, voire à une souffrance plus importante. Il peut s'agir de moments de séparation ou d'un changement de vie: réaction d'un petit enfant qui souffre réellement de la « perte » de sa mère, de son père, de son environnement. C'est souvent le cas pour les troubles du sommeil. Vous trouverez dans le chapitre sur les séparations quelques idées pour aider votre bébé.
Il peut s'agir de la persistance d'une réaction à un événement douloureux ou inquiétant tel qu'une grosse difficulté à l'accouchement, des traitements médicaux… Le fait d'en parler tout doucement au bébé peut parfois, mystérieusement, l'aider.

Une maman se souvient que son bébé de quelques jours, après le retour à la maison, pleurait avec détresse dès qu'elle commençait le bain. Elle lui a raconté comment elle avait vu une infirmière lui donner une douche rapide (et à quelle température ?) aussitôt après sa naissance et comment il avait hurlé alors qu'elle-même ne pouvait intervenir.
Le bébé s'est calmé et n'a plus pleuré pendant ses bains…

On voit aussi très souvent des bébés ressentir et manifester une très forte angoisse ou une souffrance éprouvées par l'un de ses parents à ce moment. La naissance de son propre enfant (ou son arrivée s'il s'agit d'une adoption) fait surgir chez les parents des émotions de la première enfance extrêmement enfouies, souvent totalement oubliées ou méconnues. Ou bien réactive une souffrance plus actuelle: deuil, drame arrivé à un autre enfant du même âge, etc.
Si tel est votre cas, essayez de voir la réalité de ce qui peut vous être douloureux à ce moment-là; être deux peut vous y aider. Vous ouvrir à l'autre d'événements lointains de votre histoire peut être l'occasion de rapprochements.
Quand, dans l'exercice de sa vie professionnelle, on a l'occasion de discuter avec beaucoup de gens de ce qu'ils ressentent secrètement, de tout ce qu'ils ne disent pas à l'extérieur, on s'aperçoit qu'ils sont très nombreux à avoir ainsi des fantasmes considérés comme inavouables qui leur font peur ou honte… Vous seriez très surpris(e) de voir des gens à l'aise, heureux extérieurement, ayant parfois une position sociale ou professionnelle très élevée et qui, dans le secret de leur vie personnelle, vivent des choses très difficiles ou surprenantes (angoisses de mort, rejet, troubles du sommeil, problèmes somatiques…). Si tel est votre cas, ne vous affolez surtout pas, n'ayez aucune honte, beaucoup d'autres sont comme vous et la sensibilité aux événements est aussi la preuve d'une grande richesse émotionnelle (lire à ce propos *Le Drame de l'enfant doué* d'Alice Miller, mentionné dans la bibliographie).

Si nécessaire, n'hésitez pas à en parler à un tiers « compétent »: votre pédiatre, s'il est ouvert à cette compréhension des nourrissons et de leurs parents, ou un psychologue (il en existe maintenant souvent dans les consultations de Protection maternelle et infantile). Il suffit parfois d'une ou deux conversations où l'on peut dire ce qu'on a sur le cœur, avec toutes les émotions qui s'y rattachent, pour se sentir mieux et comprendre ce qui gênait le bébé.

Dites-vous que c'est du temps gagné: ce « noyau » pourrait continuer à vous gêner de manière moins évidente peut-être, mais plus difficile à retrouver. Des angoisses supprimées, c'est de l'énergie récupérée! Vous pourrez peut-être prendre conscience à cette occasion de quelques attitudes effectivement inadéquates. Chacun y trouve quelque chose d'utile.

De toute façon, il est rarement bon de se retrouver seul(e), même en couple, face à un bébé. Il faut être soutenu(e) par un environnement (famille, amis ou autres) qui permette la parole. Utilisez largement le médecin, le pédiatre, la PMI, les « Maisons ouvertes » ou « vertes » (voir p. 198), les squares ou autres lieux d'échanges ; et si vous êtes une maman isolée, ne restez pas seule avec votre bébé.

Les pleurs au moment de dormir

Lorsque le bébé un peu plus grand (6-8 mois ou plus) commence à pleurer au moment de la sieste ou du sommeil de la nuit, il a souvent besoin de **messages clairs** et d'**attitudes fermes** de la part de ses parents: il accepte mal la situation, souvent pour ne pas perdre la relation avec eux en acceptant de dormir. Il cherche à prolonger le contact en inventant toutes sortes de besoins et en pleurant. Si vous pensez qu'il est réellement nécessaire pour lui de dormir, il a besoin de comprendre clairement que ses stratagèmes ne serviront à rien (nous en reparlerons au chapitre 6).

Manifestez alors votre fermeté, non sur le ton de la gronderie mais sur celui de l'information. Le bébé a aussi besoin de sentir que vous comprenez combien c'est difficile pour lui. La réponse de l'adulte n'est pas seulement autoritaire, elle est en même temps compréhensive, chargée d'empathie[1].

Julien, 14 mois, pleure le soir au moment de dormir. Après être revenue plusieurs fois auprès de lui le soir, sa maman lui dit: « Maintenant tu dois dormir car il est tard, mais tu as l'air très fâché... Si cela t'aide de pleurer, pleure un petit peu, peut-être cela te fera-t-il du bien? Moi je ne peux plus rien pour toi. Après, tu t'endormiras, tu as besoin de dormir... »

La scène s'est renouvelée plusieurs soirs et très souvent les pleurs cessaient rapidement. Puis Julien n'a plus pleuré au moment de dormir.

---

1. Empathie: capacité de se mettre à la place de l'autre, d'essayer de comprendre et de sentir ses émotions. Attitude non jugeante.

Les pleurs de soulagement

Les pleurs ont aussi une vertu de soulagement, surtout quand l'enfant commence à grandir et qu'il ne peut plus être comblé de satisfactions comme quand il était nourrisson, soit parce qu'il y a une souffrance physique, une gêne, soit parce qu'il se voit imposer quelque chose qui ne lui plaît pas. C'est la richesse d'un enfant d'éprouver des sentiments très variés pour les différentes personnes qu'il connaît, dans les différentes situations qu'il a l'occasion de vivre; c'est sa richesse de les exprimer.

Il apprendra peu à peu que l'on ne peut avoir ou faire tout ce que l'on souhaite, et que renoncer à un plaisir permet parfois d'en avoir un meilleur encore. Nous, adultes, savons que pleurer nous aide parfois. Pourquoi voulons-nous toujours que l'enfant arrête de pleurer?

Il fait froid, Antony doit rentrer à la maison alors qu'il jouait dehors avec beaucoup de plaisir. Sa maman l'appelle, il refuse énergiquement. Elle le prend dans ses bras, il pleure. Pleurs pendant qu'elle le déshabille, pleurs dans le bain malgré quelques mots d'encouragement et de réconfort. Tout à coup il s'intéresse au flacon qui est devant lui, le dévisse avec application, le remplit d'eau; totalement impliqué dans sa nouvelle tâche, il se met à babiller, apparemment tout à fait détendu…

Il y avait dans cette situation probablement une nécessité de décharger une tension. On a l'impression que « tout est sorti » et qu'Antony est ensuite entièrement disponible affectivement pour s'investir dans ce qui se présente.

> Les enfants naissent avec des tempéraments très différents : ce que l'un supportera assez facilement paraîtra révoltant à un autre, et ce dans une même famille.

À certaines périodes, un enfant peut trépigner, taper du pied, crier très fort et fréquemment. S'il est furieux ou triste, une réprimande de notre part risque d'amplifier le malaise. Il a souvent beaucoup plus besoin d'être aidé que grondé. Soit directement à cause de l'événement qui vient de déclencher cette réaction, soit, assez souvent, parce qu'un malaise plus global s'exprime à la faveur de cet événement, celui-ci faisant en quelque sorte « déborder le vase ».

Il s'agit alors de comprendre pourquoi cet enfant est hypersensible à ce moment (fatigue, vie agitée, réaction à un changement d'atmosphère ou à des tensions dans la famille, à l'absence d'un des parents, etc.) et comment on peut l'aider. À moins qu'il ne s'agisse d'une constante chez lui. Gronder amplifie la solitude, la tristesse et le malaise. Des enfants peuvent aussi pleurer de courts moments quand ils sont seuls en train de jouer.

Carole, 26 mois, s'active dans sa chambre. Il arrive que sa maman l'entende soudain pleurer et vienne voir ce qui se passe. En fait, elle n'a pas besoin d'elle

et ne réclame rien. Elle pleure parce qu'elle ne réussit pas ce qu'elle a entrepris. Elle se calme d'elle-même, soit parce qu'elle a finalement réussi, soit parce qu'elle change d'activité.
Mathieu, 26 mois, a un caractère vif. Il fait une colère terrible et parfois jette en l'air toute sa construction parce que la tour de Lego, trop étroite à la base, ne veut pas tenir. C'est pour lui un vrai désespoir, une révolte parce que les choses ne lui obéissent pas... Il faut beaucoup de calme et de patience pour essayer de le rasséréner un peu, puis le laisser seul face à la dure réalité des lois de la physique! On a l'impression qu'il a besoin d'être seul un moment comme pour accepter une humiliation, un échec. En même temps, il a besoin d'être conforté dans l'image de lui-même: malgré ce qu'il croit, il est un petit garçon très adroit: « Ton papa aurait les mêmes difficultés... »

Que penser de la tétine?

La tétine éveille des choses si personnelles chez les parents qu'il est souvent difficile d'apporter une réponse absolue! Mais réfléchissez avant de la donner à votre nouveau-né car, dès qu'il la connaît il a bien du mal à s'en passer, et ce pendant de longues années. En dehors d'un hypothétique avantage physiologique, elle comporte beaucoup d'inconvénients; il me semble donc qu'elle devrait être réservée à des moments bien précis.
Dans l'immédiat elle aide souvent (pas toujours...) l'enfant à se calmer, mais on peut énumérer quelques observations.
Vous lui donnez un objet extérieur, que de surcroît, il ne peut retrouver lui-même s'il le perd: vous augmentez sa dépendance à l'entourage. Et cet objet que vous lui avez fait découvrir sera peut-être source de conflits quand plus tard vous voudrez qu'il l'abandonne.
Vous lui évitez de chercher et de trouver lui-même activement une solution quand quelque chose ne va pas, ce qui risque de diminuer ses capacités dynamiques de réaction aux événements. Et vous limitez ces moments d'attention, de relation très proche avec vous dont il aurait besoin. C'est tellement plus facile et plus rapide de lui « mettre » la sucette... Souvent, on la met automatiquement, pour qu'il n'y ait pas de problème! Vous empêchez ses babils, qui peuvent déjà avoir valeur de communication, et quand il grandira il sera gêné pour utiliser le langage. Vous limitez ses échanges avec vous.
Passivement installé, il a souvent le regard moins vif et il semble un peu tourné vers lui-même; les activités motrices sont ralenties. Qu'en est-il de l'activité mentale, de la curiosité en général, de ces représentations symboliques qui se mettent en place chez les tout-petits?
Ses pleurs peuvent être nécessaires pour exprimer des fatigues, des tensions, des malaises ou simplement des désirs qu'il ne peut encore exprimer avec des mots. En quelque sorte, vous lui « clouez le bec »... Il faut faire la différence entre la sucette donnée régulièrement, que l'on devra ensuite souvent lui attacher autour du cou pour qu'il ne la perde pas, et la sucette donnée seulement le soir pour s'endormir.

En conclusion, **la sucette devrait rester un objet exceptionnel** à ne donner au tout-petit que quand vraiment on a tout fait pour l'aider à se calmer et qu'il n'y parvient pas, ou à un moment de réelle souffrance physique, une poussée dentaire par exemple. Ce peut être aussi un moment où on est soi-même débordé(e), fatigué(e) et où on « ferait n'importe quoi » pour que son bébé arrête de pleurer. Dans tous ces cas, elle doit alors être donnée dans un échange, comme une caresse particulière pour un moment difficile. Et en veillant à tout prix à ne pas créer l'accoutumance. Choisissez donc vous-même après réflexion, et non parce que vous en avez trouvé une dans un paquet publicitaire ou parce que votre pharmacien vous en a fait cadeau[1]. Si vous pouvez faire confiance à votre tout-petit et à tout ce que vous échangez avec lui, comme nous allons encore l'évoquer dans ce chapitre, ses pleurs ne seront pas un drame.

Aider un tout-petit à se « rassembler »

L'enfant a besoin de se rassembler, de sentir son corps comme contenu, unifié donc sécurisé. Lui peut alors se « contenir », dans une sorte de premier contrôle de soi. On le voit bien dans l'exemple suivant.

C'est l'heure de la toilette. David a 8 mois, c'est un petit garçon tonique et souvent agité. Sa maman le pose sur la table de change, allongé, en lui disant ce qu'elle va faire ; il est agité, se tourne sur le ventre, puis rapidement il se met assis ; il essaie de lui tirer les cheveux puis agrippe son tee-shirt, n'écoute pas ce qu'elle dit... il rit fort, crie. Elle le laisse faire un court moment en limitant un peu le geste et, comme il continue, elle lui prend doucement mais fermement les deux mains en le regardant bien en face et en racontant ce qui se passe : « Non, je ne veux pas que tu me fasses mal. »
Elle le sent se détendre un peu, lâche une main et pose la sienne sur la cuisse de l'enfant, qui est ainsi un peu tenu. Elle retrouve son regard, ils communiquent par onomatopées mais elle ne relâche pas son attention. Il la regarde comme s'il se demandait que choisir, remuer encore très fort en poussant des cris rauques ou détendre son corps et se laisser enlever la couche... Elle patiente, respire, s'efforçant de penser au moment agréable du bain qui devrait suivre. Elle met alors ses mains de chaque côté de son abdomen en le regardant ; doucement elle l'allonge, tient aussi ses épaules : « Calme-toi, on est bien tous les deux... tu vas être bien dans l'eau tout à l'heure. »
Il se détend, pose une main sur celle de sa maman, il joue à la frapper pas très fort, puis leurs deux mains sont en contact, ils se regardent. Il bouge peu, elle peut le déshabiller sans le quitter des yeux, et faire la toilette nécessaire avant de

1. On ne peut que regretter ces pratiques qui font croire, à tort, que la sucette fait partie des objets nécessaires à un tout-petit.

le mettre dans la baignoire, où il reste immobile un court instant avant de remuer tranquillement les bras et de regarder l'eau bouger.

Ce bébé a pu se retrouver à l'aise et détendu dans la relation avec sa maman. Une puéricultrice avait cette expression quand elle prenait un bébé très agité et le tenait bien dans ses bras, le dos contre sa poitrine : « Je fais le fauteuil. » Elle évitait à ce tout-petit de sentir son corps partir un peu dans tous les sens.
Bien sentir cela peut vous être utile car certains enfants tout à fait normaux manifestent ce genre de comportements. Si on ne les aide pas à se rassembler, ils deviennent plus agités sans que l'on s'en rende compte, ils grandissent et ont du mal à contrôler leur énergie croissante. Nous observons que ces enfants sont de plus en plus nombreux, et il n'est pas rare de voir des parents d'enfants de 18 mois à 2 ans venir à la halte-garderie en disant : « Je ne peux plus le tenir à la maison. » Le trop-plein d'énergie peut être une richesse. Il appartient aux adultes de permettre à l'enfant de la canaliser afin qu'elle ne soit pas un handicap.

> Aidez toujours votre tout-petit à ne pas se laisser déborder par ses pulsions, ses envies, ses colères, ce qui pourrait devenir un handicap pour l'avenir. Vos mains peuvent l'aider à se sentir « contenu ».

L'intensité des sentiments de l'enfant

Ainsi, un petit enfant vit de petites expériences, mais elles sont sa vie et elles sont souvent terriblement importantes pour lui. Nous sommes frappés par l'intensité de ce que vivent les enfants sans toujours nous le montrer. Ils peuvent en reparler beaucoup plus tard, et nous en retrouvons les souvenirs dans les psychanalyses et dans les « groupes d'évolution ». Nous comprenons là comment un individu revit plus tard, comment il remet en scène, en quelque sorte, les souffrances vécues et non exprimées dans l'enfance.
De même, pleurer après avoir été grondé semble bien naturel. L'enfant en a ressenti une souffrance, même si nous ne connaissons pas bien laquelle, et il peut se détendre après avoir déchargé sa tension : il peut pleurer mais aussi crier, frapper, avoir des gestes incontrôlés, se rouler par terre… Il n'est pas facile de savoir au juste quoi accepter, mais nous pouvons penser que l'explosion de colère sera un soulagement qui lui permettra de reprendre ensuite une activité plus organisée. Là encore il percevra notre attitude intérieure : « Je comprends que tu sois furieux, mais il n'est pas possible de faire autrement et ce comportement n'est pas acceptable. » Nous pouvons approcher discrètement l'auto bleue ou le goûter… il saisira ou non la perche tendue. Certains ont besoin qu'on les laisse un peu seuls.
Toujours à cause de ce besoin de sécurité et de communication consciente avec l'adulte, il est souvent utile, un moment après avoir grondé un enfant, de venir lui dire quelque chose du style : « Maintenant c'est fini, je ne suis plus fâché(e). »

Nous rebranchons ainsi le courant. L'enfant sait que c'est fini et que maintenant l'adulte est à nouveau positif à son égard. C'est important car, en état de malaise dans sa relation avec l'adulte, il continuera à être tendu, inhibé, ou présentera une tendance à refaire des bêtises – à moins qu'il ne prenne l'habitude de vivre dans ce malaise.
L'expérience montre que les enfants élevés dans ce respect de leur autonomie et dans le respect de leurs émotions ont tendance à moins pleurer, à moins revendiquer que les autres. En somme, le bébé idéal n'est pas forcément celui qui ne pleure pas!

Pouvoir exprimer ses émotions

La grande diversité des émotions

Lorsque nous regardons un petit enfant ou un bébé jouer en « activité libre », nous sommes frappés par la variété des états émotionnels dans lesquels il se trouve successivement et par la diversité des émotions qu'il semble exprimer: il suce, caresse, jette au loin, il reprend, tape avec douceur ou avec une grande force, il jase, grogne, crie, gazouille harmonieusement... sans que nous intervenions du tout. Nous le voyons ainsi exprimer plaisir et bien-être, colère, agacement, fatigue ou excitation, en étant seul avec ses jouets.
Toutes ces attitudes apparaissent comme des expressions directes et profondes de son être même. Il n'a aucune dépendance à l'adulte, désir de plaire ou de s'opposer, il n'est que lui. Nous imaginons le bien-être que l'enfant en éprouve dans la manière de se sentir lui, donc dans la représentation de lui-même qu'il est en train d'élaborer. Possibilité d'une expression directe dans son corps et par son corps de tout ce qu'il ressent, unité de l'être.
Il a, ou retrouve, progressivement un corps détendu, des gestes harmonieux, une absence de tensions, un visage serein et « plein ». Ensuite, les jeux deviendront plus variés et symboliques. Tout le monde l'a observé chez les enfants plus grands, mais rares sont ceux qui y pensent pour les tout-petits.

La violence de ses sentiments

Vous serez peut-être étonné(e) de voir comme les sentiments d'un enfant peuvent être intenses, violents, et s'exprimer dans un langage sans nuances! La poupée peut être « enfermée au garage » des heures entières, mais aussi tuée, brûlée. « Je vais te tuer, tu seras morte pour toujours », dira un petit garçon de 2 ans et demi à sa mère!

Arnaud, 2 ans et 2 mois, prend le pistolet qu'il a fait avec des Lego, le tend vers sa maman et éclate de rire: « Y a plus de maman! »

Devoir partager ses parents, changer ses habitudes et perdre son statut à l'arrivée d'un autre enfant peut être douloureux, révoltant. **C'est la possibilité d'exprimer la violence de ses sentiments qui permet de les apprivoiser**, puis peu à peu de les nuancer. C'est pourquoi les enfants aiment les histoires qui font peur et c'est pourquoi, un peu plus tard, les contes traditionnels, pourtant si « horribles », leur plairont tant. Mais lisez ces contes en entier et dans leur version authentique.
Certains parents peuvent s'inquiéter ou même avoir peur intérieurement de la violence de ce qui s'exprime ainsi ; ils peuvent penser que la situation où se trouve l'enfant est trop douloureuse pour lui, se croire coupables. Comme nous l'avons plusieurs fois évoqué, il s'agit de quelque chose qui est réellement ressenti, mais **dans l'instant** ; quand c'est « vidé », l'enfant en est soulagé.

Il exprime son opinion

Un enfant peut aussi exprimer ses désirs ou son avis sans que ce soit compris comme de l'opposition. Nous reviendrons sur ce point au chapitre suivant, mais nous pouvons évoquer ici l'utilité pour l'enfant de formuler les choses qui ne lui plaisent pas. Ce n'est pas pour autant que vous vous soumettrez à son désir, mais il aura pu le formuler : « Sylvain, tu viens dîner ! – Non, ze veux jouer avec le train. »

Demander à un enfant de formuler ce qu'il veut ne signifie pas pour autant que vous allez le lui donner, mais vous pouvez parler avec lui de la raison pour laquelle ce n'est pas possible.

Pendant bien longtemps, on a dit aux enfants : « Tu ne dois pas dire non, tu dois obéir tout de suite. » Obéir, oui. La réalité matérielle, sociale, est là, il a besoin d'apprendre à en tenir compte, mais pourquoi ne pourrait-il pas exprimer son désaccord, sa colère parfois de devoir arrêter son jeu, le désir qui est le sien sur le moment ? Après quoi il doit vous obéir, mais vous pouvez très bien parler avec lui du fait qu'il n'est certainement pas agréable d'être obligé d'arrêter de jouer avec le train, en lui disant : « Tu pourras recommencer tout à l'heure ou demain. »

Un enfant pleure pendant son repas en montrant du doigt le réfrigérateur. Vous pouvez lui demander ce qu'il veut, essayer de comprendre : « C'est le fromage, la pêche ou la glace ? » Vous saurez alors de quoi il a envie et vous pourrez soit le lui donner, soit lui expliquer pourquoi vous ne voulez pas le lui donner ce soir : « Non, pas la pêche, tu as déjà assez mangé de fruits dans la journée. »

La joie

Les expressions de joie sont également nécessaires, et les enfants ont besoin de pouvoir faire du bruit, crier, courir en ouvrant les bras, etc. Là encore, ils sont tous différents, mais tous ont besoin à certains moments d'exprimer bruyamment ou dans le mouvement des sentiments de joie ou de plénitude, ce qui n'est pas toujours facile à supporter dans un petit appartement ou après une dure journée de travail. J'ai observé des réactions très spectaculaires chez certains enfants lorsqu'ils vont à la campagne ou au bord de la mer.

Joël, 10 mois, embarque sur un bateau de plaisance pour la première fois. Le bateau sort du port. Joël, debout, bien droit, se tenant au mât, se met à crier de toute la force de sa voix et de ses poumons comme il ne l'avait jamais fait auparavant. C'est comme une énergie fantastique qui tout à coup le traverse, une plénitude supplémentaire, probablement se sent-il rempli de lui-même. Y a-t-il quelque chose d'une communication avec l'espace, le ciel et la mer ?

Lui parler, oui, mais écouter avant de parler

Pour bien parler à un enfant, il faut d'abord l'écouter, le regarder, essayer de comprendre ce qu'il ressent, comprend, cherche… Pour nombre de parents, il n'est pas « naturel » d'écouter leur enfant. Ils parlent, expliquent, conseillent, grondent. Ils disent les mots qu'ils pensent utiles, mais c'est parfois un langage solitaire. Lui, où en est-il ? Comment se représente-t-il la situation actuelle ?
Quand, plus grand, il peut parler et que nous nous arrêtons pour lui poser une question, nous sommes parfois surpris : sa compréhension n'est pas du tout la nôtre.

Écouter pour comprendre

Alors, quand il est tout petit, prenons l'habitude d'attendre ses vocalises avant de lui parler nous-mêmes. Puis parfois, quand nous lui disons par exemple que nous venons le chercher pour le repas, attendons quelques secondes qu'il tende les bras. C'est un double « entraînement » : pour l'enfant, à se rendre compte qu'il peut s'exprimer ; et pour nous, à le regarder, à écouter son langage à lui, à tenir compte vraiment de lui sans faire tout de suite ce que nous pensons utile, peut-être à juste titre.
« On écoute beaucoup les parents, on n'écoute pas assez les enfants », disait le Pr Lebovici en 1995 lors d'un colloque d'information sur les recherches de la pouponnière de Lóczy précisément.
Si nous avons un peu pris l'habitude de cette écoute, nous pourrons mieux profiter de ces enseignements à résonance parfois magique : « Parlez à un enfant, mettez des mots sur ce qu'il ressent. » Par **empathie** en effet, nous pouvons parfois imaginer ce que l'enfant ressent et lui montrer que nous le comprenons.

Romain, 2 ans, arrive en halte-garderie conduit par son assistante maternelle, qui repart assez vite. Il se précipite sur une petite fille qui joue devant lui et lui tire les cheveux. L'éducatrice s'approche en lui disant qu'il ne doit pas faire cela, mais en demandant tout de suite ce qui se passe... « Je crois que tu es fâché que Tatie soit partie... " Il la regarde, étonné. Son corps devient plus mou et il se met à pleurer. L'éducatrice, toute proche de lui, le tenant dans ses bras, continue alors à parler avec lui, explique quand Tatie va revenir, où elle est en ce moment, etc. Romain continue à pleurer un court moment, puis il joue un peu tout seul; assez vite il va rejoindre le groupe d'enfants, avec lequel il semble prendre du plaisir pendant le reste de la séance.

Nous pouvons ainsi communiquer au niveau de la vérité des sentiments: la tristesse, le mécontentement, l'inquiétude. L'enfant sent qu'il est compris, ou du moins que nous respectons ce qu'il ressent. Ignorer cela est à l'origine de nombreuses difficultés de comportement, d'agitation, de prétendue méchanceté. Nous le voyons bien dans l'exemple précédent.

L'éducatrice pouvait gronder Romain en lui disant: « Ne tape pas, tu es méchant », raconter cela à l'assistante maternelle qui l'aurait répété aux parents. On imagine cet enfant se sentant mal jugé par les adultes, ceux qui sont importants pour lui et qui ont évidemment raison: il se juge donc insatisfaisant, pas « bien » et seul. C'est un peu de l'image de lui, de l'estime de lui, qui est atteinte. Et comment abordera-t-il sa prochaine visite à la halte-garderie?

Il n'est pas possible (ni souhaitable) d'éviter à cet enfant d'être triste ou inquiet lorsqu'il se rend compte que son assistante maternelle est partie. Mais il est possible de l'aider à faire face à cette situation en évoquant ce qui se passe pour lui, et en lui montrant qu'il est compris.

Les paroles ne supprimeront pas son inquiétude ou son chagrin, mais elles l'aideront à vivre avec (c'est la différence entre souffrir seul ou souffrir avec, à côté de soi, quelqu'un qui comprend et partage). Cette expérience un peu difficile devient alors constructive, utile.

Ce sont là des éléments de compréhension de la vie quotidienne, pourtant le décodage n'est pas toujours simple: nous pouvons nous placer à côté de l'enfant, non pas en devin mais en accompagnateur de quelque chose que nous ne connaissons pas, que lui seul connaît (et dont, souvent, il n'est pas conscient) et que nous respectons. Le respect, c'est ne pas lui asséner quelque chose que nous imaginons, c'est l'écouter (même s'il est silencieux) et, alors seulement, lui parler. Nuance...

Ainsi, nous nous retrouvons à nouveau devant ce « quelque chose » en fait assez libérateur: l'enfant acteur de son propre

> Quand votre enfant pleure, vous n'avez pas à faire cesser ses pleurs ou à supprimer sa souffrance, vous devez l'aider à vivre au mieux ce moment particulier pour qu'il découvre ce dont il est capable par lui-même.

développement. C'est lui qui vit, qui sent ce dont il souffre, ce dont il a besoin. Je suis là pour l'accompagner, l'aider dans la mesure de mes moyens, je ne peux pas (et je ne dois pas) tout comprendre ni tout faire pour lui. Nous sommes à la fois proches, responsables, et à une certaine distance. Il est lui. Il n'est pas moi. Je ne suis pas lui. Sa vie n'est pas entre mes mains... Et je n'ai pas forcément à me sentir coupable parce qu'il vit maintenant quelque chose de difficile.

Votre bébé de 6 mois pleure quand, après un long moment paisible dans vos bras, vous le posez par terre avec ses jeux familiers. Vous pouvez le reprendre bien vite : « Il n'aime pas ça. » Ou vous pouvez lui parler doucement en l'incitant à découvrir, à manipuler, en montrant que vous êtes toujours là mais qu'il peut jouer seul... Vous pouvez avoir confiance « pour lui », comme à sa place, lui communiquer quelque chose qui va l'inciter à expérimenter, lui donner confiance en lui-même à son tour. En somme, vous l'aidez à prendre un peu plus conscience de lui-même dans le sens de ses capacités, du plaisir qu'il peut trouver seul et en lui-même.

Beaucoup d'entre vous, parents, se sont sans doute intéressés à la compréhension psychanalytique, en particulier à travers des émissions télévisées. Face aux interprétations lumineuses de personnes géniales, certains peuvent croire qu'eux aussi devraient être capables de parler ainsi à leur enfant. Or, la situation de psychanalyse est une situation tout à fait particulière et aucun parent n'a à être le psychanalyste de son enfant ; il faut donc être très prudent.
Nous ne dirons pas à un enfant : « Tu as tiré les cheveux de la petite fille parce que tu es inquiet de te retrouver tout seul. » Ni à tel autre : « Tu es insupportable parce que ton papa et ta maman ont des difficultés ensemble en ce moment. » Il y a là une relation de cause à effet qu'un tout-petit est incapable de comprendre. Il ne peut qu'être angoissé par un tel discours, car il peut ressentir face à lui une redoutable toute-puissance et avoir trop tôt l'intuition qu'il se passe en lui des choses qu'il est incapable de maîtriser. Il faut saisir la différence entre ces interprétations qui sont un pouvoir pris sur l'enfant, et la capacité de lui montrer que nous comprenons qu'il peut ressentir quelque chose de difficile, que nous ne le jugeons pas « mauvais », que nous aussi quand nous étions petits nous avons été amenés à sentir ou à faire des choses identiques... que nous sommes prêts à l'aider.

Écouter pour nuancer son propre discours

Parler à l'enfant de ses propres émotions et sentiments conduit à d'autres réflexions.
◆ Nous n'avons pas réellement de certitudes, et il n'y a que l'enfant lui-même qui sache ce qu'il ressent réellement. Y penser influencera la formulation de notre discours et nous évitera de parler sur un ton de toute-puissance : nous cherchons avec lui, nous lui disons que peut-être il ressent ceci ou cela. C'est toujours le même principe : **nous l'accompagnons**. Bettelheim lui-même souligne combien il est

indiscret d'interpréter les pensées inconscientes d'un individu lorsqu'il ne le demande pas. La domination ressentie par l'enfant pourrait devenir écrasante pour lui. Si nous le pensons personne à part entière, nous ne nous permettrons pas à son égard des phrases que nous ne dirions pas à un adulte ou que nous ne voudrions pas que l'on nous dise à nous. Disons plutôt : « J'ai l'impression que quelque chose ne va pas... Je pense que peut-être tu es inquiet... Il me semble que... »
Devant des interprétations trop strictes, les enfants peuvent se révolter, donner des coups de pied, crier : « Non ! » Elles sont ressenties comme une intrusion et sont insupportables.

◆ Nous essaierons de **parler simplement** et même discrètement. Un enfant entend très bien ce qu'on lui dit, il n'y a pas besoin de le lui répéter deux fois ; s'il n'a pas l'air d'entendre, c'est probablement que c'est un peu difficile pour lui. Mais il est tout à fait possible qu'il en fasse quand même son profit (voir l'exemple de Nathalie au chapitre 7).

◆ Nous resterons aussi ouverts au fait que **nous avons pu nous tromper**... que c'est autre chose qui le gêne. Nous pouvons observer ses mimiques, écouter ses mots. Peut-être a-t-il assez de vocabulaire pour expliquer quelque chose. C'est une recherche commune, et nous sentons quelle image positive l'enfant peut avoir de lui à ce moment : il apprend qu'il est quelqu'un dont on tient compte. Cela influence la représentation qu'il est en train de se faire de lui-même.

Parler ne supprime pas la difficulté

Parler à l'enfant lui donne des éléments pour faire face à la difficulté, elle ne supprime pas cette difficulté. On s'y trompe souvent.

> *Thierry, 2 ans, vient jouer chez un petit copain du même âge qui protège alors jalousement ses autos, interdisant qu'on y touche. La maman s'étonne : « Pourtant je lui ai bien expliqué que Thierry ne les emporterait pas. »*
> *Élisa, 18 mois, dort mal ; elle est agitée et un peu inquiète pendant les vacances aux sports d'hiver. Sa maman s'étonne : « Je lui ai pourtant bien expliqué que ça ne durerait que quelques jours, qu'elle retrouverait la maison, ses jouets, etc. »*

On a facilement tendance à croire que les paroles des parents ou des adultes peuvent annuler toute réaction émotionnelle. L'enfant deviendrait tout à coup capable d'accepter ce que nous lui avons expliqué.
À partir des mots que nous lui avons dits, il y a encore tout un travail de « métabolisation » à faire. Et, encore une fois, c'est lui qui le fait. Beaucoup d'adultes s'imaginent avoir un pouvoir qu'ils n'ont pas ! Ce serait si confortable de pouvoir

supprimer les difficultés, les souffrances, mais nous enlèverions du même coup à l'enfant cette capacité qu'il a de résoudre les problèmes par lui-même.

Julien, 26 mois, est dans le bain chez des amis avec une petite fille un peu plus âgée. Sa maman s'en va et lui annonce qu'elle va sortir ce soir avec son père. « Non ! » dit Julien, et il se lève. Il veut qu'elle le prenne.
Elle lui explique qu'elle pense qu'il très ennuyé de la voir partir et qu'il n'est pas très content, cela en l'aidant à se rasseoir dans l'eau. Il joue un peu puis se remet debout et lui tend les bras. « Tu sais bien que je vais devoir partir ; je reviendrai tout à l'heure et j'irai te voir en arrivant. »
Pleurs, grognements, la maman le touche un peu. Quand on est prête pour sortir, il n'est pas facile de prendre dans les bras un bébé sortant du bain ! « Tu vois, Bénédicte est avec toi, elle joue avec toi… » Silence… Julien est toujours dans la baignoire, il est assis. Il regarde sa mère quelques secondes, se tourne vers Bénédicte, prend le canard qui flotte, le remplit d'eau, semble un peu rêveur, puis il verse l'eau sur la petite fille, regarde sa mère et lui dit : « A va, a va. » (« Au revoir, tu peux t'en aller, j'ai à peu près accepté ! »)
L'amie qui a gardé ce petit garçon a raconté qu'ensuite il n'a pas du tout pleuré, qu'il a mangé de bon appétit et s'est couché sans difficultés. Manifestement, Julien a fait un effort, le « a va » n'était pas prononcé dans l'allégresse, mais il a réussi à surmonter quelque chose qui était difficile pour lui.

Si sa maman était partie rapidement, il est probable que Julien aurait pleuré quelques instants puis se serait consolé. Peut-être n'aurait-il pas fait ce petit travail d'élaboration intérieure : que ce soit lui-même qui exprime à sa mère que maintenant il avait accepté, qu'elle pouvait partir. On sent bien la différence…

Respecter l'amour-propre

Faisons très attention : sous prétexte que c'est un enfant, nous nous permettons des réflexions qui seraient très désobligeantes pour un adulte. Seul(e) avec lui, nous faisons souvent moins d'efforts pour nous contrôler. Parfois, sans nous en rendre compte, nous nous soulageons à ses dépens de tensions accumulées, de ressentiments, de vexations profondément enfouis : « Je ne sais pas pourquoi je me mets si fortement en colère… pourquoi je lui ai dit ça… »
Qu'avons-nous vécu enfant que nous reproduisons là, généralement en prenant la place de celui qui nous a fait souffrir ? Ou bien un événement récent nous touche-t-il au point que nous déversions le trop-plein sur notre enfant ? Qu'est-ce que nous vivons avec notre conjoint ? Nous pouvons très facilement prendre l'enfant comme cible de notre ressentiment.

> Veillons à ne pas dire à l'enfant ce que nous n'aimerions pas que l'on nous dise à nous, adultes. Sa sensibilité est tellement plus grande que nous ne le croyons.

Dans nos efforts conscients, essayons donc de ne jamais vexer un enfant ni de rire de lui, même si la situation est très drôle. Essayons de:
• ne pas parler de lui en sa présence;
• ne pas trahir ce qu'il nous a confié comme un secret (ce qui entraîne une diminution de la confiance ou un ressentiment qui peuvent subsister très longtemps);
• ne pas parler avec les mêmes déformations que lui;
• ne pas rire trop ouvertement parce qu'il ne réussit pas à monter sur sa bicyclette, parce qu'il a raté une marche et qu'il est tombé dans une position effectivement drôle.
Dans le même ordre d'idées, nos exclamations exagérément encourageantes – « que c'est beau! » – sont souvent excessives, inutiles et peuvent même le gêner.

J'arrive dans la chambre de Mathieu alors qu'il est en train de construire une tour qui m'apparaît un peu difficile. C'est la première fois que j'en vois une si haute et je ne peux retenir mon admiration: « Oh, mais c'est génial! » Mathieu me regarde étonné, comme un peu agacé, et il arrête sa tour.
« Pardonne-moi, je t'ai interrompu... » Ma réaction intempestive l'a dérangé.

Morale ou compréhension?

On a tendance à porter un jugement et à interpréter de manière purement subjective le comportement du tout-petit.

Marie, 4 mois, est confiée à ses grands-parents pendant les huit jours de vacances de ses parents. Au retour, Marie refuse de sourire à sa mère pendant trois jours. Elle prend mal ses biberons et reste un peu tendue.
« Elle te le fait payer », dit-on à la jeune mère. La petite fille est déjà cataloguée comme « tenant tête », exigeante. Mais on n'essaie pas de comprendre la réalité de ce qui se passe pour elle.

Nous verrons au chapitre 7 comment une séparation d'avec sa mère est pour le bébé une véritable perturbation, au sens de la perturbation atmosphérique où les nuages se mettent brusquement en mouvement. Tout change, le bébé a soudain perdu ses repères, il fait de gros efforts pour en constituer d'autres. Il commence à y parvenir... et voilà qu'il faut encore en changer pour retrouver les précédents.
C'est cela qu'il faut comprendre et essayer de dire à l'enfant, en l'aidant doucement à se retrouver et en lui concédant le temps nécessaire pour ce faire. Qu'il y ait en plus

une part de ressentiment, ce n'est pas impossible, mais nous n'avons pas d'éléments pour le prouver.
Un petit enfant de moins de 2 ans et demi ou 3 ans se sent fréquemment fragile, vulnérable, débordé par ses émotions. Il a besoin d'être soutenu, de se ressourcer dans une relation proche, totale, avec ses parents ou avec des adultes proches.

Une maman seule passait un quart d'heure chaque soir en rentrant de la crèche avec son fils petit, avant toute autre occupation. Elle avait remarqué qu'ensuite Daniel était détendu et coopérant. Si au contraire elle se précipitait pour mettre tout de suite le dîner à chauffer, son fils était « crampon » ou opposant.

Nous en reparlerons en évoquant les moments de retrouvailles après la séparation.

Les adultes aussi ont leurs émotions

Puisque nous parlons à l'enfant de ses propres émotions, il sera bien aidé de savoir que nous avons aussi les nôtres: « Je suis fatiguée aujourd'hui, je suis énervée et je sens que je vais me mettre très facilement en colère... Il vaudrait mieux que tu joues dans ta chambre et que tu ne viennes pas trop dans la cuisine! » Ou: « Là, je me suis mise en colère, je n'aurais pas dû le faire, je te demande pardon... »
Il se sentira moins coupable de cette situation, il y aura chez lui une certaine mise à distance et un début de capacité à comprendre que ce qui arrive vient de sa maman et non pas de lui. C'est pour lui une nouvelle occasion de prendre en main activement quelque chose de la réalité, et de ne pas se laisser écraser par elle.
Un enfant se découvre lui-même et découvre le monde à partir de lui. Étant au centre de ce qui existe, il se croit la cause de ce qui se passe. Vous verrez ainsi que, même plus âgés, **les enfants se croient très vite responsables de ce qui arrive**, en particulier des fatigues ou de la maladie d'un des parents, des disputes entre eux ou d'événements ennuyeux. Il est important que nous y pensions pour leur montrer que tel n'est pas le cas. Que, de plus en plus, ils puissent se sentir vivre, eux, sans être pris, englués parfois, dans nos problématiques d'adultes.
Il arrive aux adultes d'être submergés par leurs émotions et d'exprimer en direct leur colère, leur regret, leur tristesse, parfois aussi leur joie ou leur satisfaction à l'occasion de ce qu'ils vivent avec les enfants. Ce n'est pas alors à l'enfant qu'ils parlent, comme à une personne: ils déversent en quelque sorte ce qu'ils ont sur le cœur. « Je me suis mis en colère contre lui surtout parce que j'étais furieux: ma femme est sortie faire des courses dès que je suis arrivé alors que je m'étais pressé pour qu'on ait un moment ensemble... » Ou: « Je me suis fâché contre les jouets qui

traînaient par terre. David voulait encore et encore grimper sur mes genoux. Je lui ai dit que j'avais du travail et que je devais réparer la poignée de la porte, et que je ne pouvais pas m'occuper de lui… Il semblait ne pas comprendre. » Ainsi se mêlent des propos qui concernent l'enfant et des émotions qu'il ne peut comprendre, dans des attitudes qui manquent de cohérence.

Nous avons tous vécu de telles situations, mais ce type de réaction est plus fréquent chez certains et il est utile d'en prendre conscience pour pouvoir les éviter. L'enfant peut s'habituer à entendre son ou ses parents parler un peu dans le vide et se fermer à une vraie communication. Il vaut souvent mieux parler peu mais bien en face, en échange avec un enfant, même très petit.

> L'enfant peut être lui-même dans son corps par la liberté motrice qu'on lui laisse, il peut être lui-même dans ses émotions par le respect qu'on lui montre.

Or, se permettre d'être ce qu'on est favorise une libre circulation des énergies. Au cours des stages d'évolution et de réflexion personnelle, au cours des psychanalyses « réussies », le sujet exprime, ré-éprouve, avec parfois beaucoup de douleur, ce qu'il avait ressenti enfant et qu'à l'époque il avait dû tenir secret. On observe ensuite une plus grande vitalité, un plaisir à vivre (même si les conditions de la vie ne sont pas très faciles…), souvent une meilleure santé, voire la guérison de troubles somatiques qui résistaient aux traitements médicaux.

On se souvient de la phrase de Bettelheim citée plus haut : « Il n'y a pas de plus grand plaisir que de se sentir bien fonctionner. » Cela vaut le coup d'essayer de permettre à notre (petit) enfant de vivre aussi près que possible de son originalité à lui… Cette attention durera tout au long de notre vie commune !

Le deuxième volet de cette réflexion sera de lui permettre d'emprunter les voies acceptables dans la société qui est la sienne.

Chapitre 6

L'APPRENTISSAGE de la réalité et de la vie sociale

« L'enfant tend à se rapprocher de l'état d'homme non pas en recevant toutes préparées les raisons et les règles de l'action bonne, mais en les conquérant par son effort et ses expériences personnelles. »

Jean Piaget,
Six Études de psychologie.

« Le bébé devient un petit enfant », souligne Emmi Pikler. Il sort de sa chambre ou y retourne tout seul, il commence à participer plus activement à la vie de la famille et à affronter la réalité matérielle et sociale. Tout est à découvrir, toutes les règles sont à apprendre, il faut réussir à les respecter… Quel travail pour un tout-petit ! Et pour les parents ! Quand exiger vraiment ? Quand fermer les yeux ? Faut-il gronder quelquefois ? Entre le laxisme et l'autorité excessive, où se situer ?
Nous avons parlé du respect des émotions et des manifestations très personnelles de l'enfant. Maintenant, nous devons l'aider à les vivre dans les voies possibles et permises… qui sont assez nombreuses et variées ! Encore une fois, « le vivant fonctionne loin de l'équilibre » : il y a rarement une bonne réponse ! Beaucoup de parents réussissent plutôt bien et trouvent eux-mêmes leurs solutions.
Mais il est vrai aussi que bien des enfants revendicateurs, opposants, agités, ont du mal à accepter « de l'intérieur » certaines exigences de la vie en société. Évidemment variable selon le tempérament de chacun, cette attitude peut venir aussi de la manière dont ils ont pris contact avec la vie. Emmi Pikler disait que c'était bien souvent le résultat de « mauvaises attitudes éducatives ».
Ne ratez pas le départ !

Quelques prises de conscience

Le bébé n'est pas le centre du monde

« Le bébé devient enfant »… l'enfant devient un peu plus grand : passage de la vie de bébé, auquel on donne tout et que l'on protège, à l'état d'enfant, qui élargit son domaine. Il doit alors s'intégrer à la vie qui existe autour de lui, en accepter les règles, les contraintes, les risques : ce ne seront pas toujours les autres et l'environnement qui s'adapteront à lui et à ses besoins.
Pour réussir ce passage, aidez-le : **n'organisez pas toute votre vie autour de lui…** ce qui est simple pour certain(e)s d'entre vous et difficile pour d'autres, comme pour celles qui interrompent leur activité professionnelle afin de s'occuper des enfants : le

La liberté et les limites

Permettre à un enfant de faire le maximum d'expériences par lui-même, écouter et respecter ce qu'il ressent, ne signifie pas lui laisser tout faire ni avoir mauvaise conscience de devoir lui interdire quelque chose. Quand ils sont rendus nécessaires par la réalité, les limites, interdits, frustrations permettent de canaliser l'énergie, de développer l'intelligence et l'imaginaire, la pensée symbolique, le respect des autres. Certains enfants manifestent si bruyamment leur opposition ou leurs désirs que les parents peuvent être surpris, redouter ou même craindre ces réactions parfois spectaculaires. Ils finissent par céder devant les cris, les pleurs, la détermination de leur enfant (que quelquefois ils admirent secrètement...).

Faites confiance à votre enfant, tenez bon – et calmement – si possible. Son amour et son admiration pour vous seront plus forts que ses protestations. Là encore, il est acteur de sa propre vie: il n'est pas destiné à se soumettre passivement, il doit accepter la réalité pour en être un participant actif.

La confiance est un des axes de ce livre, mais elle ne doit pas prêter à contresens. On pourrait croire que, parce qu'on a su expliquer à un enfant le bien-fondé de l'ensemble des règles de vie, il les acceptera finalement et s'y soumettra de lui-même. Il n'en est pas ainsi, et tout enfant grandit avec le besoin de s'opposer, d'éprouver les limites, une façon de préférer le plaisir immédiat au plaisir à long terme, etc. Si bien que l'autorité, la fermeté s'avèrent toujours indispensables malgré les trésors de compréhension et de patience que l'on peut développer.

mari peut être très absorbé par sa vie professionnelle, et le monde devient pour elles celui des enfants.

Difficile aussi pour les mères qui ne trouvent pas dans leur couple toutes les satisfactions qu'elles en attendent, ou pour celles qui, réellement intéressées par leur(s) enfant(s), veulent tout faire au mieux: l'enfant passant toujours en premier, elles restreignent leur vie personnelle. C'est parfois une telle conviction que rien ne peut les faire changer, et ce n'est que plus tard qu'elles en percevront les conséquences: le petit enfant a « appris » le monde comme gravitant autour de lui. Maintenant puis en grandissant, à 5, 7, 8 ans et plus tard, il pensera que ses parents sont à son service. Cette représentation peut rester solidement ancrée...

L'être humain, même petit, n'est pas le centre d'un microcosme, il arrive dans un monde qui vivait avant lui et qui va continuer à vivre!

Nous avons vu comment l'enfant pouvait être actif pour découvrir l'espace extérieur et quelle était l'étendue de ses capacités motrices.

Nous allons voir ici comment il peut être actif pour découvrir le monde et s'y faire une place:

• en assimiler les lois, les règles, le mode de vie (connaître et si possible comprendre ces lois, les faire siennes, devenir capable de les appliquer);
• développer les échanges avec ce monde, en s'apercevant qu'il n'en est pas le centre;
• s'y intéresser, y prendre une part active et, éventuellement, pouvoir agir dessus.

Trois conceptions de l'éducation

Prenez aussi conscience de ces trois conceptions différentes de l'éducation de l'enfant.

Classiquement, lui apprendre la soumission

Il s'agit de dresser l'enfant, de lui apprendre à se soumettre aux lois et aux adultes, éventuellement par la contrainte, « sinon il n'apprendra jamais »! Les pratiques éducatives traditionnelles, centrées sur les apprentissages et la soumission à l'autorité, n'avaient pas que des inconvénients quand elles n'étaient pas excessives. Mais elles permettaient peu le développement de l'initiative personnelle, de la confiance en soi, des notions d'égalité et de tolérance, puisqu'elles étaient fondées sur le principe d'un plus fort imposant son savoir et son pouvoir à un plus faible. Le premier reproche que l'on puisse leur faire est d'inculquer à l'enfant dès sa naissance que les rapports entre les individus sont des rapports de forces, de dominant à dominé.

L'aider à comprendre le pourquoi des exigences et des interdictions

Il s'agit d'aider l'enfant à accepter de s'y soumettre par désir de grandir et d'entrer dans la société des adultes. Ce qui n'exclut pas l'autorité, mais celle-ci vient après l'explication, l'écoute de l'enfant, une réflexion sur les degrés d'exigence.

Le « laisser faire »

Les pratiques laxistes, très répandues, ne sont pas forcément voulues de façon consciente et sont en général peu cohérentes parce qu'elles s'accompagnent presque toujours d'attitudes coercitives (au moment où l'on ne supporte plus la situation). Elles placent l'enfant dans le flou, l'incertain, lui font croire qu'il peut être plus puissant que ses parents ou que les adultes qui l'entourent. Cela permet rarement la construction d'une personnalité forte et le développement d'une intelligence efficace.
L'éducation que vous avez reçue se situe probablement plus vers un pôle ou vers un autre, et votre opinion sur ce qu'elle vous a apporté de positif et/ou de décevant orientera sensiblement votre attitude avec vos enfants. Les attitudes « qui nous échappent » découlent souvent de celles que nous avons connues enfants.
La première conception décrite ci-dessus ne correspond pas à celle de ce livre, puisqu'elle considère l'enfant comme un être qu'on façonne, même avec un objectif

très honorable. Elle a été stigmatisée par Alice Miller, qui, dans *C'est pour ton bien* (voir bibliographie), a décrit sous le nom de « pédagogie noire » la conception pédagogique qui sévissait en Allemagne au siècle dernier et au début de celui-ci. À un moindre degré, elle est prônée chez certains parents: « Tu n'as pas d'explication à demander, je te le dis, tu dois obéir. »

L'enfant élevé selon cette conception pensera: ces adultes sont plus forts que moi, j'ai intérêt à « m'écraser », donc j'obéis, et il essaiera de correspondre à ce que ses parents attendent de lui. Bien sûr, tout est possible mais, peu à peu, il risque fort d'évoluer dans l'une des directions suivantes:

• se soumettre complètement et intérioriser cette soumission comme trait de caractère: il aura tendance à rechercher toujours une autorité, un maître;

• garder au fond de lui-même un désir d'autonomie et du ressentiment, qui se traduiront dans l'immédiat par une certaine forme d'agitation, des troubles du sommeil ou d'autres symptômes; plus tard, à l'adolescence puis à l'âge adulte, il peut devenir très opposant, voire asocial;

• s'identifier inconsciemment au plus fort; à l'école puis à l'âge adulte dans le monde professionnel ou social, il pourra enfin prendre la place du plus fort qu'il admirait, être enfin celui qui domine, éventuellement faire payer à d'autres ce dont il a souffert lui-même.

Les enfants élevés selon la deuxième conception accepteront davantage les lois, « de l'intérieur »; ils en comprendront mieux le sens et l'importance, ce qui signifie qu'ils oseront les contester quand ils ne les comprendront pas ou qu'elles leur paraîtront contradictoires ou injustes. Lorsqu'ils enfreindront ces lois, ce sera plus délibéré, plus conscient en quelque sorte, soit parce qu'ils ne seront pas d'accord avec ce qui leur est demandé, soit parce qu'ils choisiront de satisfaire plutôt leurs propres désirs. Il s'agira moins de passages à l'acte provoqués par du ressentiment ou par un débordement de violence. Adultes, ils risquent de considérer les relations humaines sur un mode de collaboration plus que sur un mode de domination.

Si nous souhaitons que nos enfants gardent une liberté de pensée et de réflexion, une capacité de contester en même temps que de se soumettre à l'intérêt général, essayons de leur permettre d'être des participants actifs dans l'apprentissage de ces lois. C'est ce que nous allons décrire maintenant[1].

---

1. Seul(e) ou en couple nous pouvons réfléchir, savoir laquelle de ces conceptions éducatives nous correspond le mieux et essayer de voir un peu comment chacun de nous a été élevé, par ses parents et à l'école. Quel type d'adultes sommes-nous devenus? Certaines découvertes dans ce domaine ne font pas forcément plaisir, mais nous ne sommes pas responsables de l'éducation que nous avons reçue. En revanche, mener cette réflexion nous aidera beaucoup dans l'éducation de nos enfants.

Les débuts de la représentation du possible et de l'interdit

Le bébé commence à sortir de sa chambre, il est très intéressé par tout ce qu'il voit ; il a envie de tout toucher, de mettre dans sa bouche, de saisir entre ses doigts, de manipuler.
Mais il y a les choses dangereuses, et celles qui sont fragiles ou précieuses. Commence alors pour certains parents une période épuisante, où il faut le suivre partout et baliser. Si nous voulons lui permettre de vivre une expérience d'exploration, nous avons intérêt à supprimer les objets à problèmes et à les réintroduire progressivement quand il sera capable de contrôler ses gestes. Mais il y en a d'impossibles à éloigner, et nous n'allons pas déménager toute la maison !
Nous sommes ainsi souvent derrière lui pour, à la fois, le laisser découvrir ce qu'il peut effectivement toucher et lui montrer ce qui n'est pas possible, soit parce que c'est dangereux, soit parce que c'est interdit. Ces notions sont nouvelles pour lui.

> *Regardez-le : il s'aventure à quatre pattes près d'une étagère remplie de revues déjà anciennes et vous le laissez tout déménager ; il arrive près de celle des livres auxquels vous tenez et vous l'empêchez d'y toucher. C'est alors le bouton du magnétoscope qui est à portée de sa main : interdiction encore. Il a le droit de grimper sur le vieux fauteuil tout proche et d'en déranger les coussins, mais pas ceux du canapé de cuir qui sont trop fragiles. Quelle complexité...*

Comment s'y retrouver quand on a 8 ou 10 mois ? Voici donc une petite liste de points de repère et d'observations « pour adultes » !

Donner des messages clairs

Vous savez maintenant que les enfants comprennent par le langage beaucoup plus de choses qu'on ne le croyait. Vous verrez que vous pouvez vous orienter très tôt vers une attitude plutôt explicative ou plutôt coercitive.
Vous pouvez l'accompagner dans ses pérégrinations, partageant le plaisir de sortir les revues « autorisées », l'aidant à passer rapidement devant les « intouchables » en lui parlant : « Non, avec ceux-là ce n'est pas possible », et en essayant de l'orienter vers d'autres découvertes sans risques...
Nous revenons toujours à cette première constatation : dès sa naissance, l'enfant cherche à comprendre ce monde dans lequel il se trouve puis à y participer. Nous devons sans cesse nous redire qu'il ne connaît rien de ce monde et qu'il a tout à apprendre, mais qu'**il aime apprendre**.
Intervenons de telle sorte qu'il réussisse peu à peu à comprendre clairement ce que nous lui interdisons, et n'hésitons pas à lui expliquer, à lui montrer, à lui permettre de

toucher. Essayons de faire appel à son intelligence et d'utiliser toutes ses expériences quotidiennes.

Des différences établies

Reprenons un exemple déjà abordé : le bébé dort dans son lit mais, lorsqu'il est réveillé, il y trouve des jouets, un mobile au-dessus de sa tête, un portique qu'il peut secouer ou sur lequel il peut tirer, etc. Ce « lieu-lit » est donc un lieu où l'on dort et un lieu où l'on joue.

Si, au contraire, lorsqu'il est réveillé, ce bébé est installé dans un endroit autre avec des jouets autour de lui, il intègre la notion d'une différence : le lit où l'on ne fait que dormir ou se reposer, et les autres endroits où l'on s'active. Nous ne pouvons pas affirmer que le bébé vivant dans la seconde situation n'aura pas de problèmes pour aller dormir, mais l'association « lit-dormir » lui sera plus facile.

Des paroles qu'il peut « comprendre »

Certains enfants de 10-12 mois sont capables en quelques jours de comprendre et d'inhiber leurs gestes, alors que d'autres auront besoin de beaucoup plus de temps.

> *Lorsqu'il commence à jouer avec la terre des plantes vertes et que vous voulez le lui interdire, montrez-lui qu'il en reste sur ses mains et sur le tapis : « Ce n'est pas beau ! », et dans sa bouche : « Ce n'est pas bon ! »... Chaque fois qu'il s'en approche, répétez-lui que c'est non.*

Aux adultes d'être constants

Tout sera plus facile si vous êtes vous-mêmes au clair avec ce que vous exigez et ce que vous interdisez. Il y a les exigences absolues, sur lesquelles vous ne transigerez pas parce qu'elles mettent en jeu la sécurité : ne pas toucher les casseroles qui sont sur la cuisinière, ne pas grimper sur le rebord de la fenêtre, donner la main pour traverser la rue...

> Il y a des exigences qui ne se discutent pas. Mais toutes celles de la vie quotidienne sont à définir chez vous, dans votre famille.

Certaines sont relativement simples : se laver les mains avant le repas, ne pas toucher le magnétoscope, ne pas grimper sur la table basse, ne pas prendre les livres des parents sur les étagères ni les assiettes quand le couvert est mis... Il en existe une infinité et certains couples sont vite d'accord et nets dans leurs formulations : un « Camille, c'est non ! » tranquille ne semble pas traumatiser la petite fille de 13 mois, qui se tourne alors vers autre chose.

Pour d'autres, c'est plus difficile : le pot de fleurs est sur le carrelage, est-ce qu'on permet de toucher à la terre ou non ? C'est une expérience « intéressante » quand on habite en ville... Nous prenons l'apéritif, a-t-il le droit de grignoter de tous les petits gâteaux ou non, certains ou pas du tout ? A-t-il le droit ou non de marcher dans les flaques d'eau ?

L'important n'est sans doute pas qu'il touche ou non la terre de ce pot de fleurs, c'est que vous décidiez ensemble si c'est oui ou non et que vous teniez. « Il est souvent préférable d'interdire ou d'exiger le moins de choses possible, car il est très difficile d'aller jusqu'au bout de ses ordres et de ses défenses. Les enfants sont souvent “coriaces” » ! Et cependant, tenir à ce qu'on a demandé est préférable si l'on veut que l'enfant s'y retrouve, dans la sécurité... C'est le flou qui est fatigant pour l'enfant. » (J. Toulemonde, *Place à l'enfant,* voir bibliographie.) L'énoncé peut alors se faire avec calme, sur le ton de l'évidence : quand les règles de vie sont toujours les mêmes, les enfants les repèrent vite et les intègrent.

Souvent, nous devons expliquer pourquoi nous exigeons ou refusons avec des termes simples, faisant ainsi appel comme nous le disions à l'intelligence de l'enfant. Mais en général il n'est pas nécessaire de réexpliquer : plus ou moins intuitivement, l'enfant comprend qu'il y a une raison. Ensuite, le « c'est ainsi, on ne discute pas » aide plus que de nouvelles explications qui laissent place à un doute, à une possibilité de changement. Et il y a tout ce qui ne s'explique pas : « On met de l'eau pour le bain, le pyjama pour dormir, la vie est ainsi... » C'est très reposant de n'avoir pas trop de questions à se poser !

Si nous ne sommes pas constants, l'enfant a très tôt, et de plus en plus quand il grandit, le sentiment d'un arbitraire (ou de parents tout-puissants imposant leur bon vouloir) qui correspond parfois à la réalité : certains jours, nous voulons bien qu'il se salisse avec le sable et l'eau dans le jardin ; et certains jours, sans explications, nous le grondons très fort (fatigue, exaspération pour autre chose, vêtements qu'il porte ?). Répétée, une telle attitude conduit à une situation générale d'insécurité puisque l'enfant ne sait pas s'il va faire bien ou non, et à des tentatives permanentes d'aller jusqu'au bout pour connaître ces limites, souvent aussi pour exercer son pouvoir sur ces parents incertains ; il aura plus de mal à les respecter réellement.

Le soir on lit une histoire, puis une autre, et le coquin en demande une troisième. Il arrive alors qu'on se sépare un peu exaspérés, au point quelquefois même que le moment du coucher devienne une corvée. Il faut donc décider : on arrête à la première ou on va jusqu'à trois, peu importe, mais on le dit... et on s'y tient. D'autant que le moment où on quitte la chambre est souvent celui où la maman « décompresse » si c'est elle qui raconte, mais aussi celui où on se retrouve en couple...

La période où il faut toujours surveiller et beaucoup dire non est très fatigante. Ménagez-vous des moments de distance, de détente, d'humour pour ne pas dramatiser : bien la passer vous donne des chances d'être plus tranquille à l'avenir, mais il faut savoir que certains enfants persisteront très longtemps dans la recherche des limites, la provocation, « l'imagination infinie des bêtises à inventer ». Ces enfants peuvent devenir plus tard les plus positifs dans la société qui sera la leur. Mais c'est sans doute de votre solidité et de votre confiance qu'ils ont le plus besoin.

Comment le lui dire

Il y a probablement un entraînement à acquérir pour parler avec des mots simples, clairs, en regardant l'enfant bien en face: « Je ne veux pas que tu montes sur les fauteuils; mais sur ce canapé il y a une housse, là tu peux monter comme tu veux. » Au tout début, vers 9-10 mois, lorsqu'il marche à quatre pattes et s'approche de ces fauteuils, vous pouvez lui redire chaque fois: « Non... », le prendre dans vos bras et l'éloigner: « Je t'ai dit non, ça veut dire que ce n'est pas possible, tu ne montes pas dessus. » Comme pour les plantes vertes, vous trouverez votre manière à vous de faire expérimenter à votre bébé qu'il en sera toujours ainsi: **il a besoin de temps pour comprendre** que le « non » exprimé une fois est en réalité permanent.
Souvent, en approchant de ce fauteuil, le petit enfant nous regarde en faisant non de la tête. L'adulte dira: « Il nous nargue. » Peut-être quelquefois... mais plus souvent il veut dire: « Est-ce toujours non? » Il cherche à en avoir la confirmation, à en faire l'expérience. Comme il n'a pas encore eu le temps de se confronter à la durée, à la permanence de ce que vous dites, il est en train de l'apprendre. Au lieu de vous fâcher, vous pouvez lui redire avec le même calme et éventuellement de l'humour: « Non, non! Tu sais très bien que c'est non! Ce sera toujours non! »
Il vaut mieux parler moins, mais parler bien en face de l'enfant, dans une véritable relation, sinon il s'habitue à entendre des paroles un peu dans le vide. De la cuisine, on crie: « Je ne veux pas que tu joues au ballon dans la salle de séjour, tu le sais bien! » L'enfant continue et l'on bougonne: on ne peut se déplacer, le lait va passer par-dessus bord... Veillez à ce qu'il arrête son activité pendant que vous lui parlez, à ce que les regards se croisent pendant que vous lui demandez ou lui expliquez quelque chose. Ce sera de plus en plus important au fur et à mesure qu'il grandira: vous y gagnerez en qualité d'échange... et en efficacité!

Il faut du temps pour intégrer vraiment les apprentissages

Selon les mots et le ton employés pour rappeler l'interdit, l'enfant le ressentira comme une aide ou comme une réprimande teintée d'agressivité.

Dehors, Colin, 23 mois, se penche sur une petite pioche, la touche du bout des doigts en disant « non, non, non ». Il la regarde, tourne autour... J'ai envie de me fâcher parce que je lui ai dit plusieurs fois qu'il ne devait pas y toucher. Pourtant, en le regardant un moment, je pense qu'il répète ce non pour lui-même, comme une demande à mon égard de confirmation de cet interdit, un effort pour s'en persuader, peut-être une lutte intérieure entre l'envie d'y toucher et la nécessité de ne pas le faire (nous ne sommes pas à l'intérieur de lui, nous ne pouvons pas savoir...). Lui répondre: « Oui, tu sais très bien que tu ne dois pas y toucher parce que tu pourrais te faire mal avec » est probablement une aide:

- *à intégrer cet interdit;*
- *à retenir son geste.*

Il faut nous rappeler continuellement que le petit enfant a besoin de temps pour qu'une nouvelle acquisition devienne vraiment une habitude. Il ne lui suffit pas d'avoir réussi deux ou trois fois pour être capable de maîtriser un geste sans problème. Et il « oublie » très vite... Ce n'est pas parce que vous lui avez dit une chose il y a cinq minutes qu'il y pense encore (voyez comme vous appuyez sur l'interrupteur alors que vous savez bien qu'il y a une panne d'électricité).

Cette durée nécessaire pour intégrer les choses nouvelles, vous la retrouverez chez lui tout au long de sa croissance : dans l'apprentissage de la marche, de la lecture, de la natation ou du football ! Comme entre le moment où il se met assis seul et le moment où il y reste pour jouer. Après ses premiers pas, il va intégrer progressivement le processus de la marche, mais combien de temps va-t-il s'écouler entre ses premiers pas et la marche aisée ? Entre le moment où il fera pipi dans le pot de temps en temps et le moment où il sera complètement propre ? Des semaines, voire des mois, sans qu'il y ait aucun caractère d'opposition dans cette lenteur. Certains enfants mettent beaucoup de temps à acquérir telle ou telle habitude et d'autres sont très rapides.

Il y a des interdits difficilement compréhensibles – et acceptables – pour un petit enfant qui découvre par exemple qu'appuyer sur le bouton du magnétoscope allume une jolie petite lumière verte. L'explication : « Tu es trop petit pour t'en servir, tu pourras le faire quand tu seras plus grand » peut s'avérer bien peu satisfaisante pour un bébé de 10 mois, alors même qu'elle est nécessaire.

Il y a des situations que les enfants vivent difficilement, comme celles qui les renvoient à leur impuissance de petit : « Je ne veux pas que tu verses l'eau avec ce pot, que tu te serves de ce couteau, etc. » Ils se plient très diversement à ces limitations de leurs désirs. Certains se mettent en rage parce qu'ils ne peuvent pas regarder la télévision quand ils le veulent ou s'asseoir sur « ce » fauteuil fragile ; ils ont besoin qu'on les aide à accepter leur infériorité provisoire. En les grondant parce qu'ils pleurent ou se mettent en colère, nous risquons de leur rendre la tâche plus difficile parce que nous les éloignons de nous. La relation n'est plus positive et ils ont alors une double raison de souffrir : leur impuissance et notre incompréhension, ou la mésentente avec nous.

La colère ou le chagrin ou de l'enfant

Quand un enfant même très petit se met en colère parce qu'on lui interdit quelque chose, qu'il pleure ou semble très triste, certains adultes peuvent se sentir « méchants » : craindre qu'il ne les aime moins, qu'il ne leur en veuille... Lui croit à ce qu'il dit quand il crie : « Ze t'aime plus, ze t'aimerai plus zamais ! » C'est ce qu'il ressent à l'instant, complètement, mais il l'exprime et c'est envolé.

Le fond d'amour, d'attachement, de confiance absolue est là et y sera toujours. Les attitudes fermes ne le détruisent pas, bien au contraire : un petit enfant peut se trouver emporté par ses impulsions, ses colères, la force de ses désirs, et c'est très inquiétant pour lui ; sans en être conscient, il se sent plus en sécurité avec celui qui l'empêche de se laisser déborder. Il va s'en rapprocher, au contraire, peut-être à

> Le besoin d'organisation et de structure intérieure de l'enfant lui fait éprouver une reconnaissance – inconsciente – à l'égard des adultes qui lui marquent les limites à ne pas franchir.

cause de ce dynamisme de croissance qu'il porte en lui et que nous avons vu à l'œuvre. Donc, après une colère ou des protestations véhémentes, vous verrez votre enfant rassuré par votre fermeté, vous verrez qu'il ne vous en aime pas moins, au contraire. C'est le début de votre apprentissage réciproque de l'autorité ; avec le recul, vous vous apercevrez que c'est plus facile quand les enfants sont petits et que vous serez tous plus heureux si vous êtes clairs. C'est à vous de l'être, lui ne peut que répondre à ce que vous proposez.

Rappelez-vous toujours que si, dans l'ensemble, la relation est harmonieuse avec vous, votre enfant essaiera bien sûr à certains moments de résister, de s'opposer, mais il parviendra à cette acquisition que vous lui demandez : surtout ne vous désespérez pas, ne vous inquiétez pas. Tenez bon et faites-lui confiance !

Il y a entre 8-10 et 15 mois des périodes très exaspérantes où vous passez votre temps à dire non ! Et puis vous êtes tout à coup surpris(e) de vous apercevoir que, ce qui paraissait si difficile à obtenir, vous n'en parlez plus. Vous n'êtes pas seul(e) en cause, car c'est lui qui a fait tout un travail pour intégrer ces réalités : il n'y a que lui qui puisse le faire, et à son rythme. Plus il aura envie de réussir, mieux il réussira effectivement. Là, il faut user d'une fermeté tranquille : « Je t'ai dit non et, quand j'ai dit non, tu ne peux pas le faire. »

Un enfant petit a encore très peu la capacité d'anticiper : c'est parfois dur d'être interrompu dans son activité ; nous, nous savons par expérience que son chagrin ne va pas durer puisqu'il aimera l'activité suivante (ce qui peut nous aider, nous, car souvent nous n'aimons pas être la cause de ses pleurs ou de ses colères).

Rappelons-nous l'exemple d'Antony (voir p. 133) qui joue dans le jardin et refuse obstinément de rentrer à la maison pour prendre son bain. Finalement, sa maman doit le prendre : il hurle, se débat. Il arrive dans la salle de bains. Là le bain coule, et cinq minutes après il est ravi.

Si la maman lui dit : « Tu as encore très très envie de jouer dehors, mais maintenant c'est l'heure du bain, tu vas voir, dans la baignoire tu seras très content, etc. », ou : « Oh là là, que c'est difficile, tu verras tout à l'heure, peut-être que ça sera très bien aussi... », elle lui permet d'anticiper et l'aide sûrement plus en lui annonçant la suite que par un « tu es vraiment insupportable » qui est sans doute faux et qui donne à l'enfant une mauvaise image de lui.

Des messages permanents

Nous savons combien il est important de **ne pas céder** quand la décision est prise et de faire en sorte que, effectivement, l'enfant fasse ce que nous lui avons demandé ou ne fasse pas ce que nous lui avons interdit. C'est à travers ces tout petits faits qu'il va intégrer la notion « maman a dit non ou papa a dit non, donc je ne peux pas le faire ».

Compréhension et fermeté

Il est rarement possible de maintenir en toutes circonstances et pendant la durée nécessaire ce que nous avons demandé (incertitude de notre part, fatigue, exaspération, faiblesse, etc.). Pourtant, plus nous y parvenons, moins les enfants essaient de nous manipuler, puisque que cela ne sert pas à grand-chose... Mais compréhension et fermeté ne s'excluent pas: les pleurs peuvent être entendus avec compréhension!

Ce serait une erreur que les parents reviennent sur leur décision, car l'enfant ferait alors l'expérience que sa colère a un pouvoir sur les adultes, d'où une contradiction dans la conscience qu'il est en train d'acquérir de lui-même: il est un petit enfant et en même temps il est plus fort que ses parents. C'est incompréhensible, donc impossible à intégrer de manière positive. Ce ne peut être qu'inquiétant, voire angoissant, et provoquer de nouveaux comportements d'opposition et de malaise.

Il en sera de même un peu plus tard quand nous, parents, devrons promettre des sanctions. Promettons peu, mais tenons: notre enfant saura à quoi s'en tenir et ce sera une grande aide pour lui!

> Il faut réagir tout de suite, car c'est dans l'émotionnel, dans l'instant et dans son corps qu'un enfant peut comprendre et intégrer la signification de ses actes.

Aux sanctions, préférez les actes qui réparent ou ceux qui montrent bien la conséquence de ce qu'il vient de faire: aider à nettoyer ce qui a été renversé ou sali, à réparer l'objet ou le jouet cassés, être séparé de l'enfant agressé, etc.

Quand l'adulte est complètement persuadé que c'est inacceptable, sa conviction émotionnelle passe souvent mieux que des explications: par exemple, quand l'enfant a mordu ou frappé sa maman, « c'est non » quelle qu'en soit la raison. On le sépare sans drame, mais « c'est impossible, ça ne se fait pas »; l'adulte interdit cette chose qui correspond aux règles à ne jamais transgresser.

Ne vous laissez pas impressionner: si vous intervenez dès les premières fois, il intégrera en général assez vite et la vie sera plus simple pour tous. Soyez tranquille, il ne sera pas « traumatisé ». Et si vous vous êtes laissé prendre une première fois, vous êtes prêt(e) pour la suivante!

Si, le plus souvent, vous réussissez à tenir vos exigences, et si vous intervenez calmement, éventuellement en riant, mais fermement, pratiquement sans écarts, vous n'avez pas à vous inquiéter. Il désinvestira les activités qui lui sont interdites pour d'autres qui le passionnent et, d'ici quelque temps, vous vous apercevrez que vous en êtes soulagé(e). Alliez fermeté et confiance en lui ! Mais veillez à ce qu'il ait autour de lui suffisamment de choses intéressantes à faire ; s'il s'ennuie, il est évident qu'il reviendra à ce qui est interdit.

Une certaine manière de regarder l'enfant peut lui fait sentir que c'est sans appel... Attention cependant : un regard trop intense peut être inquiétant pour un petit. Encore une fois, tous les enfants sont différents, certains accepteront assez vite, d'autres supporteront mal d'avoir l'impression de se soumettre.

L'opposition est constructive

Entre 2 et 3 ans, presque tous les enfants répondent d'abord non quand on leur dit « viens te laver les mains », « enlève ton manteau », « tu pourrais jouer avec ce train », mais ils le font quelques minutes après : n'intervenons pas trop vite pour un rappel à l'ordre, ils y viennent souvent d'eux-mêmes et nous gagnons du temps.

Ces gestes sont typiques de la nécessité pour l'enfant de sentir qu'il effectue un acte librement et non par soumission à ce qui lui est demandé, ils constituent une **affirmation de soi**. Il n'est possible de prendre vraiment conscience de soi que s'il y a aussi des moments d'affrontement. Le roc que représentent les parents, l'opposition que manifeste l'enfant sont donc une nécessité. C'est la raison de cette fameuse opposition de l'enfant de 3 ans... mais qui se manifeste aussi à d'autres périodes !

Tenir les interdictions, mais aussi les promesses

Il veut que vous jouiez avec lui, mais il faut que vous prépariez le dîner. « Je vais vite dans la cuisine mais, je te promets, dès que j'ai mis le couvert [quelque chose que l'enfant peut se représenter clairement], je reviens jouer avec toi. »

Si chaque fois (à peu près !) que vous dites quelque chose de cet ordre vous le faites réellement, et qu'éventuellement vous lui en reparlez (« Tu vois, je reviens, je t'avais dit que je reviendrais dès que j'aurais terminé »), il y a beaucoup de chances pour qu'il accepte peu à peu vos départs. Il intègre que, quand vous promettez quelque chose, vous le faites réellement. Peut-être apprend-il en plus à se représenter ce que vous faites, à anticiper, à attendre, à se contrôler... S'il est sûr que vous allez revenir, c'est un peu comme si vous étiez auprès de lui. Il n'est pas seul. Sentez-vous qu'il peut y gagner quelque chose sur le plan de la représentation mentale et du fonctionnement intellectuel ?

Il peut arriver que vous changiez d'avis pour une raison précise. Il faut alors le lui expliquer : « J'ai vu que tu as pris un gâteau dans le placard. C'est interdit habituellement, mais aujourd'hui ce n'est pas comme d'habitude, il est tard, le déjeuner n'est pas prêt et tu dois avoir faim, alors je suis d'accord. »

Si vous laissez persister une ambiguïté, l'enfant vous regarde, peu sûr de lui ; il n'est pas tranquille puisqu'il a le sentiment que peut-être il fait quelque chose qui n'est pas autorisé. Il se sent incertain (et c'est bien souvent dans ces moments d'incertitude que, se sentant mal à l'aise, il a tendance à faire des bêtises en série).

Si d'autres adultes présents peuvent intervenir dans ce domaine, il est utile de les informer de ce que vous autorisez ou non.

Les parents de Julien, 2 ans et demi, sont en train de déménager des meubles. Ils ont autorisé le petit garçon à monter et à descendre de la cabine du camion. La grand-mère arrive. Elle est d'abord étonnée, puis un peu inquiète, et interdit à l'enfant de monter dans le camion. Julien évidemment est surpris, interrogateur. La maman pense alors à préciser: « Mamie, à tort ou à raison, nous avons pris le risque de le laisser faire. » Ainsi, le message est clair pour tout le monde... même si on n'est pas tout à fait sûr du bien-fondé de la décision!

Éviter la situation de dominant-dominé

Qu'est-ce que je cherche? Me sentir fort(e), reconnu(e), ou simplement qu'il fasse ce que je lui demande? S'il le fait deux minutes après de lui-même, quand je ne le regarde plus, est-ce ennuyeux? L'important est qu'il le fasse et que je tienne.

Là joue votre attitude intérieure. Si vous ressentez les relations comme des rapports de forces, vous redouterez qu'il ne vous mette en échec, vous craindrez peut-être de lui laisser une liberté dont il usera « pour prendre le dessus ». Se sentir dominé par un enfant peut être intolérable si on n'a pas assez d'assurance, de confiance en soi (encore une occasion de nous soutenir entre adultes plutôt que de nous critiquer: chacun a ses points faibles et ses points forts).

Si, au contraire, vous concevez intérieurement les relations comme des collaborations, même si elles ne sont pas d'égal à égal, ce qui vous intéressera est que l'enfant comprenne ce qu'il est souhaitable de faire et qu'il finisse par le faire. Vous serez même content(e) de voir comment il s'approprie ce qui est à faire, agissant de lui-même sans plus s'apercevoir que c'est vous qui le lui avez demandé. Vous devenez deux êtres côte à côte, l'un aidant l'autre à devenir lui-même et à grandir, avec les inconnues que cela représente. Vous n'êtes pas en situation de dominant-dominé.

L'autorité du père

Affirmer la loi, montrer les exigences n'équivaut pas à être « celui qui interdit tout » ou le Père fouettard! La loi est aussi ce qui canalise les énergies et les met en forme, qui stimule, qui organise la vie en société. Il y a probablement là un grand sujet de réflexion de notre époque, mais vous les pères, si vous n'êtes pas les seuls à représenter la loi, vous la représentez (encore?) très fortement et vos enfants, même tout petits, ont besoin d'en faire déjà l'expérience.

Les mères expliquent, interdisent, encouragent, grondent, disent oui, disent non, bien plus souvent que vous en général puisqu'elles passent plus de temps avec les enfants, mais ce que vous êtes, ce que vous représentez pour les enfants donne du poids à ce qu'elles disent: ce qui est bien et ce qui est mal, ce qui est permis et ce qui ne l'est pas, la loi, les conséquences des actes. C'est l'organisation de la vie, c'est constructif, c'est le présent et c'est l'avenir.

Vous débutez dans votre rôle avec cet enfant, ne doutez pas de vos capacités car il a les yeux fixés sur vous. Quelles que soient les difficultés professionnelles, matérielles, de santé ou autres que vous pourrez rencontrer, vous êtes son père, avec toutes les qualités qui sont les vôtres, votre amour pour lui, la conscience de votre responsabilité par rapport à lui, il ne s'y trompera pas. Il a confiance en vous, il vous admire totalement… et il attend que vous lui montriez les exigences et l'intérêt de ce monde dans lequel il va entrer. Quant à nous les mères, respectons ce rôle, même si les formulations peuvent parfois nous surprendre !

Un espace de liberté à l'intérieur d'un cadre bien défini

L'accompagnement de l'adulte est indispensable pour :

- faire connaître les règles et en expliquer le pourquoi ;
- montrer dans le quotidien qu'elles sont intangibles ;
- aider peu à peu l'enfant à les observer et à anticiper les conséquences de ses actes ;
- organiser l'environnement afin que puissent en même temps se développer les capacités propres, l'imaginaire, les désirs…

Ne commencez pas l'apprentissage trop tôt

Là interviennent deux aspects auxquels il faut réfléchir :

- la fierté d'avoir un enfant précoce dans son acceptation des règles : « Le mien, il obéit », et le désappointement d'un autre parent à qui l'enfant tient tête !
- l'idée selon laquelle « il faut commencer très tôt, sinon il n'apprendra jamais ».

Attendez que votre enfant soit capable de réussir ce que vous voulez obtenir de lui et, si le résultat est très décevant, n'insistez pas ; reprenez quelques semaines plus tard, ce sera sans doute bien différent. Les apprentissages qui « tiennent » ne sont pas les plus précoces.

Si vous trouvez que votre enfant ne fait pas d'efforts, c'est peut-être à cause de son rythme à lui, peut-être à cause de quelque chose qui le gêne dans sa santé ou dans votre attitude avec lui. Posez-vous la question et vous verrez sans doute son dynamisme reprendre.

Ne vous laissez pas influencer par les « si tu n'insistes pas, il ne le fera jamais » ou « il n'apprendra jamais à faire un effort ». Rappelez-vous qu'un enfant en bonne forme fait sans cesse des efforts, peut-être pas toujours sur ce que vous voudriez au moment où vous le voudriez, mais sur beaucoup de choses.

Ne vous laissez pas influencer non plus par la précocité plus grande de tel ou tel autre enfant… ni par ce qu'en disent leurs parents ! Il semble que ce soit particulièrement important de souligner ce point pour l'apprentissage de la propreté. Pourquoi souvent une telle urgence ? Nous y reviendrons (voir p. 182).

Nous pouvons réfléchir à ceci : à la crèche, on prépare les enfants à la maternelle, à la maternelle on les prépare à l'école. Quand peuvent-ils vivre pleinement ce qu'ils sont ? Y a-t-il chez certains parents une peur de ce bien-être et de cette satisfaction de soi que peut éprouver l'enfant ? Une peur que, trop content de lui, il n'en fasse mauvais usage ? « Si on ne le pousse pas, il va devenir paresseux... » : conséquence de notre société actuelle ? Ou serait-ce encore l'enfance des parents et ce qu'ils vivent intérieurement qui entrent en jeu ? Des parents qui par exemple ont été élevés sous la contrainte et ont sans cesse éprouvé le sentiment que, s'ils le pouvaient, ils se rattraperaient. Sans s'en rendre compte, ils imaginent qu'il en est de même pour leurs enfants : donc, « il faut les tenir » ! Mais, à l'inverse, des parents trop « tenus » quand ils étaient enfants peuvent se réjouir inconsciemment des frasques de leurs enfants, qui se permettent ce qu'eux-mêmes n'ont jamais osé... et ils se montreront étonnamment tolérants pour certaines choses.

Respecter le rythme et l'originalité de chacun

Chez un enfant qui n'est pas élevé sous la contrainte, le désir sera plutôt dans la ligne du développement de ses capacités. Il se sentira bien avec lui-même et il vivra peut-être plus de plaisir, sous des allures d'égoïsme parfois. Mais quand il pourra prendre conscience des réalités de l'environnement, la générosité apparaîtra de l'intérieur, souvent plus réelle et plus vraie que chez ceux qui ont dû la pratiquer depuis toujours.

Quelle attitude adopter face aux « échecs »

Prenez aussi conscience de ce que nous avons tous fait : gronder un enfant pour des raisons qu'il ne pouvait pas encore comprendre ou pour quelque chose qu'il n'était pas encore capable de réussir.

> *Marine, 2 ans, a tiré brusquement un bol de cidre qui était sur la table. Le mouvement du liquide dans la tasse a fait que la moitié est passée par-dessus bord.*

La première réaction est de la gronder. En fait, il serait plus profitable de lui montrer, en agitant doucement le bol, le mouvement du liquide à l'intérieur et comment il faut effectivement contrôler son geste si on ne veut pas qu'il y en ait partout sur la table : la bêtise devient alors une expérience positive. Cela ne veut pas dire qu'après la première explication elle sera capable de suivre l'exemple donné, mais elle aura en elle des moyens pour y parvenir et c'est elle-même qui va intérioriser ce qui lui a été dit et essayer d'en tenir compte.

Il peut arriver que l'enfant refasse le mouvement aussitôt. Et l'on a envie de crier : « Je viens de te dire de ne pas le faire ! » Opposition ? Peut-être, mais certains enfants sont tellement intéressés par cette expérience nouvelle qu'ils ne peuvent attendre, **ils veulent recommencer, non pour désobéir mais pour expérimenter, comprendre**... Nous pouvons même être très violents, voire injustes, en particulier si nous avons eu peur.

Laura, 3 ans, qui vient de mettre ses mains dans les cendres du feu éteint en apparence depuis quelques heures, est fort grondée par son père en colère. Et s'il était resté des braises ?

La **colère** correspond plus au reproche que l'adulte peut se faire qu'à ce que la petite fille était capable de comprendre; comment pouvait-elle penser qu'il y avait un danger alors que voir un feu de près est inhabituel pour elle et qu'elle ne voit plus aucune flamme ? C'est au contraire l'occasion de lui expliquer les risques et, la fois suivante, de penser à lui montrer les petits filets rouges incandescents qui restent cachés mais qui peuvent faire très mal :

- occasion aussi de penser à empêcher l'accès de la cheminée aussi longtemps qu'il est nécessaire, en attendant que la notion soit intégrée ;
- occasion de lui reparler de cette petite fille rencontrée récemment les deux bras bandés parce qu'elle était tombée dans un feu qui n'était pas encore éteint.

Lui parler à elle, enfant intelligente qui ne demande qu'à comprendre... Ainsi, bien souvent, nous grondons l'enfant pour quelque chose que nous considérons comme une bêtise alors que lui ne voyait pas la conséquence négative de son acte.

Nous devrions d'abord nous demander si ce n'est pas une des premières fois qu'il fait telle ou telle bêtise : laisser tomber un verre qui se casse quand jusqu'alors il avait toujours eu entre les mains des objets en plastique, sortir les CD et les abîmer, renverser une boîte, etc.

Plutôt que de gronder uniquement, pensons à lui montrer calmement ce qui s'est passé, à en donner les raisons et les conséquences, à expliquer que c'est ennuyeux. Mais aussi à lui dire que là il a appris quelque chose de très important, que c'est comme cela qu'il devient plus grand, etc.

Pas de mauvaise note pour un devoir impossible...

Il est évident que nul ne peut mettre en pratique de manière habituelle toutes ces suggestions qui sont pourtant claires et parfois assez évidentes... Il est impossible de pouvoir toujours contrôler sa voix, ses gestes, ses comportements. Le plaisir, la colère, la tristesse, l'échec font partie de la vie. C'est aussi une partie de sa richesse qui nourrit les interactions et nourrit l'amour, car l'amour c'est inclure tout ça, même les grosses « bévues », que l'on peut regretter très fort mais que l'on peut dépasser, précisément parce qu'il y a l'amour, l'amitié, l'estime, la réflexion, la vie qui nous entraînent.

Il n'y a pas un modèle, une manière de faire qui serait la bonne : chaque vie, chaque famille est essentiellement originale. Mais il faut du courage aussi parfois... ou souvent ! S'arrêter, prendre un crayon peut-être, faire le point – l'ensemble de ces suggestions pouvant y aider – seul(e), avec l'autre parent ou avec quelqu'un de compétent, oser voir ce qui ne convient pas, le formuler et « passer à l'acte » en faisant ce que nous jugeons utile, nécessaire de changer ou de mettre en place.

A priori, un petit enfant en bonne forme a peu de raisons de vouloir casser, abîmer... S'il le fait, c'est bien souvent qu'il ne l'avait pas prévu. S'il garde une bonne image de

> Plus on laisse un enfant agir et « vivre » lui-même, dans le contexte de sécurité et d'amour que nous avons décrit précédemment, plus il a de chances de pouvoir libérer son dynamisme et son désir de grandir.

lui, une relation positive avec nous, il est dans les meilleures conditions pour essayer de ne pas recommencer et pour agir d'une manière coopérante. D'ailleurs, dans cette situation, l'enfant est souvent vexé de sa bêtise : ce n'est pas d'être grondé dont il avait besoin !

D'une façon générale, en tant que parents, essayez d'être légers dans la relation, sans trop de « vas-y ! », « bravo ! », « encore ! ». De cette façon, vous le bousculez plus souvent que vous ne l'aidez. Un peu plus à distance, il aura aussi moins de raisons de s'opposer pour « éprouver » son autonomie.

Il faudra de temps en temps vous battre pour que votre entourage le respecte et n'en fasse pas un jouet.

Alexandre prend son repas assis sur sa chaise haute, entouré de ses parents et de trois de leurs amis. Chacun a envie de lui parler et de le faire rire, puis on le gronde parce qu'il souffle au loin l'eau qu'il vient de boire. Il mange correctement quelques cuillerées. Quelqu'un lui en fait le compliment ; aussitôt il gesticule à nouveau, refuse qu'on l'aide à manger le petit-suisse et pousse des cris que chacun trouve très amusants. On l'écoute. Il jette alors sa cuillère par terre pour faire rire encore ; mais il est grondé à nouveau et ne termine pas son repas.

Situation fréquente mais à éviter, naturellement !

L'apprentissage du danger et des lois physiques

Interdire à un enfant de toucher la casserole qui est sur la cuisinière et le gronder dès qu'il s'en approche n'est pas suffisant pour lui apprendre à être prudent. À l'âge où il commence à se déplacer, vous pouvez l'aider à sentir lui-même la sensation désagréable qu'il y a à trop s'approcher de la casserole qui est sur le feu. Il se méfiera ensuite et sera plus prudent que si vous lui interdisez seulement de s'approcher. Et vous pouvez utiliser les petites expériences qui se produisent.

La maman d'Audrey, 17 mois, sert la purée bien chaude dans la casserole. Celle-ci passe un peu près de l'enfant qui, voulant voir ce qu'il y a à l'intérieur, pose son doigt sur le bord ; elle le retire aussitôt et pleure. La brûlure est sans gravité, mais Audrey a eu mal et sa maman en profite pour lui expliquer : « Tu vois ce que c'est que de se brûler, cela peut faire très mal. » Elle lui montre les autres objets qui peuvent également brûler de cette façon. Les jours suivants Audrey vient dans la cuisine, montre la cuisinière du doigt, dit : « C'est chaud, ça brûle, ça fait mal. »

Il n'y a pas besoin de lui interdire de toucher les casseroles, elle a fait l'expérience que c'était douloureux et n'a aucune envie de se faire mal: elle s'éloigne d'elle-même.

Ce qui n'évite pas, bien sûr, **toutes les précautions indispensables**, car les enfants, tout à leurs jeux, peuvent très bien oublier ce qu'ils ont appris de cette manière. Ils ne peuvent pas encore être réellement prudents, et notre travail d'adulte est de les protéger. Mais eux, pendant ce temps, font un apprentissage solide basé sur leur expérience à eux.

Si vous pique-niquez près d'un buisson de ronces, vous pouvez interdire à votre enfant de 20 mois de s'en approcher et le retenir chaque fois qu'il le fait. Vous pouvez aussi lui montrer les épines qui piquent, les lui faire sentir doucement… Gageons que votre repas sera plus tranquille dans le second cas: il n'aura pas envie de se faire mal, alors que dans le premier cas il serait très amusant de vous faire intervenir souvent… Ensuite, c'est son affaire. Et s'il y va quand même? Pourquoi voulez-vous l'empêcher de se piquer un peu? Ce ne sera pas bien grave et il aura appris quelque chose d'important.

Ne lui évitez pas toujours ces épisodes qui, justement parce qu'ils sont un peu désagréables et non dangereux, sont très formateurs pour lui. Il fait l'expérience de la conséquence de ses actes, il commence à expérimenter la responsabilité auprès de vous, sans danger pour lui. Pourquoi attendre qu'il soit sur une moto pour le lui faire comprendre? Ce sera beaucoup plus dangereux pour lui et pour les autres.

Ainsi, **les petites expériences douloureuses sont utiles** pour permettre à un enfant de connaître ces sensations qu'il ignore encore: « très chaud, piquer, couper, casser la jambe ». Il n'en a aucune représentation précise. S'il est tombé d'un fauteuil et s'est apparemment fait assez mal, vous pouvez en profiter pour lui montrer que cette échelle est beaucoup plus haute (ou bien le mur, l'escalier) et que, s'il en tombait, il se ferait encore beaucoup plus mal… C'est pour cette raison que vous lui dites de faire attention, de ne pas se précipiter dans l'escalier, etc.: « Tu vois ce que je t'avais expliqué et pourquoi je ne voulais pas que tu joues avec cet objet. » Ou: « Je ne t'avais pas expliqué, tu ne savais pas, maintenant tu te rappelleras, regarde bien. » Ensuite, lorsque vous voyez l'enfant à nouveau tenté par cet objet, vous pouvez lui rappeler son expérience douloureuse, sans gronderie ni interdiction, simplement sous la forme d'un rappel: « Tu te souviens qu'avec ce marteau tu peux te faire très mal. » Mais c'est souvent lui qui s'en rappelle: « A fait mal, Nani a pleuré! »

Si vous ne donnez pas d'explication, l'intelligence est « court-circuitée ». Et il a en plus une mauvaise image de lui-même ou le sentiment que c'est vous qui avez une mauvaise image de lui, que vous êtes fâché(e) contre lui; il se sent seul émotionnellement et triste. C'est alors qu'il se précipite sur une autre chose défendue et enchaîne les bêtises. On dira: « Il s'en moque, il ne veut rien comprendre », alors que c'est exactement le contraire qui se passe. Si, en revanche, vous expliquez, il pourra peu à peu intégrer ces notions, les faire siennes. On dit qu'il les « intériorise » : il y croira de l'intérieur et non plus parce que vous êtes là[1].

C'est ainsi que le petit Jacques, 2 ans et 3 mois, se promenant à la montagne, crie à sa maman : « T'approche pas du bord, maman, tu vas tomber, tu vas casser la jambe. » À la même époque, il fait des difficultés pour dormir le soir et se relève de son lit plusieurs fois de suite.
Un jour, son père lui promet de l'attacher dans son lit, puis effectivement l'attache puisque Jacques s'est encore relevé. Deux jours après, alors que Jacques joue avec son train, sa maman voit la poupée. C'est le soir, elle demande : « Et la poupée, est-ce qu'elle dort dans son duvet ? » Jacques continue à jouer et répond : « Oui, tu la couches, si elle sort, ze l'attache. »
Indépendamment de la discussion à laquelle pourrait prêter cette idée sans doute maladroite d'attacher l'enfant, on voit comment les enfants s'identifient aux adultes, s'approprient leurs paroles ou leurs actes et les reproduisent comme une évidence.

Il n'y a donc pas à donner d'explications fantaisistes pour rassurer un enfant aux prises avec la réalité, comme « méchante, la table » parce qu'il vient de se cogner, il n'y a pas à taper la table en question comme si c'était elle qui était fautive alors que, dans la réalité, c'est lui qui n'a pas regardé, qui a mal évalué la distance ou qui n'a pas pu contrôler son mouvement.
Au contraire, quand un enfant s'est fait mal, essayons de revoir avec lui ce qui s'est passé : il a couru trop vite près de la table et son oreille a cogné l'angle... On peut toucher cet angle qui dépasse, toucher le bois ; le plus souvent, il est intéressé par l'explication et les pleurs cessent rapidement. On fait toujours intervenir l'intelligence... Car votre enfant est intelligent, il veut connaître, expérimenter. « Il n'y a que la vie réelle qui puisse avoir un effet éducateur réel », a écrit Anna Tardos dans des textes de Lóczy. Nous verrons plus loin qu'il y a parfois des messages à comprendre dans ces comportements. Il est utile pour nous – et réconfortant pour tout le monde – de penser que de toute expérience douloureuse, de toute bêtise même, on peut tirer un enseignement...

Les interdits quant aux personnes

Nous avons parlé jusqu'ici des interdits concernant les objets, mais il y a également les interdits concernant les personnes : « On ne doit rien faire à quelqu'un d'autre qui soit désagréable ou douloureux. » On pourra même bientôt, à l'inverse, lui transmettre l'idée qu'il peut prêter, donner, consoler...

---

1. Ceci n'exclut pas ensuite la fermeté.

Mais on est bien embarrassé lorsqu'on voit son enfant de 10 mois frapper un petit copain, lui mettre du sable dans les yeux ou le taper avec un bâton par exemple ! Là encore les petits ne peuvent pas, dans un premier temps, se rendre compte qu'ils font mal à l'autre et, s'ils font mal, que c'est ennuyeux… L'autre pleure, mais il n'est pas encore clair dans leur esprit qu'ils sont la cause de ces pleurs et ils ne voient pas ce qui, dans leur geste à eux, est la cause des pleurs de l'autre enfant. Ensuite, ce pouvoir dont ils prennent conscience est bien intéressant. L'autre va-t-il continuer s'ils recommencent (de même qu'ils vont taper un grand nombre de fois le cube contre le mur ou la vitre pour écouter les sons produits…) ? Et, s'ils tapent ailleurs, est-ce que l'effet sera le même ? Il peut y avoir beaucoup de jubilation dans la découverte de ce pouvoir, et beaucoup de rage contre ces adultes qui les empêchent de faire quelque chose d'aussi passionnant.

◆ **Pourquoi arrêter parce que l'autre pleure ?** Cela peut-il être une raison suffisante pour des enfants entreprenants et pleins d'énergie de 10-12 mois (parfois plus ou moins) ? Nous n'avons pas le pouvoir de deviner exactement ce qui se passe dans la tête de ces enfants, mais nous pouvons concevoir que, pour eux, c'est une expérience passionnante et difficile à interrompre. Ils ont donc besoin que l'adulte intervienne d'une manière claire et précise : « On n'a pas le droit de faire mal » : c'est interdit, comme pour les boutons de la cuisinière ou du magnétoscope…

◆ **Comment aider un tout-petit à se rendre compte de la « souffrance » qu'il cause ?** Ce n'est pas toujours simple. Reproduire le geste fortement sur lui, surtout si nous sommes fâchés, n'est sûrement pas la bonne méthode puisque l'adulte fait le geste qu'il interdit. Quand on sait la force de l'identification chez les enfants, il ne faut pas s'étonner des suites possibles.
Nous pouvons le faire calmement, sans colère, comme une réelle information : « Regarde, je vais te montrer ce que ça fait pour que tu saches. » D'autres vous conseilleront que ce soit l'enfant lui-même qui se pince ou se morde pour se rendre compte… Chaque parent choisit, me semble-t-il.

> Comme pour tous les autres apprentissages, un enfant a besoin d'une information compréhensible et de temps pour réussir à se contrôler.

Ces informations peuvent être encore insuffisantes pour que certains enfants décident de contrôler leur main ou leur pied et y réussissent. Ils peuvent en faire un jeu, une occasion de s'opposer. Il y faut la détermination, la patience, le soutien… de l'adulte. Les petites punitions peuvent être une aide quand elles ne donnent pas à l'enfant une mauvaise image de lui.
Dans le témoignage figurant dans l'encadré suivant, l'enfant n'est pas victime passive et/ou douloureuse, et il est aidé par des adultes qui n'ont plus comme seule réponse le « défends-toi » ; il lui est proposé d'autres réponses que celles qui entraînent si facilement la spirale de la bagarre. Il peut se poser comme une personne à part entière qui prend sa place et qui la met en évidence ; il y a égalité

Un enfant qui mord ou qui frappe

Marie-Dominique Fabre, directrice d'une crèche, raconte:

« Les enfants de la crèche savent qu'ils ne doivent pas frapper, mordre, faire mal… Mais, pour certains, c'est long à intégrer. Lorsqu'un enfant en a frappé un autre par exemple, nous essayons de voir avec lui ce qui s'est passé. Souvent, en même temps, je prends avec mes mains les siennes, ou son pied, sa bouche, et je lui parle: "Tes mains (ou tes pieds, ou ta bouche…) sont très coquines aujourd'hui, elles embêtent les copains qui ne sont pas d'accord, et moi non plus, je ne suis pas d'accord avec ce que tes mains ont fait… Alors je les tiens pour qu'elles ne recommencent pas…" Je suis en quelque sorte le porte-parole de cet enfant, je l'aide ainsi à se rendre compte qu'il peut commander ses mains (ses pieds, sa bouche…) et que ce n'est pas lui qui est "mauvais", "méchant".

Parfois, je parle aux mains. Après un court instant, je leur demande si ça va mieux, si elles sont capables de se retenir, de ne pas recommencer… J'explique aux mains pour quoi elles sont faites. Si c'est un petit qui n'a pas encore la parole, j'énumère pour lui; si c'est un plus grand, on le dit ensemble, souvent sous forme de jeu. Ainsi, l'adulte établit un contact proche avec l'enfant – qui est peut-être aussi ce qu'il recherchait – tout en manifestant sa désapprobation.

Le plus souvent, nous allons voir l'enfant agressé, car il est important aussi de penser à lui et de lui parler: "Tu as raison d'être fâché… pas content… en colère." Nous l'engageons à le dire avec des mots: "Va lui dire que tu n'es pas d'accord, que tu es fâché, en colère, que tu as du chagrin… que tu ne veux pas qu'il prenne ton doudou." Et, s'il a du mal, on peut l'aider: "Tu sais parler, tu peux le dire, toi… Qu'est-ce que tu veux lui dire? Comment tu peux lui dire?" (Observer, écouter si possible ses réponses…: il peut avoir des gestes, des modes d'expression auxquels nous ne pensons pas.) »

entre les deux et non un plus fort et un moins fort, malgré les expressions différentes, et il peut ainsi ne pas être enfermé dans l'émotion ressentie. S'il est trop petit pour s'exprimer avec des mots, l'adulte peut parler à sa place: « Jordan te dit qu'il n'est pas d'accord… ou pas content. » Cette suggestion est extrêmement précieuse, car elle ne nie pas le conflit mais le situe sur le plan d'un dialogue où chacun a totalement sa place. Elle peut éventuellement entraîner des actes de réparation: rendre le jouet ou en prêter un, dire pardon, faire un geste… Les enfants apprennent par les faits et les actes qu'il y a une autre réponse à la violence que la violence. Plus tard, au calme, on peut parfois reparler de la situation vécue, mais c'est sur le moment, quand l'émotion est vive, que l'aide de l'adulte est le plus utile…

Ce type de réponse peut servir dans bien d'autres situations, par exemple celle où un enfant a cassé le jouet d'un autre par colère ou sans le faire exprès… ce qui est fréquent dans une famille. Il est évident que le propriétaire n'est pas content, et l'engager à le dire lui-même, avec des mots pour exprimer sa colère, lui évite de se vivre soit en agresseur à son tour, soit en victime passive. Si ces situations sont fréquentes, l'accumulation de ressentiment peut ressortir plus tard sous forme de désirs de vengeance et/ou de comportements violents. Le fait de réparer fait mieux prendre conscience, en outre, que les actes ont des conséquences bien réelles : l'enfant peut l'éprouver concrètement, en même temps qu'il se rend compte que réparer redonne la sécurité et le plaisir de la relation.

Apprendre à attendre

La plupart des enfants manifestent très fort leurs envies et, s'il est utile de les entendre, d'en parler, de se les représenter avec eux, ce n'est pas pour cela qu'on va les réaliser, et encore moins tout de suite. Quand nous pensons : « Il fait un caprice », c'est souvent nous qui lui donnons ce sens.

Si très tôt un enfant peut **se représenter dans l'imaginaire** cette auto, ce bonbon dont il a envie, il développera cet imaginaire et sera moins à l'affût de ce qu'il pourrait posséder, moins exigeant, donc sans doute plus heureux ! « Hmmm, ce bonbon, il serait gros et rose », et les yeux brillent. « Et ce camion que tu voudrais dans la vitrine, qu'est-ce que tu en ferais ? – Il roulerait dans le sable… etc. » (les catalogues des magasins ou de vente par correspondance peuvent être très utiles…). Très souvent, quand on a fait vivre cet objet dans l'imaginaire, l'envie disparaît. L'enfant lui-même parle d'autre chose alors que nous, adultes, devant la force apparente du désir, nous étions déjà en train de nous demander quel prétexte nous allions trouver pour le lui offrir[1] !

Nous répondons souvent trop vite à des demandes pressantes **en apparence**, dont nous devons savoir :

- qu'elles ne correspondent pas à un besoin ;
- et que nous ne rendrons pas l'enfant heureux en les satisfaisant.

Nous savons bien que les enfants comblés d'objets matériels ou d'activités immédiates deviennent insatiables, alors pourquoi beaucoup d'adultes ont-ils autant de mal à résister ? Manque de réflexion, de maturité, de force personnelle, de confiance en eux souvent et en ce qu'ils donnent réellement à cet enfant ? Si vous vous reconnaissez là, n'attendez pas, réfléchissez à ce que vous donnez en amour, en moments de jeux et de découvertes, en… vie à cet enfant. C'est sans doute beaucoup. Si c'est insuffisant, c'est là qu'il faut rectifier, et non par des satisfactions matérielles qui seront toujours illusoires et qui peuvent vous rendre à tous la vie de plus en plus difficile.

1. Vous observerez que c'est de plus en plus vrai au fur et à mesure que votre enfant grandit.

Les moments difficiles

Malgré toutes ces attentions, il restera bien des moments ou des périodes où le petit enfant est difficile, opposant, sans que nous comprenions bien pourquoi et sans que nous sachions que faire.

Les messages que nous ne comprenons pas

Quand l'enfant n'arrive pas à se faire comprendre, il s'énerve, nous comprenons encore moins et un cercle vicieux s'enclenche.

Julien, 18 mois, montre du doigt sur la table du petit déjeuner la confiture, le café, le sucre, avec de petits cris : « Non, tu n'en auras pas, tu as assez mangé, ce n'est pas pour toi... » Sa maman pense : « Il est exaspérant, il n'est jamais content ! » Julien continue à grogner.
Le lendemain, lorsqu'il montre encore la confiture, sa maman lui dit, agacée : « ça c'est la confiture. C'est Mamie qui l'a faite. » Julien pousse un « ah ! » de satisfaction, puis il montre le pot d'à côté. « ça, c'est le café, c'est pour papa et maman. » Nouveau « ah ! » de satisfaction.

Ce que souhaitait Julien n'était pas de manger ni même de toucher la confiture, le café, le sucre, mais d'en connaître le nom et qu'on lui en parle. Tout au moins, cette manière « intellectuelle » de les appréhender lui a parfaitement convenu. Cette interprétation paraît confirmée par un autre épisode à peu près au même moment :

Il tourne autour de ce que sa maman a rapporté du marché, un peu grognon, cherchant à tout prendre. Elle lui nomme alors les légumes, montre la peau, les endroits qui piquent. Il est intéressé, coopérant, montre du doigt d'autres fruits et boîtes ; il est calme et... pas du tout gênant !

> Les enfants ont un extraordinaire besoin de toucher, de voir, d'entendre, qui est en fait un besoin de connaître.

C'est toujours la référence à l'intelligence : vouloir toucher, c'est souvent vouloir connaître. Avant de refuser, voyons donc si nous pouvons montrer l'objet de près, éventuellement permettre à l'enfant de le tenir, de le manipuler pendant que nous continuons à le tenir si c'est fragile ou dangereux. Peut-être peut-il le porter à la bouche sous notre contrôle, ou goûter si c'est quelque chose qui se mange ou qui n'est pas dangereux.
Vous verrez que beaucoup d'objets seront ensuite désinvestis. Quand l'enfant les connaît, il en a « assez vu » et il s'intéresse à autre chose. Mais, tant que nous n'avons pas compris, il continue à se manifester de manière fort désagréable !

Il restera sans doute des objets qu'il persistera à réclamer alors qu'on ne peut les lui laisser : il n'a pas encore la capacité de contrôle suffisante par rapport à eux. Mieux vaut peut-être les soustraire à sa vue pendant une certaine période et les ressortir un peu plus tard, lorsqu'il sera plus fort.

Françoise Dolto me disait un jour : « Il faudrait dans chaque famille faire “un jour où l'on touche à tout”. Un jour où l'on décroche les tableaux et où l'on regarde les ficelles et ce qu'il y a derrière ; un jour où l'on peut toucher les pendules qui sont aux murs, les objets fragiles, les bibelots, etc. On montre à l'enfant et on lui explique. Beaucoup d'objets, étant ainsi connus, ne suscitent plus de désir particulier. »

Je ne sais si de cette manière on permet à un enfant de développer son intelligence, mais on perçoit bien comment on le met dans la situation de l'exercer. Il ne pensera pas qu'il existe des choses mystérieuses, inaccessibles, interdites, dont on ne parle pas, dont on ne connaît pas le nom ni l'utilité.

Son expérience va être que l'intelligence, la curiosité peuvent toujours s'exercer. Il va aussi percevoir la différence entre :

- connaître, savoir par l'intelligence, le langage ;
- toucher, manipuler, ce qui par contre n'est pas toujours possible.

L'activité intellectuelle, le désir de compréhension et de connaissance ne comportent pas d'interdits. S'ils ne sont pas satisfaits dans ce domaine, les enfants peuvent soit inhiber un peu leur activité intellectuelle, soit au contraire vivre dans une revendication permanente, ce que l'on traduira à tort par « il est exigeant, il veut tout », en l'attribuant faussement à leur caractère.

L'ennui

Il est fréquent aussi qu'un enfant revendique, soit « crampon » ou hargneux parce qu'il s'ennuie ; il n'a pas pu trouver tout seul une activité qui lui corresponde.

> *Pierre, 17 mois, est désagréable, grognon, touche-à-tout. Son comportement change quand sa maman lui propose d'apporter son tabouret près de l'évier et de laver la salade. Il se lance dans cette activité puis dans l'exploration d'un ouvre-boîte ; il est complètement absorbé par cette occupation et le calme redevient total.*
>
> *Deux enfants sont en conflit : le grand frappe le petit sournoisement. On se rend compte qu'il s'ennuie et régresse au contact du plus jeune… La personne qui est là improvise une construction avec des planches et des cageots sur lesquels ils peuvent grimper. La gymnastique est un peu compliquée pour le grand, qui se lance et se désintéresse du petit, lequel cherche tout de suite à imiter son copain. La dispute cesse aussitôt.*
>
> *À la crèche, dans le groupe des 10-15 mois, Olivier inquiète les adultes. Il ne s'intéresse pas aux jeux « éducatifs » disposés sur les étagères et se cramponne sans cesse à l'auxiliaire, qui ne sait que faire pour lui. Pendant un week-end, la directrice installe dans la pièce un meuble à grimper avec échelle, petit*

toboggan, etc. Le mercredi suivant, je ne reconnais pas Olivier, qui n'arrête pas de grimper, de glisser, de se laisser rouler avec un regard vif et pétillant. Sans doute avait-il besoin d'activité pour son corps tout entier...
Souvent l'enfant est difficile parce qu'il ne trouve pas d'occasions suffisantes pour investir ses possibilités du moment.

On constate la même chose dans les familles ; les enfants qui protestent et qui paraissent difficiles sont souvent des enfants riches et pleins de possibilités... mais qui ne trouvent pas à les investir : preuve que le dynamisme a besoin de s'exprimer. À l'inverse, d'ailleurs, l'agitation peut venir de ce que l'on demande trop ou trop tôt : preuve que chacun a besoin que l'on **respecte son rythme** !

Le malaise physique ou la faim

Ils peuvent rendre certains enfants hargneux et difficiles.

Il est 19 heures, Jacques, de mauvaise humeur, touche les objets sur la cheminée, grimpe sur les fauteuils, ce qu'il ne fait pas habituellement. Sa maman se fâche, ne pensant pas à lui donner encore à dîner puisqu'il a abondamment goûté vers 18 heures. Elle finit par le mettre à table à 19 heures 15. Jacques mange volontiers. Aussitôt après avoir dîné, il est détendu, coopérant, comme il est le plus souvent : il avait faim ou du moins besoin de manger... On oublie souvent que les rythmes de repas sont importants chez les enfants, et qu'ils peuvent avoir faim à l'heure habituelle alors qu'ils ont mangé peu de temps auparavant.

Certains enfants sont insupportables sans raison apparente mais présentent le lendemain une forte fièvre : un problème digestif, une rhinopharyngite...

La qualité de la relation entre l'adulte et l'enfant

Elle intervient souvent sur l'humeur de l'enfant. Lorsqu'il se sent mal à l'aise, mécontent, triste, voire en colère, il refuse ce qui semble devoir faire plaisir à la personne qui est avec lui. Il est vrai que, certains jours, les enfants se réveillent de moins bonne humeur que d'autres, mais il est fréquent aussi que ce soit notre propre humeur qui les influence !
Quand nous sommes détendus nous-mêmes, contents de nous ou de ce que nous sommes en train de faire, ils sont plus souvent calmes, autonomes, et jouent assez longtemps seuls. En revanche, lorsque nous sommes énervés, soucieux, mécontents de nous-mêmes, nous supportons mal la moindre incartade, nous grondons : ils sont alors mal à l'aise, commencent à toucher à tout, nous font marcher, refusent ce que nous proposons, etc. Nous leur répondons avec impatience et c'est la spirale.

La maman de Julien a sorti sa machine à coudre pendant la sieste, mais Julien se réveille plus tôt que d'habitude. Il est alors fasciné par la machine, la regarde de près et a très envie d'y toucher. Sa maman s'énerve, pense qu'elle aurait dû commencer cette robe plus tôt dans l'après-midi. Elle s'en veut et rejette son mécontentement sur Julien, qui touche la boîte d'aiguilles et les ciseaux. Elle le gronde. Il éclate de rire, se cache sous la table, fait mine de jouer, se relève et vient s'asseoir très sérieusement auprès de sa mère. Elle ne dit rien. Discrètement il la regarde, il tire un morceau de tissu, la nargue. Elle se met en colère, le prend et le met dans la pièce à côté. Il pleure.
Sa mère sait très bien que, si elle avait été dans d'autres dispositions, elle aurait calmement donné la boîte de boutons ou deux ou trois morceaux de tissu avec lesquels Julien aurait joué calmement. « Chaque fois que je suis de mauvaise humeur contre moi, Julien me fait marcher », dit-elle.
Elle sait bien que dans ce cas le plus utile est de s'interrompre et d'aller jouer avec le petit garçon, de regarder un livre ou de participer à une autre activité qui lui plaise. Le courant passerait à nouveau entre eux, ils se retrouveraient bien l'un avec l'autre, Julien se détendrait, elle aussi, et chacun pourrait reprendre ses activités.

C'est donc à l'adulte de s'arrêter : « Voyons, qu'est-ce que je suis en train de faire ? » Que se passe-t-il ? Respirons, allons un moment chacun de notre côté, puis, le calme un peu revenu en nous, nous allons pouvoir l'aider, inventer quelque chose pour rompre le mouvement.
C'est là, je crois, que le terme actuel de « brancher » convient fort bien. L'enfant a probablement besoin de se rebrancher sur vous. Alors que la réaction première serait souvent de le gronder, elle augmenterait la distance, le vide qu'il ressent entre vous et lui-même : les bêtises continueraient à un rythme plus rapide.

> Se sentir mal à l'aise, seul, revient souvent pour un petit enfant à se sentir non aimé.

Au contraire, après cet instant de recul, vous interromprez votre activité pour prendre un court moment avec lui : un livre que vous regarderez, un jeu avec le garage, des petits câlins où vous ne penserez qu'à lui, etc. Presque toujours vous le verrez se recharger, se rebrancher sur vous. Il est probable qu'il reprendra peu après un comportement plus autonome, plus tranquille – et que vous, vous pourrez vous remettre à votre activité. Avoir ou faire confiance, retrouver du plaisir...
On voit bien, dans le cas contraire, comment s'instaure un comportement difficile qui, même s'il ne devient pas habituel, peut du moins empoisonner toute la journée ou la soirée... Fréquemment répété, ce comportement de l'enfant va conduire à dire : « Il est dur. » On ne sait plus comment répondre, on se laisse emporter par le ton réprimande-gronderie, c'est un cercle vicieux. Alors, l'enfant peut devenir effectivement difficile, opposant, etc.

Nicolas, un petit garçon de 3 ans très agité, revendicateur, réputé pour faire des bêtises, suscite le commentaire suivant: « Il est dur! Heureusement, il a un cœur d'or. » On s'aperçoit que sa maman est débordée par un grand nombre d'activités; le père, très absorbé par un travail qui le passionne, ne peut s'occuper de son fils. Il semble que le petit garçon manifeste par son attitude une quête affective qui risque de devenir un trait de caractère.
À 2 ans, on disait déjà de lui: « C'est un dur. » On ne fait pas la différence, pourtant toujours nécessaire, entre ce que l'enfant est et son comportement.
On peut penser qu'il se sent en quelque sorte abandonné et que son tempérament riche et fort se rebelle dans une quête pour susciter l'intérêt. Le punir ne le conduit qu'à se sentir encore plus abandonné, encore plus loin de cette mère qu'il adore et avec laquelle il voudrait tant s'entendre. Bien sûr, lui n'en est pas conscient, seuls ses parents peuvent briser le cercle et rétablir le courant. Lui se sent seulement insatisfaisant, il est donc blessé dans son estime de lui. S'il n'est pas « bon », ses parents sont fâchés, donc l'aiment moins ou ne l'aiment pas... Angoisse qui explique le malaise, le comportement difficile, etc.

L'opinion que l'adulte a de l'enfant

Un enfant est très sensible à l'opinion que l'adulte a de lui. Les observations en crèche nous ont beaucoup appris à propos d'enfants qui avaient un comportement désagréable.

Ce fut le cas de Jérôme, dont on ne pouvait rien dire: il ne faisait rien, il « chouinait » toute la journée. Lors d'une réunion du personnel, chaque auxiliaire a recherché ce qu'elle avait pu observer de ce petit garçon. On a ainsi découvert qu'il jouait quand même parfois avec de petites autos bleues en les promenant sur les radiateurs, et qu'il affectionnait particulièrement la petite Charlotte; c'était très discret et passé inaperçu jusque-là. Lors de la réunion suivante, huit jours après, tout le monde avait été frappé du changement de comportement de Jérôme, qui s'était animé et avait commencé à avoir des activités plus variées, plus intéressantes.

C'est là une observation très fréquente: lorsqu'on commence à s'intéresser davantage à un enfant jusque-là insatisfaisant, il change de comportement. Cela montre bien que c'est le malaise dans la relation – un vide peut-être – qui provoque le repli de l'enfant sur lui-même: il devient opposant ou désagréable par réaction. Si l'adulte modifie son regard, l'enfant change.

Carole, 2 ans et 8 mois, était considérée à la crèche familiale comme peu sympathique et décevante. Elle souriait peu; contrairement aux autres enfants, elle ne venait jamais vers les deux puéricultrices lors de leurs visites hebdomadaires. Celles-ci, dans le cadre de leur travail de réflexion, ont décidé

de s'intéresser particulièrement à elle. Elles ont donc passé plus de temps avec l'assistante maternelle, pour suivre davantage Carole dans ses activités et son comportement en général, mais sans rien faire de plus avec elle.
Le comportement de la petite fille a changé presque immédiatement : sans être vraiment enjouée, elle est devenue plus souriante, montrant ses jouets et tendant sa joue par exemple.
« Avoir vécu cette expérience a changé notre manière de travailler et de voir les enfants », ont dit les deux jeunes femmes et l'assistante maternelle…

À la maison, c'est la même chose : nous avons parfois un gros travail personnel à faire quand notre enfant ne correspond pas à ce que nous attendions, quand certains traits de son caractère nous surprennent désagréablement alors que l'enfant de nos amis a telle ou telle qualité. Il est parfois difficile d'accepter notre enfant comme il est, dans toutes ses particularités…

Des parents actifs ont un petit garçon lent, rêveur, qui passe de longs moments à contempler un objet et qui donne l'impression de « perdre son temps ». Ils éprouvent une déception, une pointe d'inquiétude en voyant l'enfant de leurs amis construire déjà une maison avec ses gros Lego.

De loin, il est facile de dire : « Il faut respecter chacun ; on aime ses enfants comme ils sont. » Dans la pratique, nous sommes parfois vexés ou inquiets, nous nous demandons si c'est un trait de caractère ou un défaut dans lequel nous aurions notre part de responsabilité… Et c'est parti, nous nous faisons des reproches ! Chaque parent réagit très intimement et secrètement. Il n'en reste pas moins que l'opinion que nous nous faisons de notre enfant influencera largement le développement de celui-ci.
Un enfant un peu bagarreur ou qui ne suscite pas d'emblée la sympathie devra trouver auprès de ses parents ou d'une autre personne bienveillante un avocat qui fera ressortir des traits de son caractère plus cachés peut-être, mais tellement bons.

Cyril, 3 ans et demi, en classe depuis trois mois, n'y fait pas grand-chose. Quand sa maman apporte des « dessins » faits à la maison, décrit quelques-uns de ses jeux, la maîtresse est agréablement surprise ; elle le voit d'un autre œil.
Le petit garçon, évidemment présent quand sa maman a montré ses dessins, doit se sentir réconforté. Son comportement a changé les jours suivants.

Avec du recul, nous nous apercevons que nous avons à faire un travail de découverte humble de cet enfant qui est le nôtre et que, en fait, nous ne connaissons pas ou bien peu encore… Ce qui est souhaitable, c'est qu'il devienne ce qui lui correspond le mieux et non ce que nous voudrions. Rappelons-nous Bettelheim : « Permettre à l'enfant de découvrir la personne qu'il veut être, grâce à laquelle il pourra être satisfait de lui-même et de sa façon de vivre. » C'est là une conception sans doute assez

> Un petit enfant doit souvent lutter entre son désir de correspondre à ce que les adultes attendent de lui et ce vers quoi l'attirent ses désirs, c'est-à-dire sa nature profonde…

évidente pour certains parents et étrange pour d'autres (selon la réalité « intérieure » de chacun) mais qui, de toute façon, n'est pas si facile à mettre en application !
Tout enfant a besoin d'être aimé, ce qui ne signifie pas pris dans les bras, embrassé, gâté, mais apprécié tel qu'il est, reconnu dans ce qu'il est. Il a besoin que l'on soit content de lui et intéressé par ce qu'il fait. Il se sent alors « bon », « satisfaisant ». La relation avec l'adulte devient positive, le courant circule ; détendu, il a envie de vivre bien. Il a moins besoin de s'opposer, de faire des bêtises.
L'enfant qui sait qu'il a fait une bêtise, ou qui vient d'être grondé de façon dure, se sent rejeté, est mal à l'aise, tendu, c'est-à-dire dans les dispositions parfaites pour refaire une série de bêtises.

Nabib tire les cheveux de Cécile, la pousse par terre pour prendre son camion. Il est grondé par un adulte présent, repoussé plus loin. Il hurle, prend le cube le plus proche, le jette rageusement au loin, donne un coup de pied à un autre enfant. L'éducatrice le prend alors, lui dit gentiment et fortement qu'il n'avait pas le droit de faire ça, mais qu'il est un très gentil petit garçon, qu'elle l'aime beaucoup… Il pleure un moment encore puis se détend et accepte un autre jeu qu'elle lui propose.
Julien, 3 ans et demi, participe au jeu de boules et par maladresse envoie le cochonnet par-dessus le mur. Il se fait gronder très fort et il est prêt à faire une colère, à tout jeter par terre. Sa maman discute avec lui : là, il a fait une bêtise, mais avant, il avait très bien joué ; une fois, il a même gagné ; il devient grand, etc. Il a encore de gros sanglots puis s'apaise… il a fait une bêtise mais il n'est pas un mauvais garçon. Si on n'avait insisté que sur le côté bêtise, la colère aurait continué, expression de sa souffrance et de sa blessure de n'être qu'un tout petit garçon qui ne sait pas jouer aussi bien que les autres, et qui en plus devient « mauvais ».

Tous ces exemples montrent comment l'incompréhension peut précipiter un petit enfant riche et sensible dans l'opposition, et assez vite dans ce qu'on appelle les troubles du caractère…
Nous, adultes, avons donc beaucoup plus à l'accompagner qu'à le gronder. Même s'il fait beaucoup de bêtises, nous devons reconnaître tous ses efforts sans pour autant nous croire obligés de tomber dans l'affectation : les « oh, que c'est bien ! », « tu es grand ! », « c'est formidable ! » qui sonnent faux quelquefois… Restons naturels et vrais, comme si nous parlions à un adulte.

La manière de le dire

Un nouvel exemple peut encore illustrer ce principe. Une subtilité de langage traduit une attention à l'enfant lui-même et peut l'aider à développer une autonomie intérieure. Ainsi, dès qu'il a retrouvé sa balle, fait deux pas ou construit une tour, vous pouvez lui dire : « C'est bien ! » Ou bien, alors que vous êtes intérieurement content(e) de lui après le même exploit, vous pouvez partager cette satisfaction avec lui : « Tu es content ? »

Sentez-vous la différence ? Dans le premier cas, vous posez un jugement d'après « vos » normes (ce que vous devrez faire plus tard, quand il apprendra à compter par exemple). Dans le second, vous le renvoyez à lui-même et à son propre plaisir. Ainsi, il accomplit des efforts pour se faire plaisir à lui-même (encore acquérir confiance en lui et fierté) autant, ou plus, que pour vous faire plaisir à vous.

Valoriser le positif

Montrons notre intérêt pour la construction faite, la poupée qui dort, les oiseaux que l'on peut écouter chanter… Intéressons-nous réellement à ce qu'il a fait, à ce qu'il a découvert de « bon » ; c'est de cela que nous parlerons avec lui ou avec les autres devant lui. Il aura ainsi plus de chances de désinvestir ce qui est interdit ou dangereux. Et, comme son champ d'intérêt s'élargit très vite, il sera attiré par autre chose. Sinon, nous contribuons à le fixer sur ce qui est interdit…

> ***« Il fait toutes ces bêtises pour attirer l'attention ! »*** est une explication si fréquente.

C'est sans doute que ça marche, sinon il ne continuerait pas… Alors vous, à quoi ferez-vous attention ? Dire « ça ne m'intéresse pas » et partir en laissant l'enfant seul un petit moment est souvent plus efficace que de longues gronderies ou punitions…

En revanche, vous pouvez parler longtemps d'une réussite nouvelle, garder une réalisation pour la montrer au papa (à la maman) le soir, etc.

Quelques idées peuvent aussi vous aider à valoriser votre enfant plutôt qu'à le punir ou à le rabaisser pour le faire céder.

◆ **Pensez aux exutoires possibles :** ainsi, les enfants ont un grand besoin de mouvement et même dans un appartement, les jours difficiles, on peut imaginer quelques constructions qui leur permettent de bouger astucieusement. Par exemple, mettre un escabeau près d'un canapé sur lequel ils peuvent se jeter, avec des coussins et des oreillers par terre. Lorsqu'ils commencent à avoir envie de crayonner sur les murs, fixez un tableau en leur montrant bien que, là, ils peuvent écrire et faire des dessins. Pensez aussi à ces ballons de baudruche gonflables et beaucoup plus solides qu'on ne le croit, que l'on réserve bien à tort aux fêtes ; un ou plusieurs enfants peuvent y jouer longtemps dans un appartement, se dépenser sans grand risque d'abîmer le mobilier. J'ai le souvenir d'après-midi pluvieux rendus très joyeux de la sorte.

◆ **Trouvez des idées pour le faire participer à vos activités :** faire les courses, la cuisine, le ménage, mettre le couvert, passer les outils, donc être associé à la vie des grands. L'enfant se sent à ce moment-là important, fier, donc impliqué dans une coopération, et a moins besoin de se manifester par son opposition.

La maman d'Élise, 28 mois, taille un tissu pour recouvrir une étagère. La petite fille, très soigneusement, la respiration haletante, a enlevé les assiettes et les plats qui étaient sur cette étagère puis regarde avec envie les ciseaux crantés. Sa maman lui propose de s'asseoir, lui donne quelques papiers épais et lui tend les ciseaux : « Je te les prête… »
Élise les prend avec émotion, son petit corps est comme gonflé de fierté. Elle les essaie avec une totale application. Là, ce ne sont pas des mots ou des compliments qui remplissent cet enfant…

Vous voyez là comment vos attitudes peuvent développer le côté opposition d'un enfant ou au contraire favoriser le côté désir de grandir, de s'intégrer à la vie sociale, de faire ce que vous lui demandez pour être en harmonie avec vous, ses parents.
Tous ces exemples montrent les tentatives des parents pour aider l'enfant et leurs efforts pour ne pas lui donner une mauvaise image de lui. Ne pas le critiquer ni lui dire « tu n'es pas capable », « tu es méchante », « tu n'es pas gentil ». Dans certains cas, admettez simplement que ce que vous attendiez de lui n'est pas encore possible mais le deviendra un peu plus tard. Ne vous acharnez pas !

Ne pas l'humilier

Il est évident, on l'a vu, qu'il ne faudrait jamais dire à un enfant des paroles blessantes, vexantes. Il en souffre. Si c'est fréquent, cette **souffrance** peut rester secrètement enfouie ou bien resurgir dans des comportements qui ne seront pas acceptables et qui, effectivement, entraîneront punitions, autres blessures, ressentiment, agressivité : spirale où le plaisir, l'amour et la confiance font place à la déception, à la colère, au rejet et même à la haine (nous avons bien du mal à nous l'avouer, mais qui n'en a jamais éprouvé ?).
Si votre enfant a de la force personnelle, de l'énergie, de la vitalité, ne le cassez pas ! Regardez aussi ce qu'il y a de positif dans cette énergie, dans cette vitalité. Peut-être découvrirez-vous chez lui un intérêt passionné pour le mouvement, pour la musique et les bruits, pour les événements, etc. ? Donnez un champ d'expérience, des occasions d'investissement à ce que vous découvrirez ainsi et vous verrez le versant opposition diminuer. Les enfants qui s'opposent, nous

> Il est important de dire « ta » maman... car, quand un adulte dit « maman arrive », de qui parle-t-il ? De la sienne ? A-t-on la même maman ? Soyons précis, même pour les très petits.

l'avons déjà dit plusieurs fois, sont souvent des enfants qui s'ennuient, ou dont le dynamisme proteste. Et puis, on l'a vu, évitons de parler de lui devant lui, comme s'il était un objet.

Au cours de leur travail de réflexion, des assistantes maternelles ont fait attention à la façon dont elles décrivaient la journée aux parents le soir, non plus en parlant de l'enfant, mais en l'associant à ce qui était dit : « Je raconte à ta maman ce que tu as fait aujourd'hui. Tu as joué, tu as mangé ceci à midi... »

Un peu d'humour

Et n'oublions pas l'humour, le rire ! Sachons parfois nous moquer de nous-mêmes, de nos colères comme de nos gestes de tendresse intempestifs, de nos « régressions » comme de nos moments d'intellectualisme ! Sachons rire avec nos tout-petits même après certaines bêtises. N'oublions pas de chanter, de respirer, de bouger.

Quittons avec eux un peu de nos préoccupations terre à terre et de nos trop grands désirs de bien faire. Prenons le temps de regarder la beauté des corps et des mouvements, d'écouter la délicatesse des vocalises. Un tout-petit peut nous redonner quelque chose de la vie toute simple, physique et poétique... Un peu à distance de nous, notre enfant entrera dans la vie parmi les autres avec plaisir et curiosité, avec confiance...

L'objectif n'est pas de toujours bien faire, il est de leur permettre de se construire au mieux avec leurs parents tels qu'ils sont. Ces attitudes leur donneront une (assez) bonne image d'eux-mêmes et une confiance en eux qui leur permettront d'être en contact avec leurs énergies intérieures... sans trop d'inhibitions et de doutes, d'inquiétude de n'être pas aimés suffisamment. Car l'insatisfaction de soi-même, le doute provoquent généralement un ressentiment contre les autres qui conduit à l'agressivité, voire à la haine – bien que ce soit parfois caché. **On ne peut vraiment aimer les autres que si on s'aime soi-même** (souvenons-nous de Nicolas, p. 175).

Comment l'aider

Il n'y a pas de recette magique pour aider un enfant, ce qui est utile à l'un restera sans effet sur un autre. Je ferai cependant quelques suggestions à partir de cet exemple. Il n'est jamais facile de changer d'attitude, et il est nécessaire d'y réfléchir auparavant.

◆ De courts **moments d'attention complète** peuvent aider cet enfant s'il veut bien les accepter : « Je ne peux pas m'occuper de toi longtemps, mais tu vois, avant le dîner, on peut être tout à fait tranquilles tous les deux. » Il est quelquefois très utile pour l'enfant que l'on convienne avec lui du moment où sera possible cet échange, car il peut ainsi se repérer dans la journée, attendre.

◆ Ou bien on pourra repérer **deux ou trois jeux qu'il aime particulièrement**, et petit à petit se mettre à l'écoute de son monde, essayer d'y participer sans aucun jugement de valeur mais tout simplement pour le trouver lui, tel qu'il est, se sentir bien avec lui et faire en sorte que lui se sente bien avec nous.

Il est indispensable de sortir du cercle sanction-exclusion car, comme nous le disions plus haut, le malaise de l'enfant entraîne obligatoirement des comportements d'opposition, des bêtises, etc. Au contraire, il serait sans doute nécessaire de réfléchir à l'idée qu'on se fait de cet enfant: pensons-nous qu'il est ainsi et qu'il n'y a donc rien de spécial à faire sinon de continuer à le faire obéir, ou qu'il est autre, que peut-être il souffre et qu'il y a lieu de l'aider?

L'école

Commencer l'école à cette période difficile peut s'avérer une relative catastrophe: « Il y en aura de plus forts que toi, tu seras bien obligé d'obéir à la maîtresse », à moins que l'enfant ne rencontre une alliée bienveillante dans cette maîtresse et ne trouve à investir son énergie et ses capacités.

Nous devons toujours penser que l'enfant a besoin de s'exprimer lui-même et qu'il a besoin de sentir l'estime des autres – spécialement des adultes pour lui. Selon la réponse de la maîtresse, il risque d'assimiler pour longtemps l'école à une sanction ou au contraire à un lieu intéressant.

Dans le premier cas, il peut se soumettre, investir le travail scolaire comme une façon de satisfaire ses parents, et l'on ne verra plus les difficultés sous-jacentes. Il serait pourtant bon de s'en souvenir pour comprendre certaines particularités: décharges agressives, moments de grande fatigue (l'enfant fait un gros effort pour se contrôler et réprimer ressentiment ou agressivité), attitude de censeur ou recherche de domination… qui peuvent apparaître tout de suite ou plus tard. Il s'agit de comportements de défense pour cacher ce qui est insatisfaisant aux yeux des adultes et s'efforcer de correspondre à ce qu'ils attendent. Cela nous rappelle que les petits enfants font beaucoup plus d'efforts qu'on ne le croit pour nous satisfaire.

Un père absorbé

Beaucoup de parents, et de pères en particulier, craignent de ne pas savoir, de ne pas réussir, de ne pas correspondre à ce dont l'enfant a besoin. Ils restent sur la réserve, un peu raides, et ne rentrent pas dans son domaine. Là encore, si vous faites confiance à votre enfant, c'est lui qui vous emmènera dans son monde.

Laissez-vous conduire quelque peu, détendez-vous et vous verrez que vous y trouverez, vous et lui, un certain plaisir… qui deviendra peut-être un grand plaisir.

Un exemple particulier : apprendre à être propre

Vous pourrez aussi faire confiance à votre enfant dans cet apprentissage où il s'agit surtout d'une adhésion intérieure : il ne suffit pas d'apprendre et de savoir, il faut encore « vouloir », accepter. Tout l'être est impliqué, sinon il s'agirait d'un dressage.

> Dans ce domaine également, ne demandez pas à un enfant quelque chose qu'il n'est pas encore capable de réussir : une certaine maturation physiologique est nécessaire à l'apprentissage de la propreté.

Certains d'entre vous pensent que « ça se fera tout seul » et qu'il est inutile de s'en préoccuper : position sans doute assez juste dans cette optique de confiance faite à l'enfant. Vous lui indiquez un objectif à atteindre et il y parviendra tranquillement, à son rythme. Moyennant quelques avancées et reculs, il sera tout à fait propre vers 3 ans, un peu plus tôt ou un peu plus tard, et n'aura plus jamais de problèmes à ce sujet (la propreté nocturne fait intervenir d'autres facteurs qui dépassent la « limite d'âge » que nous avons choisi d'aborder dans le présent ouvrage). Pourtant, vous serez peut-être intéressé(e) de comprendre ce qui s'est passé pendant ce temps et de savoir comment lui présenter les choses.

Attendre le moment physiologiquement possible

Pour qu'un enfant réussisse à être propre, il faut attendre qu'il puisse agir volontairement sur ses sphincters, ces muscles en anneaux qui permettent l'ouverture et la fermeture de l'anus et de l'urètre. Il ne pourra les contrôler qu'à partir du moment où les terminaisons nerveuses de la moelle épinière seront en place. Chaque enfant a son rythme, mais on peut observer que cette maturation correspond au moment où il est capable de monter debout, seul, un escalier en alternant les pieds, ce qui survient autour de 2 ans environ. Vous voyez donc à peu près quand commencer l'apprentissage.

L'apprentissage se fait par étapes

Vous le verrez alors franchir trois étapes plus ou moins concomitantes avant de parvenir au résultat que vous attendez.

◆ D'abord, il doit **différencier ses sensations** et devenir plus conscient de ce qui se passe dans son corps : la sensation du besoin, la possibilité qui existe de se retenir, le plaisir de se soulager lui-même, le bien-être qui suit. Il peut ressentir ses productions plus ou moins, ou successivement, comme un objet de fierté (quelque chose sort de son corps) ou comme une perte (quelque chose se détache de son corps) ; sensations très intimes et très intenses, qui peuvent à certains moments l'inquiéter très fort, voire l'angoisser.

Dès qu'un enfant tient bien debout tout seul, il est possible de le changer dans cette position : il suffit de s'asseoir sur un tabouret bas que le pitchounet grandissant pourra aussi utiliser pour mettre ou enlever lui-même ses chaussettes.
Ces aménagements tout simples lui permettent de faire lui-même ce dont il est capable, l'adulte n'étant là que pour « compléter ». Un tel contexte facilite l'apprentissage de la propreté, qui a toutes les chances de se situer dans la fierté plus que dans le conflit.

◆ Ensuite, il doit **devenir capable de se retenir**, de demander, de se déplacer, d'enlever sa culotte. Il faut qu'il puisse s'asseoir sur le pot sans difficulté, ne pas trop bouger dessus, etc. (choisissez un pot bien stable).

◆ Enfin, il doit **accepter ce qu'on lui demande**. Si vous attendez que son corps soit assez mûr, si vous lui présentez les choses comme l'occasion de faire comme les grands, et si vous lui donnez une information claire : « Dans ce que tu manges, une partie sert à grandir et reste dans ton corps, le reste ne sert à rien, il s'en va et on le jette », vous verrez qu'il n'y aura pas trop de difficultés.

Si vous lui montrez cet objectif comme quelque chose de valorisant pour lui, mais qui n'est ni urgent, ni une affaire d'État, ni une gloire, vous allez le voir exprimer successivement son étonnement, sa perplexité parfois, son inquiétude, son plaisir, sa fierté. Il en fera son affaire avec une grande conviction, et vous aurez sans doute l'occasion d'en ressentir beaucoup d'émotion et d'amusement !

Ce qu'il vivra, sans en être conscient, c'est que son corps est vraiment lui, qu'il en dispose entièrement. Il a le temps et le droit de dire non pour refuser la soumission passive, et de pouvoir ensuite dire oui de lui-même, librement, dans un élan personnel. Il existe à part entière. Parlez-lui, expliquez-lui, écoutez ses questions et tout ce qu'il exprime… Vous sentez la plus grande « épaisseur » de vie qu'il peut constituer à partir de cette expérience.

Il fera un grand pas dans la connaissance de lui-même et de son corps, dans son « projet personnel », décider de grandir plutôt que de rester petit, et dans sa relation à l'autre, lui faire plaisir, répondre à son attente sans se renier lui-même.

Respecter le rythme de l'enfant

Il peut ressentir une demande de l'autre sur son propre corps, sur l'intérieur de lui-même, dans ce qu'il a de très intime, de secret, de profondément lui et qu'il ne connaît pas bien encore. L'autre lui laisse-t-il le temps ou va-t-il être pressé, exigeant, l'obliger à se soumettre ou à entreprendre un combat pour défendre son besoin de décision personnelle et d'autonomie intérieure ?

En parlant du « rôle de l'apprentissage de la propreté dans le développement du sentiment d'être soi, d'être une personne de plein droit », Bettelheim écrivait ceci : « Il est vrai que, si cet apprentissage ne se passe pas bien, l'enfant peut venir à penser qu'on ne dirige pas sa vie puisque d'autres vous imposent leurs volontés, même en ce qui concerne le bon fonctionnement du corps. Aussi, nous ne devrions pas négliger la réciproque : que cette même expérience peut faire beaucoup pour convaincre une personne qu'elle se dirige elle-même, qu'elle peut avoir et qu'elle a son mot à dire dans le fonctionnement de son corps[1]. »

Notre société impose la propreté d'une part, et la précocité d'autre part (il est vrai que l'on a hâte de ne plus avoir de couches à acheter, mais pensons à nos grands-mères qui les lavaient !). Alors, bien sûr, vous n'adopterez pas cette attitude par laquelle le pouvoir de l'adulte va chercher à s'imposer, ce qu'on faisait autrefois en mettant les

1. Bruno Bettelheim, *La Forteresse vide*, Gallimard, 1969, p. 57.

bébés sur le pot avant même qu'ils ne tiennent assis, ou le plus tôt possible après, et pendant de longs moments pour être sûr d'obtenir un résultat. Cela relève plus d'un dressage ou même d'un conditionnement que d'une éducation.

Si vous insistez trop et trop tôt

Si vous le grondez très fort, il va se soumettre ou tenir tête, risquer de manifester quelques troubles, de l'agitation, des difficultés à dormir ou autres… Plus tard, il peut garder l'idée très intime (dont l'origine lui sera inconsciente) que l'autre cherche à lui imposer quelque chose qu'il ne souhaite pas, et que son corps ne lui appartient pas vraiment. Il peut garder une certaine méfiance *a priori*, un besoin de se défendre, ou au contraire une tendance à la soumission que l'on ne pensera pas à rapprocher de son éducation à la propreté – ou peut-être de l'ensemble de son éducation !

Lorsque l'apprentissage est trop précoce

Françoise Dolto évoque les conséquences de l'apprentissage précoce de la propreté par des mamans trop exigeantes :

« L'enfant ainsi contrarié, dérythmé, […] ne saura jamais ce qu'il veut faire : c'est maman qui savait tout pour le caca et le pipi […], et c'est malheureusement une métaphore de cet état qui se réalisera ensuite avec les mains, avec le corps, avec l'intelligence, pendant toute sa vie. Il aura toujours besoin d'une loi extérieure, d'appels et d'injonctions extérieures, pour lui dire ce qu'il doit faire. Car il a commencé dans la vie par ne rien savoir de lui-même : c'est sa mère qui savait pour lui…[1] »

S'il tarde vraiment à être propre

Soyez plus patient(e) et encourageant(e) que punitif(ve) et dévalorisant(e). Votre enfant, comme la plupart des autres, fait sans doute de réels efforts et il peut lui être très douloureux que ceux-ci ne soient pas reconnus. Tristesse, révolte agressive, problèmes de sommeil, diminution de la confiance en lui peuvent en découler (vous aurez peut-être à le défendre contre les exigences de votre environnement). Il y a des tempéraments riches, plus intérieurs parfois, qui ne veulent pas « se laisser faire », des actifs que ce problème-là n'intéresse pas et qui le règlent tout de suite.

Mais vous verrez que c'est souvent notre manière à nous de considérer le problème qui est en jeu. Je le répète, ne commencez pas trop tôt. Attendez qu'il soit mûr. « Ça se fera (presque) tout seul ! » Si vous essayez de vous rendre compte de la manière dont vous êtes vous-même touché(e) ou non par ses résultats, pour lui et par rapport aux autres enfants de votre entourage, vous serez un peu plus à distance, un peu

1. Françoise Dolto, *La Difficulté de vivre*, Gallimard, 1997.

> De 18 mois à 2 ans, l'enfant traverse une période sensible pour apprendre à attendre, à contrôler ses envies et ses mouvements, à ne pas laisser fuser une énergie débordante.

plus disponible intérieurement et plus détendu(e).

C'est pendant cette période que vous l'entendrez de plus en plus souvent dire « je ». Il prend bien conscience de lui en tant qu'individu séparé ! Comme il va aussi prendre conscience du fait qu'il est fille ou garçon (découverte qui s'accompagnera de réactions émotionnelles diverses), le corps des autres l'intéressera également beaucoup. Là encore, vous pouvez l'accompagner tranquillement, avec bienveillance et amusement parfois ! Soyez très respectueux(se) et formulez quelques mots tout simples : n'est-ce pas formidable d'être comme ta maman ou comme ton papa, ou comme tel ou telle qu'il aime beaucoup ?

On voit l'importance de l'aménagement de l'environnement pour que l'enfant investisse ces possibilités dans des activités motrices, manuelles, d'imitation des adultes, de fantasmatisation avec les livres et les histoires. Mais, en même temps, ce qui ne peut s'exprimer en direct dans le corps et dans les satisfactions immédiates à cause des interdits et des lois (transmis de manière ferme mais bienveillante par les adultes) peut-être imaginé, symbolisé, passer par le langage, qui se développe ainsi de façon spectaculaire à cet âge. C'est l'accès à l'état d'être humain qui commence aussi à respecter l'autre et ce qui lui appartient.

La qualité des relations de l'enfant avec ses parents et avec les personnes qui s'occupent de lui, mais aussi les attitudes intérieures et inconscientes de ces derniers sont évidemment déterminantes.

> Nous devons penser que nos actes auront des conséquences, ne soyons pas des enfants nous-mêmes. Le tout-petit intègre déjà à sa manière, avec ses capacités personnelles, ce que nous lui donnons. Il en fait quelque chose de personnel, mais c'est ce que nous lui donnons qu'il utilise.

Chapitre 7

LA SÉPARATION, histoire de toute vie humaine

« Je me suis noué au cou
Un foulard de pleine lune
Dans ma poche ai mis un bout
De pain et deux ou trois prunes.

J'ai chaussé mes gros souliers
Pris mon chapeau de tempête
Et je me suis en allé
Esprit clair et cœur en fête.

J'irai jusqu'au bout du monde
Et je rentrerai chez moi.

(Si la terre est vraiment ronde,
Le bout est derrière toi.) »

Arthur Haulot, 1990.

La séparation est le cheminement de tout être humain au cours de sa vie : passer de cette fusion, de ce bien-être indicible à l'intérieur de sa mère, à la découverte qu'on est soi, différent ; dépasser la peur puis l'inquiétude de se sentir seul ; découvrir peu à peu son vrai moi, non celui qui fera plaisir à ses père et mère mais celui qui est la mise en œuvre de ses capacités, de son originalité à soi.
C'est, en même temps, porter à l'intérieur de soi quelque chose de ses parents qui fait qu'on se sent profondément exister, que l'on se sent enraciné, assez solide pour pouvoir prendre une distance.
Être soi : capacité à être seul intérieurement, condition nécessaire pour pouvoir nouer des relations affectives profondes et vraies, qui ne seront pas une réaction contre ni une reproduction, qui seront une création, imprévisible comme toute création.
La vie est longue… ou plutôt l'évolution d'un être humain est œuvre lente, longue, intérieure, secrète, jamais terminée. Le petit enfant qui nous occupe se trouve au seuil de cette longue marche.
« On n'élève pas les enfants pour soi. » On élève les enfants pour qu'ils se découvrent eux-mêmes et qu'ils vivent leur vie dans une liberté intérieure par rapport à soi, chargés de la force qu'ils auront pu constituer pendant leurs premières années. C'est une histoire extraordinairement importante aussi pour les parents. Et, à bien la considérer, libératrice (toujours cette confiance dans l'enfant et dans l'immense potentiel qu'il porte en lui) même si elle s'accompagne de renoncement, voire de souffrance. Elle oblige chacun d'entre eux à mûrir, donc à progresser.
Alors, dans la réalité ?
Nous revoyons là comment l'arrivée d'un premier enfant, et des suivants, produit généralement une sorte de révolution dont les formes sont totalement imprévisibles : la jeune femme indépendante se découvre étonnamment reliée à son bébé, incapable de le quitter ; celle qui rêvait de ce bébé découvre qu'il la fatigue et la limite dans ses activités.
Le plus souvent, au cours des premières semaines, c'est l'intensité de ce qui se passe entre le bébé et vous, sa mère, qui vous surprend le plus, la manière dont il vous prend et dont vous vous sentez en quelque sorte porteuse de sa vie, comme si c'était votre présence, votre pensée, votre amour sans doute, qui le maintenait en vie. Il n'est pas « concevable » de le laisser seul ou avec quelqu'un d'autre.

Eh oui ! La nature est ainsi faite : le petit d'homme a entièrement besoin des soins et de l'attention de quelqu'un pour pouvoir se maintenir en vie, physique... et psychique. Sans relations affectives, il évolue vers des comportements de repli qui peuvent aller jusqu'à la pathologie la plus grave.

Cette situation très particulière ne dure pas. Au fur et à mesure qu'il se crée lui-même, sa dépendance à sa mère et à l'environnement diminue. Nous l'avons vu prendre conscience de lui comme être séparé ; puis développer sa capacité à être seul, découvrir le plaisir de jouer, de vivre par lui-même dans l'alternance de ces moments de présence et de relative absence de sa mère. C'est d'abord par cette « politique d'alternance », et par les mots qui l'accompagnent, que vous l'aiderez à être capable de faire face aux séparations, à s'orienter vers la séparation.

À la maison, quand il retrouve quelqu'un, c'est vous. Pendant le temps de la séparation, ce n'est plus vous qu'il trouvera, c'est quelqu'un d'autre. L'intérêt de cette situation et l'enjeu pour lui sont alors de s'apercevoir qu'**il ne s'agit pas d'une perte mais d'un éloignement provisoire**. Maman revient toujours ; peu à peu il pourra vous garder en lui, vous porter en lui par une représentation mentale et une confiance en votre retour. On pourra lui dire : « Ta maman, tu ne la vois pas mais tu la portes dans ton cœur. » Ou : « Ta maman, tu ne la vois pas mais elle pense à toi. » C'est toute une dimension mentale, psychique qui se met en place, lentement comme toujours.

Le tableau est rapidement brossé. Les séparations peuvent être envisagées sous leur angle dynamique. Mais comment les aménager pour qu'elles soient effectivement des expériences positives pour tout le monde ?

Trois niveaux de « séparations »

Toutes les séparations ne se valent pas : il y en a de courtes, où l'on confie l'enfant quelques heures de temps en temps ; de plus importantes dans la durée et l'organisation, généralement quand la maman reprend son activité professionnelle ; et des séparations prévues ou non, de plus ou moins longue durée, à l'occasion d'une maladie, d'un accouchement, d'un voyage. Nous n'envisagerons pas ici les séparations de très longue durée : abandon, décès, maladie mentale de la maman, enfant considéré comme devant être « éloigné » de ses parents.

Deux angles

Nous considérerons la séparation sous ses deux points de vue.

• Celui des parents : le vôtre, celui des mères et aussi des pères qui sont quelquefois très touchés de voir leur petit confié à quelqu'un d'autre, ou parti vivre au milieu d'une collectivité d'enfants.

Cet enfant de 10 mois enjambe le petit muret d'une pataugeoire. Probablement a-t-il d'abord voulu rejoindre sa maman qui se trouvait de l'autre côté. Mais très vite, absorbé par l'effort et la tension nécessaires à ce mouvement, il l'a complètement ignorée. Elle ne lui a apporté aucune aide, bien qu'étant présente, tout proche…

Ces images évoquent bien, me semble-t-il, tout ce qu'un petit enfant peut élaborer en lui-même sans aucun appel à un adulte.
Quelle force intérieure il est en train de se constituer ! Il devient capable d'être seul – et bien – en présence de l'autre, pour être un jour seul – et bien – éloigné de l'autre.

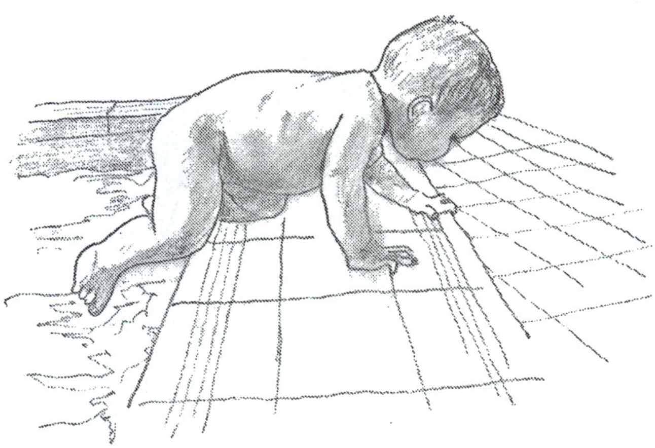

• Et celui du bébé : l'expérience m'a appris qu'il ne fallait pas plaisanter avec les séparations. « Ils s'adaptent tous », dit-on. Oui, beaucoup s'adaptent... en apparence. Et que signifie s'adapter ?

Autant les séparations progressives bien vécues par un petit enfant peuvent être source de maturation, autant celles qui sont douloureuses peuvent laisser à l'enfant une fragilité, une tendance à se cramponner, une inquiétude sous-jacente. C'est ennuyeux pour l'avenir, et sans doute évitable.

Concrètement, nous reprendrons sous cet angle un certain nombre d'idées déjà abordées, en commençant par la compréhension de ce que vit un bébé.

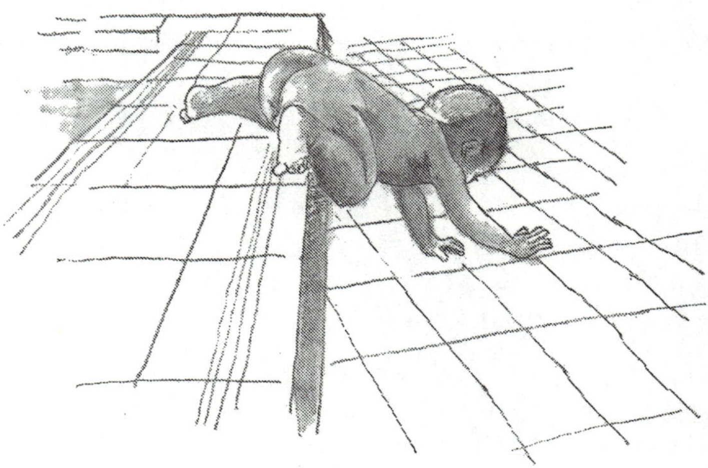

Quand la séparation est encore loin

Se séparer suppose que l'on ait vécu ensemble. Votre bébé a vécu toute la période de la grossesse puis ses premiers jours et ses premières semaines de vie très proche de vous, dans ce que certains ont appelé une fusion. Pendant toute cette période, il a pu se nourrir de vous, faire l'expérience du bien-être – dans l'amour et dans la sécurité. De cette façon, il a déjà pu acquérir un certain sentiment d'existence, une confiance dans ce qu'il ne connaît encore que très peu : la vie.

Les tout-petits, jusqu'à 3, 4 ou 5 mois

Ils ont besoin d'accumuler le plus possible d'expériences positives pour intégrer à l'intérieur d'eux-mêmes ce sentiment de sécurité, cette notion de leur importance, cette conviction que leur maman est toujours là quand ils ont besoin d'elle, ou plutôt qu'il se passe toujours quelque chose de positif quand ils sont en difficulté. La souffrance, lorsqu'ils la vivent, n'est pas destructrice : elle cesse et se double toujours d'une relation de tendresse. C'est cela que votre bébé a expérimenté de la vie avec vous, c'est avec cela qu'il abordera les événements difficiles qui vont venir.

À 4 ou 5 mois, votre bébé commence à s'activer et nous avons vu comment, progressivement, vous pouviez le laisser jouer seul quelques minutes puis de plus en plus longtemps, et comment il découvre ce plaisir d'être seul. Nous avons vu comment l'alternance de ces moments d'autonomie et de relations lui permettait de se « recharger » régulièrement et de se constituer une force personnelle.

Amélie, 7 mois, est élevée par sa mère, qui prend beaucoup de plaisir avec elle. Elle l'installe dans un transat après la toilette et la promène avec elle dans toutes les pièces de la maison. Elle lui parle, toutes deux sont en interaction permanente. Elle aime voir du monde… mais Amélie ne supporte pas de rester seule un moment. Posée bien à plat avec des jouets autour d'elle, elle pleure et ne cherche pas à les attraper; elle tend les bras pour qu'on la prenne.
La mère de Damien, 5 mois, commence à le poser sur un matelas avec des jouets après la toilette, qui est un moment d'échange très proche. Elle lui dit qu'elle va dans la salle de bains et qu'elle revient aussitôt. Les premières fois, Damien est un peu surpris, il reste d'abord immobile, pleure quelquefois: sa mère revient, parle avec lui, repart. Très rapidement, il tend la main vers un objet proche, le fait bouger, gazouille, le fait à nouveau bouger; tout son corps se met à remuer. Cela dure quelques minutes. Puis il grogne.
Sa mère, qui l'observe sans qu'il la voie, se manifeste. Elle parle avec lui et reste un petit moment. Les jours suivants, Damien peut ainsi passer quelques minutes seul, mais il y a aussi de nombreux moments où il proteste, pleure; sa mère l'emmène alors dans la pièce où elle travaille, dans un couffin ou sur un petit tapis, en se demandant si elle ne devrait pas acheter un siège-relax.
Mais elle continue à proposer à Damien de jouer sur ce matelas bien aménagé pour lui dans sa chambre, et revient le voir fréquemment. Une semaine après, elle est très heureuse et émue de le voir commencer à s'étirer pour attraper un de ses jouets en jubilant; quand l'un d'eux s'éloigne ou se rapproche, tout son corps se met en mouvement.
Au bout d'une quinzaine de jours, Damien reste un quart d'heure ou un peu plus seul dans sa chambre, prenant un réel plaisir à faire ses expériences. À d'autres moments de la journée, il est par terre dans la pièce où travaille sa mère. Il peut la voir mais souvent, absorbé dans la contemplation de ses mains ou d'un objet proche, il semble ne pas s'occuper d'elle.

Les enfants qui ont été « comblés » de relations maternelles sécurisantes durant les premiers mois de leur vie seront plus forts face aux séparations ultérieures.

Ces deux enfants sont heureux de vivre, dorment et mangent bien et semblent combler leurs parents respectifs.
Du point de vue qui nous occupe, de telles observations peuvent vous aider à réfléchir à ce que vous souhaitez:
• un bébé découvrant la vie dans une relation permanente à autrui;
• un bébé tirant un grand plaisir de cette relation mais découvrant aussi le plaisir de s'activer seul; au cours de moments très joyeux pour lui, il expérimente une distance possible entre sa mère et lui, une distance encore bien limitée qui n'est ni un vide ni une souffrance.

Vers 6 ou 7 mois

Votre enfant commence à mieux vous différencier de lui et à mieux vous différencier des autres personnes, qu'il perçoit maintenant comme des étrangers. Ces étrangers peuvent lui faire peur et, comme beaucoup d'enfants à cet âge, il peut pleurer ou avoir des réactions de fuite.

> *Gilles est sur la table de change, devant sa maman. Une amie proche vient le voir : il la regarde, intéressé, presque émerveillé... Elle lui tend alors les bras pour le prendre, il se retourne vivement vers sa mère en pleurant, comme si c'était la découverte, la prise de connaissance qui était plaisante, mais à condition de rester dans la relation essentielle avec sa maman.*

Votre enfant fera donc une expérience inestimable si cet apprentissage de « l'autre que l'on ne connaît pas », toujours un peu difficile, peut se faire avec vous, dans la sécurité de votre présence toujours proche. Il aura moins peur avec vous et sera plus fort quand il se retrouvera seul avec ces étrangers.

« On entend dire : *« Il a l'habitude de voir beaucoup de monde, il n'aura pas de mal à se séparer... »* »

Non. Ce n'est pas le fait de voir beaucoup de monde qui aide les enfants à bien vivre la séparation, encore que ce soit utile (parmi ceux qui ont vu beaucoup de monde, certains cependant, à 3 ans et demi, ne réussissent pas à se séparer de leur mère pour rester à l'école ou, à 6-7 ans, restent collés à leurs parents en arrivant dans une maison peu connue). C'est le fait de pouvoir accumuler au fond de soi suffisamment de confiance.

Vers 10, 12 ou 15 mois

Un peu plus tard, se séparer de vous peut devenir source de tristesse, de chagrin, ou même à certains moments (et pour certains bébés) être perçu comme une **atteinte au pouvoir** que le tout-petit a sur sa mère : elle n'est pas là quand il le souhaite, dès qu'il le souhaite. Votre enfant prend conscience du fait que vous vivez une autre vie indépendamment de lui (ce peut être très douloureux...). Mais il a des moyens variés pour affronter cette situation, qui peut alors entraîner une maturation.

Nous verrons un peu plus loin comment les enfants séparés trop tôt de leur mère, sans préparation suffisante, peuvent éprouver des difficultés ou même garder des séquelles regrettables. C'est pourquoi les lieux où se rencontrent parents et enfants sont précieux : les enfants peuvent y faire leurs expériences un peu à l'écart de leurs parents, mais en sachant qu'ils peuvent toujours les rejoindre ; ils découvrent d'autres enfants, d'autres jeux, leurs expériences s'enrichissent, ils

> Ce qui aide les enfants à bien vivre la séparation, c'est la confiance et la tranquillité intérieure.

deviennent plus solides, la dépendance à leurs parents tend à diminuer.
Vous vivrez cela spontanément au cours des rencontres familiales ou amicales. À défaut, ou en plus, essayez de fréquenter un de ces lieux d'accueil qui s'inspirent de la Maison verte[1] créée par Françoise Dolto.
Pensez qu'il n'y a pas que les séparations d'avec vous qui sont un événement difficile pour un petit enfant: changer de crèche, d'assistante maternelle, de jeune fille au pair est inquiétant et souvent triste. Cela signifie qu'il se développe bien, car les relations qu'il établit sont importantes pour lui, il s'engage dans ce qu'il vit. Par ailleurs, un enfant riche affectivement, « doué » dans ce domaine, a des chances de ressentir plus fortement la perte d'une personne aimée qu'un enfant moins sensible, même s'il ne l'exprime pas violemment.

Les premières expériences

Quand on se quitte

Comme vous êtes bien conscient(e) maintenant que le petit enfant est un être actif qui peut déjà s'approprier sa vie et y participer réellement, vous ne lui ferez pas vivre ces petites séparations sans qu'il y coopère. Un moment avant la séparation, vous lui expliquerez que vous allez devoir le confier à quelqu'un, vous lui direz pourquoi (vous devez aller faire des courses, reprendre un travail, partir vous reposer avec son père...), vous lui parlerez de la personne qui va s'occuper de lui pendant votre absence. Vous lui expliquerez que bien sûr vous reviendrez, que vous penserez à lui pendant votre absence, que vous l'aimez toujours très fort même quand vous n'êtes pas là. Vos mots à vous sont ceux que votre enfant aime et qu'il comprend.
Encore une fois, si vous ressentez une sorte de pudeur à parler ainsi à un bébé, ne vous inquiétez pas: commencez quand vous êtes seul(e) avec lui, il est probable que vous sentirez dans l'intensité de son regard combien il est intéressé par ce que vous lui dites et vous vous sentirez encouragé(e).
Nous n'avons pas toujours les moyens d'éviter la souffrance, mais nous pouvons donner au petit enfant quelques moyens d'y faire face. Nous avons déjà dit que lui parler ainsi ne supprimera pas sa difficulté mais le laissera moins démuni.

---

1. Parents et enfants y sont accueillis ensemble. Sont présents aussi plusieurs psychanalystes avec lesquels mères, pères et enfants peuvent parler. De nombreux lieux d'accueil s'en inspirent maintenant. Peut-être en existe-t-il près de chez vous? (voir bibliographie).

Le temps de faire connaissance

◆ Il est bon que votre bébé fasse connaissance de la **personne** qui va s'occuper de lui en votre présence. Occupez-vous de lui devant elle, non seulement pour qu'elle sache comment vous faites et qu'elle puisse faire pareil, mais aussi pour que votre enfant puisse se familiariser avec elle, ressentir pour elle sympathie et confiance puisque vous semblez bien vous entendre toutes les deux. Quand vous serez absente, elle sera associée à vous dans la tête de votre enfant, elle vous représentera ; vous serez un peu présente pour lui à travers elle.

◆ S'il ne reste pas à la maison, veillez aussi à ce qu'il fasse connaissance en votre compagnie du **lieu** où il va vivre pendant votre absence, il sera moins dérouté. Il découvrira avec vous les nouveaux bruits, les odeurs, éventuellement les autres enfants. Mettez des mots sur ce qu'il est en train de découvrir afin qu'il ait quelques repères, des moyens de comprendre un peu ce qui lui arrive.
Sachez qu'il faut du temps à un enfant pour effectuer ce travail de familiarisation : prévoyez plusieurs jours, voire quelques semaines si l'absence doit être longue ou si votre enfant est sensible de caractère (voir au chapitre 8 l'organisation concrète de l'accueil).
Bien sûr, un objet à vous, imprégné de votre odeur, l'aidera pendant que vous ne serez pas là, mais il risque de n'être qu'un gadget si vous ne prenez pas toutes les précautions dont nous venons de parler.

Le temps de séparation

Pendant le temps de séparation, votre bout de chou sera très aidé :
• si la personne qui s'occupe de lui soutient dans son esprit l'idée que sa mère et son père, ses frères et ses sœurs éventuellement, existent toujours, que vous pensez à lui, que vous reviendrez tout à l'heure ou bientôt, etc. (elle peut lui donner les soins d'une manière proche de la vôtre et le lui dire) ;
• s'il peut retrouver des activités motrices et manuelles familières (veillez à ce qu'il ait à sa disposition quelques-uns de ses jouets préférés).

Quand on se retrouve

Les retrouvailles sont très différentes pour chaque enfant. Le retour de la mère n'apporte pas toujours un soulagement immédiat : souvent, le bébé tourne la tête, tend les bras vers la personne qui s'est occupée de lui et même s'y cramponne. Il peut aussi pleurer ou manifester une euphorie excessive : chacun exprime à sa façon l'émotion qui est la sienne. L'intensité de la réaction correspond plus, parfois, au tempérament de l'enfant qu'au degré de souffrance éventuelle.
Peut-on savoir au juste quelles émotions s'accumulent chez le bébé : soulagement, joie, pleurs contenus qu'il peut enfin relâcher maintenant que sa maman est revenue ? Ressentiment ? Peut-être aussi.

> Laissez à l'enfant le temps de revenir vers vous de lui-même en restant à côté de lui, en parlant ou en le regardant doucement, mais sans trop insister.

Comment faire pour l'aider lors des « retrouvailles »? L'embrasser, rire, le chatouiller pour faire disparaître le plus vite possible la tristesse et les hésitations? S'il est tout petit, vous le verrez souvent détourner les yeux et, un peu après, vous regarder de manière très intense, comme s'il se posait des questions. Puis, tout à coup, vous verrez son regard s'illuminer: il vous a retrouvé(e). Avec un élan de tout son être, il se dirigera à nouveau vers vous...
Parfois, vous pouvez le soutenir: « Tu as l'air très triste, tu es fâché? Tu vois, je t'avais dit que je reviendrais quand tu serais réveillé... que c'est Pauline qui s'occuperait de toi pendant que je ne serais pas là. »

Marie, 6 mois, est restée seule pendant deux heures avec Thérèse, une amie de sa mère qu'elle connaît bien; elles ont joué ensemble, calmement, sans pleurs ni difficultés apparentes.
Au retour de sa maman, Marie se précipite vers Thérèse, qui la prend dans ses bras mais se prépare à partir. La maman lui parle: « Tu as peut-être été un peu triste ou inquiète, tu te demandais si j'allais revenir... » Elle la regarde, serrée dans les bras de l'autre: « Tu vois, je reviens toujours. »
Thérèse se penche pour la déposer dans les bras de sa maman mais Marie résiste et, bien ennuyée, l'amie essaie à son tour de la « raisonner ». Elles vont jusqu'à la porte de l'appartement. La maman: « Que vas-tu faire? Tu veux partir avec Thérèse? »
Le bébé regarde l'une puis l'autre alternativement deux ou trois fois, puis, tout à coup, elle tend les bras vers sa mère, qui évidemment la prend. Elle se blottit en regardant Thérèse partir. Fille et mère se retrouvent alors toutes les deux.

Sans doute un tel bébé ne serait-il pas gravement perturbé par un départ rapide de sa gardienne. Pourtant, le calme, la facilité à s'endormir, le sentiment de sécurité qui se révèlent dans le regard de certains enfants ne viendraient-ils pas de leur nature sans doute, mais aussi de l'accumulation de ces petites expériences où ils sont écoutés, suivis dans leurs rythmes?

« ***« C'est créer bien des problèmes! Les enfants sont comme ça: ils vont dans les bras de quelqu'un d'autre, ils pleurent un peu, mais très vite ils prennent l'habitude d'aller avec tout le monde. »*** »

Première réponse: bien des enfants ne s'habituent pas si vite, et la raideur de leur corps, les mimiques de leur visage, si on les regarde bien, trahissent un gros effort pour ne pas pleurer.
Seconde réponse: nous sommes au cœur de notre sujet; prendre en compte les sentiments du bébé et son travail de compréhension active de ce qui se passe.

Bien souvent, au contraire, on secoue l'enfant, on veut l'amuser : il rit et tout le monde est content ! En réalité, le bébé est placé par les adultes hors de la situation qui le concernait et il n'a pas la parole… (il apprend qu'il est souvent nécessaire d'exprimer autre chose que ce que l'on ressent).
N'est-ce pas une chance à donner à votre bébé que de pouvoir retourner ainsi vers vous de l'intérieur, en éprouvant vraiment ses sentiments ? C'est lui qui va vers vous, ce n'est pas vous qui le prenez (de force).
◆ **Il est possible qu'il « régresse »** en vous retrouvant après une absence de quelques jours. Vous pouvez en être gêné(e), agacé(e), avoir envie de le bousculer (souvent, en effet, ce n'est pas très agréable !). Pourtant, essayez de lui répondre à ce niveau : il a besoin de se ressourcer dans ses expériences antérieures, de se refaire tout petit dans vos bras. Il est fort probable qu'ayant trouvé ce dont il avait besoin, il s'échappe ensuite rapidement… Répondez, et faites confiance !

Nathalie, 3 ans, revient à la maison après un mois d'absence qu'elle a passé chez sa grand-mère, loin de chez elle. Sa mère a dû subir une opération et son père travaille loin. Simon, son grand frère de 5 ans, était chez une amie. La famille se rassemble mais Nathalie refuse de dire bonjour à sa mère, évite son regard, semble gênée, attitude qui se prolonge deux ou trois jours. La maman en parle à une psychologue et risque une explication :
« Tu es peut-être fâchée contre moi ? Tu penses peut-être que je t'aime moins que Simon parce que lui était plus près de moi ? Mais si je t'ai envoyée chez Mamie, c'est parce que je pensais qu'elle s'occuperait mieux de toi pendant que j'étais à la clinique… Et Simon, je ne l'ai pas vu non plus pendant ce temps… Qu'en penses-tu ? »
Silence de Nathalie ; la tête baissée elle écoute et semble réfléchir quelques secondes… Puis elle lève la tête et, avec un sourire radieux, elle saute au cou de sa maman, lui fait un long câlin et reprend sa vie joyeusement.

Ne vous inquiétez pas s'il vous semble que les retrouvailles sont plus faciles avec papa qu'avec maman : c'est souvent le cas. La force et l'intensité du lien avec lui ne peuvent sans doute pas éveiller quelque chose d'aussi viscéral, d'aussi intérieur que la relation avec maman.
Nous verrons au chapitre 8 quelques idées plus concrètes pour vous aider lors de la reprise de votre travail.

Les séparations plus longues

Vous vivrez peut-être aussi des séparations plus longues : pour un accouchement, un événement particulier dans la famille, si vous souhaitez prendre un moment de vacances... Et l'enfant peut avoir besoin d'une hospitalisation.

Comment l'enfant vit ces séparations

Vous serez peut-être intéressé(e) de savoir que l'on a découvert des constantes dans les comportements des enfants de moins de 3 ans confiés une ou deux semaines à quelqu'un d'autre que leurs parents. Elles ont été décrites par J. Robertson (voir bibliographie), et je ne peux ici que vous les résumer rapidement.

Le scénario est souvent le suivant : le petit enfant s'adapte assez bien les deux ou trois premiers jours puis il devient plus triste, moins actif, comme s'il se vidait. On observe ensuite une sorte de revirement : il commence à s'attacher plus fortement à cette personne qui s'occupe de lui, comme s'il pensait devoir faire son deuil de ses mère et père.

Si la séparation se prolonge et si la personne est attentive, il peut « s'installer » réellement, intensifier sa relation. Quand les parents reviennent, c'est à nouveau le déchirement. Il faut souvent plusieurs semaines pour que l'enfant se sente à nouveau complètement en confiance avec ses parents, et il est nécessaire que ceux-ci l'aident par des paroles, par une grande bienveillance à l'égard de tous les sentiments contradictoires qu'il peut éprouver.

> Si vous devez partir, essayez au moins de faire en sorte que le bébé reste chez vous, avec quelqu'un qui le connaisse bien et qu'il connaisse bien lui-même, et que votre départ soit bien préparé.

Soyez donc prudents pour décider d'une séparation. Le confier huit jours quand il est très petit risque de le fragiliser. Il est probable que, quelques jours après le retour, avec votre aide et votre patience, il soit à nouveau complètement en confiance et détendu. Mais il arrive qu'un petit enfant conserve une inquiétude dès qu'il ne voit plus sa mère, des difficultés à s'endormir... C'est à vous de voir si ce départ est vraiment indispensable pour vous à ce moment ou si vous pouvez attendre un peu. Plus tard, ces quelques années où vos enfants étaient très jeunes vous paraîtront bien courtes.

Certains continuent pourtant à croire que, avant quelques mois, cette séparation est moins importante « puisqu'il ne comprend pas, du moment qu'il a son biberon ». Vous le sentez sans doute, et nous le savons maintenant avec la plus grande certitude, il n'en est rien, bien au contraire.

L'entrée à l'école maternelle

Un autre exemple est celui de l'entrée à l'école maternelle, qui est souvent trop précoce : beaucoup d'enfants font illusion, surtout s'ils ont des frères et sœurs plus âgés. Ils veulent aller à l'école, le réclament et, en général, les mamans sont très contentes.

Il n'y a pas de problèmes les premiers jours, mais les difficultés apparaissent au fil des semaines et de l'année scolaire : grande fatigue, rhino-pharyngites et petites maladies, moments où l'enfant se met à pleurer sans raison apparente. On s'étonne : « Pourtant, c'est elle [lui] qui voulait y aller. »

Quelquefois, il n'y a pas de pleurs, cependant on observe une attitude très « crampon », un peu régressive, ou au contraire de l'agitation, que l'on attribue volontiers au caractère de l'enfant mais qui, en réalité, montre qu'il a dû faire face à quelque chose de trop difficile. S'il a donné le change, il ne s'est pas senti à l'aise dans ce nouveau milieu.

Porter ses parents en soi

L'information suivante va vous permettre de mieux comprendre ce qui se passe. À la fin de sa première année, le petit enfant commence à comprendre que le jouet qu'il ne voit plus continue d'exister. Il jouera beaucoup, seul ou avec les adultes, à cacher cet objet, à feindre la tristesse ou l'inquiétude puis à le retrouver. C'est ce qu'on a appelé l'apprentissage de la notion de **permanence de l'objet**.

Parallèlement, s'il est en crèche par exemple, il se rend compte que ses parents, qu'il ne voit pas, existent et reviennent toujours le soir. Il a en quelque sorte une connaissance « intellectuelle » de l'existence de ses parents. On sait maintenant, par toutes les observations faites, que l'enfant se constitue peu à peu un autre type de certitude : celle de la **permanence de l'amour de ses parents**, notion qui est plus importante et surtout beaucoup plus longue à acquérir qu'on ne pourrait le croire.

Nous avons vu que le bébé est comme « porté en vie » par l'attention, l'amour de la personne qui s'occupe de lui. À 2 ou 3 ans, il s'agit toujours pour lui d'être porté par ce même amour, mais à l'intérieur de soi. Comme si la vitalité insufflée par la proximité des parents était maintenant en permanence à l'intérieur de l'enfant. Il peut commencer à s'éloigner sans dommage.

Le travail avec des éducatrices et des groupes d'assistantes maternelles nous a apporté beaucoup sur la connaissance concrète de ce processus. Certaines se demandaient s'il était judicieux de parler ainsi des parents, au risque de faire pleurer les enfants. Toutes se sont accordées pour dire finalement que, si un petit enfant se met à pleurer quand on lui parle de sa maman, c'est que le chagrin n'est pas loin et qu'il n'est pas bon pour lui de rester seul et sans réconfort. Elles ont acquis la conviction qu'il était nécessaire de parler de ses parents à tout enfant gardé (avec les nuances nécessaires à chaque situation, bien sûr), même et surtout si ses parents vivaient à ce moment des choses difficiles ou n'étaient pas toujours avec leur enfant.

Une assistante maternelle raconte: « Quand je parle à Kévin, 13 mois, de sa maman ou de son papa, son regard s'illumine, il est comme "rechargé". C'est quand il est un peu fatigué, comme un peu lointain… Souvent, après, il reprend son activité, il est plus actif, plus vif. »

C'est aussi ce que Françoise Dolto pensait quand elle disait: « Un enfant doit s'enraciner dans ses propres parents. »
« C'est parce que ta maman a des difficultés en ce moment qu'elle me demande de m'occuper de toi. » Cela signifie: « Je suis peut-être plus calme qu'elle, mais c'est parce qu'elle veut que tu aies du calme qu'elle me demande de m'occuper de toi. C'est toujours elle qui veut ce qui est le mieux pour toi. » Ainsi, l'enfant se trouve vivifié par quelque chose de ses parents, il n'est pas morcelé ni atteint dans l'estime profonde qu'il a pour eux.

Au jardin d'enfants d'une crèche familiale (les assistantes maternelles y sont regroupées autour d'une puéricultrice et d'une équipe d'encadrement, et les enfants peuvent bénéficier d'activités collectives), Fabrice, 2 ans et 3 mois, est solitaire, à l'écart.
Je remarque que, seul sur son camion, il se parle à voix basse, comme pour lui-même, en murmurant: « Papa. » L'observation est livrée à l'éducatrice. À la séance suivante, Fabrice joue avec le téléphone. L'éducatrice entre dans le jeu: « Allô, c'est papa… Oui… Je suis en train d'écrire, etc. » Fabrice s'illumine, continue la conversation; nous lui découvrons un vocabulaire que nous ne soupçonnions pas.
Ce petit garçon, privé du lien avec ses parents, vivait a minima*; le changement de comportement a duré et, pendant la suite de la séance, il a été plus actif, plus présent.*

Une autre éducatrice nous a raconté l'histoire suivante: « Frédéric, 2 ans et 7 mois, hurlait tous les lundis matin quand on allait le chercher chez son assistante maternelle pour la séance de jardin d'enfants. Un jour, l'assistante maternelle m'a raconté qu'il venait le matin à cyclomoteur avec son père. Alors, dans la voiture, j'ai demandé à Frédéric s'il avait un casque et j'ai parlé de son papa, de la moto. Il s'est calmé en répondant aux questions. Puis nous avons ralenti devant le marchand de cycles, pour qu'il me montre "la Mobylette de papa". Ce fut spectaculaire. Il était complètement transformé… Ensuite, tous les lundis matin, nous suivions le même itinéraire, comme un rite. Frédéric pleurait encore au moment de quitter son assistante maternelle, mais il se calmait dès que l'on parlait de son papa et de sa Mobylette. Après quelques semaines, il ne pleurait plus du tout. »

Toujours dans un groupe de crèche familiale, un petit garçon de 2 ans et demi participe à la confection d'un gâteau. Je suis étonnée de son absence totale de langage alors qu'il participe activement; il est adroit, a le regard très présent. Sa maman arrive; il la regarde à peine, mais va s'asseoir près d'une petite fille, parle avec elle avec un langage déjà bien construit, puis se déplace, goûte le gâteau en continuant à parler avec d'autres enfants… Sa maman étant là, il semble alors pouvoir profiter de toutes ses possibilités.

On appelle ce processus **intériorisation des images parentales** (images parce que ce n'est pas la réalité de ses parents que l'enfant porte en lui, c'est la représentation affective et intellectuelle qu'il s'en fait). Ce travail d'intériorisation est progressif. Commencé bien avant, il se consolide pendant toute la troisième année et une bonne partie de la quatrième.

> Un éloignement peut s'accompagner d'une certaine tristesse ou de chagrin, mais, grâce au travail d'intériorisation, l'enfant n'en est pas gravement perturbé.

La « séparation intérieure » n'est donc pas une mise à distance mais au contraire une « mise à l'intérieur de soi », de telle sorte que l'enfant peut s'éloigner sans perte, sans baisse de tonus, sans inquiétude. C'est seulement quand ce travail est accompli qu'un petit enfant peut vivre bien, séparé de ses parents pendant quatre ou cinq heures d'affilée, sans être l'objet d'une attention particulière comme il l'est en principe dans une crèche, voire même pendant plusieurs jours sans baisse d'efficience, sans qu'apparaisse peu à peu une inquiétude susceptible de laisser des traces.

Ainsi, regardez autour de vous: avant 3 ans, et malgré les idées qui courent, peu d'enfants sont vraiment à l'aise à l'école maternelle (ce qui ne veut pas dire qu'il n'y ait pas d'exceptions ou de classes où les enfants sont considérés plus individuellement). Est-il nécessaire de préciser que rester à la cantine pour des enfants si petits est une épreuve car le temps de séparation, sans récupération possible, est très long pour eux?

Des séparations mal vécues

Encore une fois, chaque enfant est différent des autres, mais il semble que la plupart des gens ne se représentent pas de manière « juste » ce que va être une séparation pour cet enfant bien particulier. Chacun amplifie ou minimise les difficultés selon ses propres attitudes intérieures. Je ne voudrais pas moi-même dramatiser, mais je voudrais que vous puissiez avoir plus clairement conscience des enjeux; vous trouverez mieux alors les solutions qui conviennent.

Car les séparations mal préparées ou mal vécues peuvent avoir des conséquences très regrettables. En dehors des troubles visibles (protestations, rhino-pharyngites, troubles digestifs et du sommeil...), qui ne sont pas négligeables puisqu'ils le fatiguent et diminuent ses possibilités de découverte, un petit enfant peut garder des traces plus profondes :

- inquiétude chaque fois que vous vous éloignez dans une autre pièce ou qu'il ne vous voit plus ; il peut devenir « collant », exigeant, se méfier des personnes nouvelles qui viennent à la maison : c'est une manifestation de son sentiment d'insécurité, une nouvelle séparation peut toujours se produire ;
- inquiétude qui peut provoquer de l'inhibition ou au contraire de l'agitation.

> *Deux enfants de 2 ans et demi arrivent dans un lieu nouveau où il y a beaucoup de monde. Pendant que l'un se déplace prudemment mais avec intérêt, observant les personnes et les objets, l'autre a déjà arpenté la pièce quatre fois, en courant et en riant (mais il s'est cogné deux fois). Il a pris des mains d'un adulte le journal qu'il tenait et a sauté sur les genoux d'un autre. Sa mère dit fièrement : « C'est parce qu'il va à la halte-garderie, il est obligé de se débrouiller avec les autres et de défendre son morceau. »*

Il est fréquent actuellement de valoriser l'enfant vif, qui court partout et s'impose à l'autre : « Il est capable de se défendre », dit-on. De se défendre de quoi ? De l'agression des autres ? De sa propre incertitude parce qu'il se sent seul et démuni ? Une certaine part de son développement peut s'en trouver stimulée, mais n'est-ce pas au détriment d'une paisible et forte confiance en soi et dans les autres qui permet de ne pas avoir besoin d'agresser *a priori* ?

◆ **Des difficultés lors de tout nouveau changement de vie**. C'est comme si, chaque fois, était éveillée une ancienne souffrance : par exemple, inquiétude lors des changements de classe, au départ en vacances, ou même simplement refus de passer une nuit chez un petit ami.

◆ **Une mauvaise image de soi**. Il semble bien que tout enfant qui se sent (peut-être à tort, mais c'est ce qu'il ressent, lui) éloigné « durement » imagine que c'est parce qu'il a été méchant : il a été mauvais et il est rejeté. Là encore, chaque enfant le vit à sa façon, mais tous ceux qui en ont souffert sont un peu atteints dans l'image d'eux-mêmes. Ils peuvent garder en leur for intérieur le sentiment qu'ils sont moins aimés que les autres par leurs parents, par la maîtresse, par les copains. Plus tard, ils pourront par exemple se croire moins appréciés que leurs collègues de travail...
Vous savez bien que les expériences de la petite enfance laissent en nous, adultes, des traces dont nous ne sommes souvent plus conscients et qui pourtant expliquent bien des réactions. Réactions qui nous surprennent parce qu'elles ne sont pas rationnelles et qui, pourtant, sont très fortes. Nous disons : « Je ne sais pas pourquoi, mais je ne peux pas m'empêcher de penser que... »

◆ **La crainte de s'engager dans des relations affectives.** Quand un enfant a été confié successivement à plusieurs personnes avec qui il pouvait s'entendre fort bien, il se construit l'idée que les relations affectives ne durent pas, que les séparations sont douloureuses: mieux vaut donc ne pas trop s'engager... On imagine alors les conséquences pour les relations sociales et affectives plus tard.

Et vous dans cette aventure ?

Vous: la maman surtout, car en général c'est elle qui vit plus difficilement l'éloignement. Souvent coexistent en nous le désir de nous éloigner de l'enfant et la peur de le faire réellement, la culpabilité de le laisser, la peur qu'il ne s'attache à une autre personne ou qu'il ne se sente mieux avec elle, l'amertume que quelqu'un

Les désirs et les besoins des mères, et les besoins des enfants

Les partis politiques présentent dans leurs programmes, et souvent avec conviction, des mesures visant à favoriser le travail des femmes ou, au contraire, le fait de rester à la maison pour élever ses enfants. Les uns s'opposent aux autres, chacun pensant connaître la bonne voie.

Et si la voie était de permettre le plus possible à chaque femme (donc à chaque couple) de choisir la solution qui lui convient personnellement? Si l'on arrêtait de prétendre connaître la vérité puisqu'il n'existe pas là une vérité?

Nous en revenons toujours à la même conception: chacun doit trouver en lui-même ce qui lui convient. Oser se demander, avant et après l'arrivée du bébé: comment vais-je, comment allons-nous nous sentir bien? Et nous cherchons ce que nous pouvons mettre en place pour réaliser ce désir maintenant connu: ce que nous aimerions, nous. Ensuite, nous pourrons ou non le réaliser, mais au moins nous le connaîtrons, et les déceptions, les inquiétudes, les efforts à faire seront mieux identifiés, donc plus facilement surmontables.

Si les partis politiques prétendent avoir des connaissances sur la question, c'est de souplesse et d'imagination qu'ils ont besoin pour inventer des solutions:

- pour les femmes qui veulent travailler à l'extérieur (car peut-on dire que celles qui restent à la maison ne travaillent pas?), créer suffisamment de lieux d'accueil ayant les moyens de fonctionner correctement, c'est-à-dire en répondant réellement aux besoins des enfants;
- pour les femmes qui préfèrent élever elles-mêmes leurs enfants, trouver des possibilités de rémunération, de recyclage permettant de reprendre une activité professionnelle de qualité quand les enfants seront plus grands, etc.

Dans la concrétisation de nos désirs, n'oublions pas les besoins de nos enfants.

d'autre puisse le combler ou qu'il puisse se passer de nous, alors que nous trouvons beaucoup de réconfort personnel à l'idée que ce petit être tire de nous toute sa vie et toute sa joie de vivre.
Il semble que beaucoup d'entre nous trouvent un bonheur profond dans la relation à leur bébé. La perspective de la voir se rompre nous est souvent très pénible, mais... nous n'osons pas le dire de peur d'être l'objet de moqueries ou de critiques : « Mère poule, tu le couves trop, tu es trop anxieuse... »
Pensez que l'intensité de votre attachement est la plus naturelle qui soit et qu'elle est un immense cadeau à cet enfant. Quand il montrera peu à peu son désir de découvrir le monde par lui-même, vous commencerez à sentir que vous n'êtes pas toujours indispensable bien que vous restiez la plus importante. Là encore, vous pourrez le suivre : vous pouvez être assez souple, vous verrez qu'il vous aidera ! Ce sera le moment de vous intéresser à autre chose et de le regarder d'une autre manière peut-être : le plaisir de découvrir un être en train de se construire peut apporter des satisfactions d'ordre un peu intellectuel qui permettent de sortir d'une relation trop affective et aussi d'un quotidien très terre à terre. Vous pouvez ainsi prendre un peu de distance.
Votre enfant est unique, mais vous êtes unique aussi...

Chacun devrait avoir la possibilité d'exprimer à d'autres la réalité de ses sentiments sans qu'on le critique et sans qu'on lui en tienne rigueur. Vous verrez que vous aurez beaucoup besoin de parler avec d'autres mamans, d'échanger ce que vous ressentez. Là encore, des lieux d'accueil comme ceux qui s'inspirent de la Maison verte peuvent être sympathiques et utiles puisqu'ils vous permettent de vous rendre compte que vous n'êtes pas seul(e) à éprouver des sentiments contradictoires. Le fait de pouvoir les exprimer à quelqu'un qui ne les juge pas est déjà très apaisant.
Et si vous réussissez à organiser progressivement, telles que nous les avons décrites, des occasions de petit éloignement de votre enfant, vous verrez qu'il sera aidé dans sa prise de conscience de lui : il gagnera de l'assurance, en se constituant la certitude intérieure que vous revenez toujours.

Quand ce sont les parents qui se séparent

Il n'est pas rare maintenant que les parents se séparent quelques mois ou quelques années seulement après la naissance d'un bébé. Ce n'est pas le lieu ici d'en rechercher les causes (on peut seulement rappeler à quel point l'arrivée d'un bébé provoque un remaniement intérieur et profond), ni de parler des tensions que suscite cette séparation tant chez les parents que chez les enfants et dans leurs relations mutuelles[1].

En général un tout-petit reste avec sa mère, mais le père peut vouloir organiser des moments où il s'en occupe, le bébé étant seul ou avec ses frères et sœurs plus âgés. Dans la souffrance et souvent le désarroi de ces moments-là, des idées claires et concrètes sur l'organisation de la vie quotidienne des enfants peuvent aider les parents à ne pas se laisser envahir par leurs émotions. Il y a là une sorte de bouée à laquelle vous raccrocher tous les deux, car vous restez tous les deux parents de cet (ces) enfant(s) et tous les deux vous souhaitez qu'il(s) continue(nt) à grandir au mieux. Gardez donc bien présents à l'esprit nos principes de base et tout ce que nous venons de dire sur la séparation.

> Dans ce genre de situation, vous devez non seulement prendre les précautions nécessaires en cas de séparation, mais y porter encore plus d'attention étant donné le climat d'inquiétude et d'incertitude dans lequel l'enfant se trouve presque toujours.

D'abord, la nécessité que votre tout-petit continue à se sentir en **sécurité physique et affective.** Plus il est jeune, plus il serait souhaitable qu'il puisse rester dans le même lieu. Le changement de lieu (pour aller chez son père, par exemple), s'il doit se faire, doit être court et préparé de manière progressive. Veillez à ce que la personne qui s'occupe habituellement de l'enfant soit en mesure de donner des indications précises à l'autre personne, et à ce que ces indications soient suivies, pour que le bébé sente une continuité dans les soins qui lui sont donnés, qu'il ne soit pas dérouté par des manières de faire à son égard complètement différentes. Bref, nous retrouvons là tous les aspects abordés lorsque nous évoquions, chez l'enfant, les premières séparations d'avec sa mère.

Mettre par écrit ou préciser les horaires, les habitudes de repas, de sommeil, les types de jeux (en somme ce que vous feriez si vous partiez deux jours pour une activité professionnelle en confiant votre bébé à quelqu'un) peut vous aider dans cette situation difficile :

- à vous recentrer ensemble sur cet enfant considéré comme personne indépendante de votre drame et qui doit continuer à vivre ;
- à avoir ensemble un moment de dialogue en dehors du conflit puisque vous devrez vous occuper de petites choses matérielles, simples et précises.

Vous serez obligé(e) aussi de vous souvenir que plus l'enfant est petit, moins il peut supporter une séparation avec sa mère longue dans le temps : week-end prolongé, vacances pendant une semaine ou quinze jours. Le problème n'est pas simple car le père peut juger, avec raison, que ce sont des moments où il pourra développer la relation avec son enfant. Il en a l'occasion et il veut en profiter. Mais il faut qu'il pense

1. Il existe de bons ouvrages sur ce sujet (voir bibliographie).

que le bébé, pendant sa première et sa deuxième année, se trouvera inquiet, voire angoissé, dans un lieu inconnu et éloigné de sa mère ; voyez ce qu'on a dit plus haut, en dehors de tout problème familial. Si la séparation n'est pas soigneusement préparée, le tout-petit aura du mal à profiter de ce que son père voudrait réellement lui apporter.

Il doit aussi être sûr que de se « donner » à ce père ne lui fera pas perdre sa mère. Sinon, sans manifester de refus très évident, il va au fond de lui se fermer à ce père dont la présence se trouve associée à la peur ou à la souffrance. Lors d'un séjour prolongé, il peut vivre avec son père ce que nous avons décrit plus haut (voir observations de J. Robertson, p. 202) : un attachement de substitution qui comble le désarroi de ne plus être avec sa mère, mais qui rendra difficiles les retrouvailles avec celle-ci quand il rentrera à la maison. Et ce sera un nouvel arrachement.

Et n'oubliez pas de bien lui dire qu'il n'est pour rien dans cette séparation (souvenez-vous qu'un enfant se croit le centre du monde !...).

> L'enfant a besoin de comprendre[1] ce qui va se passer pour lui, pour sa vie à lui, maintenant et dans le plus proche avenir.

Soyez vigilants sur tous ces points, car l'avenir de vos relations réciproques est en train de se jouer.

Dans le cas d'un enfant très jeune, le plus utile serait que le père aille fréquemment voir le bébé au domicile de la mère (la maman pouvant peut-être s'absenter pendant ces moments-là si passer du temps ensemble est difficile). Moins un enfant ressentira de morcellement à cet âge précoce, plus il sera capable à l'avenir d'instaurer des relations positives avec ses parents et donc avec le père en particulier.

Car, après tout, l'objectif réel à long terme n'est pas qu'un enfant soit avec ses deux parents ensemble, mais qu'il devienne lui-même en pouvant s'appuyer sur une relation confiante avec chacun d'eux (bien qu'on ne puisse nier le chagrin et la souffrance de ne plus être avec les deux en même temps).

Ne vous fiez pas trop à une aisance apparente de votre enfant, vous laissant croire qu'il est indifférent à ces changements : les enfants ont une extraordinaire capacité à sentir – et à faire – ce dont les parents ont besoin intérieurement.

Ne cherchez pas à compenser votre absence par des cadeaux, des spectacles, etc. Intérieurement, votre enfant sait que vous lui donnez le plus important en essayant d'être attentif à ce qui est le mieux pour lui. Les cadeaux sont souvent une forme de séduction et l'on ne fait pas assez confiance à la valeur de ce qu'on donne au cours des échanges, des activités partagées, pourtant bien plus riches que des objets...

Puisque vous vous situez dans une optique de collaboration, vous pouvez préparer avec l'enfant le sac, les habits, les jeux qu'il va emporter ; l'aider à (se) formuler ce

---

1. Le problème des parents n'est pas le sien. Je n'entrerai pas ici dans une réflexion sur ce que l'on peut dire ou ne pas dire des raisons des tensions, de l'absence d'un des parents, etc.

qu'il aimerait ou n'aimerait pas pendant ces jours. S'il est plus petit, vous lui montrerez ce que vous préparez.
L'enfant a besoin de savoir s'il va rester ou non chez son père, s'il reviendra avec sa mère, à quel moment. Non pas « tout à l'heure » ou même « ce soir » mais « après le bain… après le goûter ». Le petit enfant a besoin d'explications très précises ; sa représentation du temps et de l'espace n'est pas aussi claire que la nôtre.
Ceux qui l'accueillent peuvent lui dire : « Tu es ici dans une autre maison et c'est peut-être difficile pour toi. Je vais essayer de faire le plus possible comme fait ta maman car j'ai envie que tu sois très heureux ici aussi… » Il lui faudra peut-être du temps pour se montrer en confiance, actif, pour participer. Ce sera encore un enrichissement de sa relation profonde avec vous si vous pouvez respecter ces réticences et ne pas le bousculer.
Naturellement, ces suggestions sont valables pour vous aussi si vous accueillez l'enfant d'un(e) autre.

Solidement « assuré » dans une partie de lui-même (ses mains, la sensation pleine de tout son corps), l'enfant peut chercher dans l'inconnu un autre point d'appui pour aller dans cette direction qu'il scrute avec intensité.

Nous avons souvent parlé de l'importance de laisser l'enfant vivre et progresser à son rythme. S'il vient chez vous, son père, nul ne peut prévoir comment il se comportera : il serait bien que vous commenciez par regarder ce qu'il choisit comme jeu et comme manière d'être. Non pas en « évaluant les progrès qu'il fait chez sa mère », car ce n'est peut-être pas du tout ça qu'il vous montrera, mais pour répondre à ce qu'il vous demande.

Ainsi, il peut choisir des jeux de « petit » qu'il faisait quand vous étiez à la maison, annulant en quelque sorte la rupture ; il assure une continuité, un lien avec ce qu'il connaît et qui est fondamental. Il vous demande de vous retrouver tous les deux, vous et lui, comme avant. Quand il en sera assez nourri, c'est lui qui vous réclamera des autos, des sorties ou d'autres activités plus évoluées.

Ce n'est pas toujours simple à décoder, mais dites-vous que dans ces situations, comme pour la nourriture, votre enfant sait ce dont il a besoin. Là encore, vous pouvez le regarder, essayer de vous laisser un peu guider par lui, lui faire confiance… Bien sûr, personne ne peut comprendre ni répondre entièrement à tout, mais dans l'attitude d'écoute quelque chose passera chez votre enfant qui le fortifiera, l'aidera à grandir. Il sentira inconsciemment que votre désir est qu'il puisse grandir pour lui-même, selon ce qui est le mieux pour lui.

Regardez sa joie de vivre, son dynamisme. Car, en même temps qu'ils souffrent, les enfants nous étonnent par leur formidable potentiel de vie, de rire, d'activité, leur désir de découverte. Ne les enfermons pas dans la souffrance, même si à certains moments cette vitalité peut faire mal. Elle peut parfois être ressentie comme une espèce d'injure à l'égard de notre propre souffrance, mais, si nous pouvons « lâcher prise », elle peut tout doucement redonner goût au plaisir…

Chapitre 8

ACCUEIL, mode d'emploi

« Le maintien excessif de la dépendance, aussi bien que la précipitation de la séparation sont source pour l'enfant de dangers, physique et mental. [...] Pour que le mouvement séparatif se fasse dans de bonnes conditions, il doit suivre les possibilités de maturation de l'enfant. »

Dr Myriam David, *Les Séparations de la naissance à la mort*,
ouvrage collectif EPE, Privat, 1976.

Vous avez maintenant une idée assez claire de ce que représente la séparation pour un très jeune enfant, son évolution selon son âge et l'esprit des précautions à prendre.
Peut-être aurez-vous senti qu'un bébé confié dans la journée au cours de ses premiers mois est confronté à une tâche difficile. Nombre de professionnels pensent que l'on devrait attendre au moins le milieu de la deuxième année, pour que le petit enfant ait déjà acquis une bonne sécurité de base et un début de conscience de lui. De multiples observations confirment cette opinion, mais trop d'éléments interviennent pour qu'il soit possible de donner une réponse valable pour tous. Et le sujet est trop vaste pour que nous puissions en débattre ici.
La lecture des pages qui précèdent vous aura quand même conforté(e), je suppose, dans l'idée qu'il ne faut pas voir la crèche comme un lieu où des professionnels pourraient compenser vos insuffisances, apporter à votre enfant des stimulations multiples et précoces qui constitueraient un atout pour l'avenir. Vous pouvez, à la maison et quand il est tout petit, lui apporter largement autant et même beaucoup plus !
Enfin, vous avez vu comment, pour profiter des autres, c'est-à-dire pour « être socialisé » (comme on dit !), il est nécessaire de disposer d'une bonne **sécurité intérieure** et d'une vraie **confiance en soi**. C'est de vous surtout qu'elles peuvent venir.
Alors, vous ne devriez pas penser à la crèche ou à l'assistante maternelle comme à une solution automatique, naturelle. Voyez si une autre possibilité est envisageable. Voyez aussi, maintenant qu'il est là, si votre désir est toujours, vraiment, de le faire garder. Une inscription n'est pas forcément définitive, et l'entrée peut souvent être retardée. On est étonné parfois de trouver des solutions que l'on n'aurait pas imaginées quelques mois plus tôt.
Quoi qu'il en soit, vous pouvez ne pas être en mesure de faire autrement ou garder la conviction que c'est une meilleure solution pour lui. Il ira donc à la crèche ou chez une assistante maternelle, à moins que vous ne choisissiez un autre moyen de garde : à la maison, dans votre famille ou autre…
Le sujet de ce chapitre va donc être celui-ci : comment un adulte qui l'accueille peut-il aider un tout-petit à vivre sans dommage ce temps d'éloignement de sa mère et de son père ? Comment l'enfant peut-il en tirer le meilleur profit ?

Est-il possible, d'abord, de mettre en place dans les lieux d'accueil ce que nous avons décrit comme si important pour les jeunes enfants ? C'est difficile et demande un gros travail de formation et de réflexion de la part des directrices, du personnel, des assistantes maternelles chez elles. Cela demande aussi que l'administration et les politiques n'en gênent pas la mise en place en faisant effectuer des contrôles par des personnes peu formées et en imposant des restrictions budgétaires excessives. Mais une telle mise en place reste possible, et je disais au début de ce livre que les conceptions énoncées ici ont été travaillées avec des centaines de professionnel(le)s de la petite enfance, qui les ont enrichies de leur expérience. Des crèches de plus en plus nombreuses y parviennent. Depuis une vingtaine d'années, l'amélioration est réelle quoique encore souvent insuffisante. Il vous faudra peut-être contribuer à ces améliorations.

Il existe de bons ouvrages sur ce sujet, mais j'attire votre attention sur quelques points importants dans l'optique qui nous occupe ici.

L'accueil au quotidien

La crèche

Votre bébé y passera la plus grande partie de sa vie éveillée. C'est donc là qu'il vivra, ou non, les expériences qui vont lui permettre de développer sa conception du corps, de l'espace, ses possibilités de concentration, d'attention, de logique (son intelligence, donc). C'est là qu'il éprouvera, ou non, la sécurité nécessaire au développement de ses capacités.

Il est donc important que vous regardiez ce qui va lui être offert. Voyez si les nécessités de base sont remplies et ne vous laissez pas leurrer par les activités « de pointe »: musique, danse, apprentissage des langues... C'est peut-être intéressant, mais ce doit être un plus quand l'essentiel est là: sécurité, personne de référence, liens avec vous, moyens pour l'enfant d'investir ses possibilités de façon autonome.

Méfiez-vous de ce qui peut être tape-à-l'œil, assez caractéristique de notre société. Ces miroitements peuvent cacher un vide plus profond.

Quelques points nous paraissent essentiels pour que l'enfant soit bien à la crèche:

La préparation progressive

Elle est indispensable, comme nous l'avons vu au chapitre précédent. Les directrices de crèche expérimentées prévoient trois semaines à un mois minimum pour qu'un bébé, quel que soit son âge, puisse passer ses premières journées en crèche sans dommage, le temps de concevoir de l'intérieur ce second lieu comme un lieu connu et « habité » par ses parents; il pourra alors s'y sentir totalement en sécurité, non morcelé, à condition qu'il ait aussi une référence.

Une personne de référence

C'est une auxiliaire de puériculture, responsable du bébé, qui lui donnera ses repas et les soins le plus souvent possible, qui lui permettra de se repérer plus facilement et surtout évitera la dispersion de ses élans affectifs. Le danger des personnes multiples est que les enfants prennent l'habitude de ne pas nouer de relations vraies car, quand on n'a que quelques mois, il n'est pas possible d'avoir un attachement vrai à plusieurs personnes.

Il n'est pas possible non plus à un adulte de connaître intimement les réactions de dix ou quinze enfants. Les auxiliaires disent que, depuis qu'elles sont devenues

S'il n'a pas de personne de référence, le bébé ne se sentira pas autant aimé (au sens d'« être considéré comme objet d'intérêt et d'attention »), ce qui, nous l'avons vu, est nécessaire pour qu'il puisse se développer harmonieusement.

« nominalement » responsables de quatre, cinq ou six enfants (selon les âges), leur travail est beaucoup plus intéressant.
À cause des impératifs d'horaires, la personne responsable ne sera peut-être pas là pendant la totalité du temps de présence de chaque enfant, mais elle aménagera les transitions, transmettra ce qui est important pour chacun, sera l'interlocuteur des parents, etc. L'organisation des horaires tient compte de cette exigence.
Il faut toujours se soucier de la réalité intérieure de l'enfant, et ne pas considérer seulement son comportement extérieur.

La participation des parents

Voyez si vous aurez la possibilité de participer à la vie de votre enfant, car il a besoin que vous soyez accueillis en même temps que lui. Compte tenu du nécessaire travail d'intériorisation de ses père et mère, le bébé a besoin de les sentir présents pendant la journée. Comment parler d'eux, par exemple, décrire les besoins et les particularités du moment, les petits événements familiaux qui peuvent être très importants pour lui si les parents ne peuvent pas passer de bons moments à la crèche ?

Le respect de l'autonomie motrice

Les aménagements permettant l'investissement des possibilités sont aussi réalisables en collectivité, mais ils demandent, comme tout l'ensemble, un gros travail de la part de la directrice et du personnel et, souvent, l'aide des parents.

Le calme et la sécurité

Votre bébé en aura besoin. Sachez que, dans un lieu collectif, il est possible de séparer les bébés des grands sur un tapis, éventuellement protégé par une barrière sympathique. Là, ils pourront faire en toute sécurité les expériences que nous avons décrites aussi longtemps que cela leur est nécessaire, avec le petit matériel qui leur convient, sans être poussés ni piétinés par les grands.

> *Sans ce dispositif de sécurité, regardez ces bébés rampant tant bien que mal jusqu'au milieu du carrelage. Ils manipulent un jouet qui leur est tout à coup enlevé sans qu'ils puissent y comprendre quoi que ce soit, sinon qu'« un objet a le pouvoir de disparaître ». La réflexion, la concentration, le sentiment de continuité peuvent-ils bien se développer ainsi, à cette période où l'on sait que se mettent en place les circuits nerveux ? Les bébés pleurent tout à coup, appellent à l'aide car ils ont bien peu de chances de pouvoir découvrir en eux-mêmes la sécurité dont nous avons parlé.*

Voyez ensuite si, à l'âge de l'exploration, les enfants qui commencent à se tenir debout et à marcher ont un espace délimité qui ne soit pas le vide, ainsi que du matériel correspondant à leur âge et sur lequel ils peuvent exercer leurs nouvelles capacités motrices. Les jeux disponibles doivent avoir une signification, ne pas être trop en désordre. Il existe encore des lieux où les enfants ne trouvent pas ces possibilités.

Guillaume, bébé de 11 mois, est réputé pleurnicheur, « il s'accroche aux adultes et ne fait rien ». Une auxiliaire l'a sorti de son lit et posé gentiment sur un tapis par terre. Il reste quelques minutes un peu abattu, puis se réveille doucement, se met à quatre pattes, trouve un anneau, le suce, le fait rouler. Il avance, se redresse en s'agrippant à un bord de cheminée sur lequel est posé un aquarium et regarde avec intérêt. Un peu plus tard il se laisse tomber avec difficulté, il grogne un peu, voit un cube, le suce, rampe à nouveau jusqu'à un cheval à bascule ; il essaie de se hisser, mais c'est impossible parce que l'animal bouge sans arrêt. Il grogne, s'éloigne, trouve sur son passage un livre en tissu, une poupée nue, il les touche, continue à avancer, le regard est un peu dans le vague.

Les parents savent qu'à la maison leur petit garçon est actif et volontaire. Ici il traîne sans se fixer, les auxiliaires pensent qu'il ne va pas très bien. Mais peut-il utiliser ses possibilités avec ces objets disparates qui ne lui permettent que peu d'activités, d'expériences, de découvertes et de mouvement ?

À partir de 2 ans, un enfant participe dans sa famille à des activités multiples. Les lieux d'accueil sont en général bien équipés sur ce plan : matériel permettant d'investir ses capacités motrices, intellectuelles, et de s'identifier aux adultes (jouer au garage, aux voitures, à la poupée, à la cuisine, au bricolage, etc.). Certains parents en sont presque inquiets : « À la maison, nous ne pouvons leur offrir tous ces équipements ! » Prenez quelques idées, peut-être, mais sachez qu'à la maison ils ont la vie réelle…

Ne vous réjouissez pas forcément des activités collectives si elles sont organisées trop tôt. Rappelez-vous la richesse d'élaboration, d'invention, dont est capable un petit enfant s'il peut pousser jusqu'au bout ses expériences telles qu'il les imagine, lui.

Parents et professionnels côte à côte

Pour ce qui est de votre participation à la vie de la crèche, sachez que les personnels essaient de plus en plus de rencontrer les parents, de collaborer avec eux. Pourtant, l'expérience montre qu'il demeure souvent une inquiétude et parfois une méfiance réciproque : en fait, chacun est intimidé par l'autre…

À la crèche, on pense souvent que les parents sont exigeants, on accepte mal parfois certaines de leurs attitudes. Les parents eux, pensent que les professionnel(le)s savent mieux qu'eux, ils se sentent souvent jugés.

S'il était possible d'arrêter d'avoir peur les uns des autres ! Osez parler de votre enfant, de sa vie, de ce qu'il aime, de ce qui lui est difficile, de ce que vous pensez utile pour lui, et voyez comment c'est réalisable dans le contexte de cette crèche. Le plus souvent, les auxiliaires en seront très contentes. Parents et professionnels doivent essayer d'être côte à côte face à cet enfant que chacun cherche à aider au mieux.

Si vous sentez que le dialogue n'est pas possible, soyez prudent(e) et cherchez peut-être une autre solution…

Pensez qu'auxiliaire de puériculture ou éducatrice de jeunes enfants sont des métiers jeunes, encore loin d'être suffisamment considérés et pour lesquels une réelle formation est nécessaire : la vie en collectivité demande des aménagements très particuliers pour que les enfants n'en pâtissent pas. Il y va de l'avenir de votre enfant.

Rappelez-vous que, si votre bébé passe une période difficile (retard dans son développement, agitation, agressivité, malaise physique, etc.), il peut s'agir d'un moment particulier dans sa croissance ou de quelque chose qui ne lui convient pas dans l'organisation de sa vie.

Il est donc important de pouvoir en parler avec les personnes qui s'occupent de lui. Sinon vous risquez de penser qu'il n'est pas bien chez elles, elles risquent de penser que vous ne faites pas le nécessaire, et votre enfant se trouvera seul au milieu.

Rappelez-vous que les professionnels de la petite enfance sont unanimes : on observe toujours un progrès quand on parle ensemble d'un enfant (l'auxiliaire, la directrice de la crèche, les parents, la psychologue, le pédiatre éventuellement), bien souvent sans même qu'on ait compris vraiment la raison de son malaise. Le courant circule autour de lui et avec lui, son développement peut donc reprendre. Son dynamisme s'exprime à nouveau.

Si ce n'est pas suffisant, voyez si les conditions dont nous avons parlé ici sont remplies (sécurité, présence des parents, investissement des possibilités, etc.). Ce sont quelquefois des petites choses toutes simples.

Pensez que le temps paraît très long à un tout-petit : la séparation d'avec vous est une éternité pour lui. Faites preuve d'imagination pour en limiter la durée : des aménagements d'horaires de travail peuvent souvent être obtenus ; le père et la mère peuvent s'arranger pour que l'un conduise le bébé et que l'autre aille le chercher, etc. Dans *À ce soir* (voir bibliographie) T. B. Brazelton donne de bonnes idées sur ce sujet.

Si l'essentiel de ces conditions est rempli mais que les difficultés persistent, n'hésitez pas à en parler à un psychologue qui connaît bien les très jeunes enfants ou à votre pédiatre. Encore une fois, si vous intervenez tôt, les choses ont toutes les chances de s'arranger rapidement.

L'assistante maternelle

Si vous choisissez une assistante maternelle, lisez quand même ce que nous disions pour les crèches : les principes sont les mêmes, en particulier l'importance de la préparation, la possibilité pour l'enfant d'investissement de ses capacités, la limitation de la durée de la séparation et le fait que vous restez les parents à part entière.

> La préparation est tout aussi importante avec une assistante maternelle qu'à la crèche.

La préparation devrait prendre aussi plusieurs semaines, car c'est le bébé qui doit acquérir la certitude que sa mère et son père existent toujours, qu'ils reviennent et qu'ils restent les plus importants; sinon, il risque de vivre chaque jour une perte qu'il compense dans la journée avec une autre personne « gentille »; de revivre chaque soir une autre perte et de devoir faire un nouveau travail de re-familiarisation. D'où une grande fatigue, des pleurs fréquents, une vitalité a minima et une sorte de morcellement intérieur pour lui: il a deux vies distinctes au lieu que l'une soit ressentie comme le prolongement de l'autre.

Si vous voulez que votre enfant ressente sécurité, confiance et calme intérieur, il a besoin de sentir une unité entre ses deux milieux de vie, donc une entente, une correspondance profonde entre la personne qui l'accueille et vous.

Quelles que soient l'expérience et la qualité de l'assistante maternelle ou de la crèche, vous êtes et vous restez les parents, les plus importants pour votre enfant (voyez si, vous, vous y êtes vraiment reconnus comme tels; c'est un bon test!). Donc, encore une fois, parlez, n'ayez aucune honte à dire vos idées, ce qui vous paraît important, ce à quoi vous tenez. Le rôle de l'assistante maternelle est de vous représenter auprès de votre enfant, il n'est pas d'essayer de faire mieux que vous.

Pour que votre enfant ne se retrouve pas face à deux mères, faites-vous confiance (peut-être ce livre vous y aura-t-il aidée...): vous restez essentielle pour votre bébé, parlez beaucoup de lui, de ce qu'il vit chez vous, de ce que vous souhaitez, avec l'assistante maternelle...

Il est quelquefois difficile de se sentir complètement mère devant une autre femme, surtout si elle est plus âgée et qu'elle « a de l'expérience » (quelle que soit la qualité de cette expérience). Intérieurement, il est possible que vous vous retrouviez en situation d'enfant face à votre mère. Vous pouvez en être intimidée, gênée, ne plus vous sentir trop sûre de vous. Vous en rendre compte vous aidera.

Vous pouvez ensemble, côte à côte, regarder ce bébé comme nous l'évoquions, parler de ce qu'il fait, de ce qu'il doit probablement ressentir... Là, il ne s'agit pas d'une compétence plus ou moins grande mais d'une capacité d'écoute de votre bébé. Vous pouvez ne pas rester face à face en vous comparant, voire en vous affrontant, vous devez être l'une à côté de l'autre, **essayant ensemble de mieux connaître ce petit être mystérieux**.

Si votre bébé pleure, s'il est un peu apathique ou ne mange pas avec plaisir, ne vous fixez pas sur le « symptôme », parlez avec l'assistante de sa vie entière, ne cachez pas le plaisir et la fierté que vous avez de lui, il vous en saura gré. Mieux reconnu, il aura plus de plaisir à vivre et sans doute ira-t-il mieux. Confiance... regardez-le: vous êtes son porte-parole auprès de cette femme qui veut aussi qu'il se trouve bien chez elle. Il a sa vie, il est acteur de sa vie dans cette situation comme dans toutes les autres. Si, père et mère, vous y pensez vraiment, vous saurez trouver les attitudes et les mots qui seront les vôtres pour soutenir ce bébé dans sa vie propre; vous verrez qu'il vous apportera beaucoup de satisfactions... Vous aurez en quelque sorte « bataillé ensemble »!

Pourtant, gardez votre esprit critique : la plupart des assistantes maternelles veulent bien faire, elles cherchent et réussissent généralement à donner une bonne

impression d'elles-mêmes, mais toutes n'ont pas les capacités requises ni la patience nécessaire, en général ou en ce moment particulier, pour remplir leur fonction, surtout si elles s'occupent de plusieurs enfants.
Avec beaucoup de courage parfois, certaines affrontent des difficultés financières, des problèmes de couple. La confrontation permanente avec les enfants (souvent, elles choisissent ce travail pour élever elles-mêmes leurs propres enfants) réveille leur histoire personnelle, comme chez les parents. En outre, le fait de sortir peu ne permet pas de prendre du recul.

Des échanges nécessaires
Nous ne pouvons donc qu'insister sur la nécessité pour les assistantes maternelles de se regrouper et d'avoir de nombreuses occasions d'échanges sur ce qu'elles vivent dans leur vie professionnelle et personnelle – les deux se trouvant obligatoirement liées –, ceci avec des professionnels compétents. Leur travail est souvent plus difficile et leur responsabilité plus grande qu'on n'affecte de le croire.

Si vous avez quelques inquiétudes, ne laissez pas le temps passer, essayez de voir les choses de plus près, vous-mêmes ou en contactant le service de PMI. Les puéricultrices, les assistantes sociales, les pédiatres sont de plus en plus attentifs ; il suffit peut-être que votre assistante maternelle soit aidée, et la demande que vous faites lui sera peut-être très utile.
Le regroupement en crèche familiale offre ces occasions d'échanges, ces possibilités d'aide et de recul pour les assistantes maternelles, pour les parents, et des possibilités d'activités collectives pour les enfants.
Ne craignez donc pas d'expliquer vos manières de faire, vos horaires, etc. La vie d'un bébé n'est qu'une suite de petits détails qui peuvent paraître insignifiants, mais qui ne le sont pas... Ne vous sentez pas « dévalorisé(e) » et voyez avec l'assistante maternelle, autant que vous le sentez, dans quelle mesure elle peut également suivre ces petits détails du quotidien. Expliquez-lui ce qui vous paraît essentiel et pourquoi.
Il vous faudra sans doute aussi aider votre enfant à s'habituer progressivement à ce qui sera différent, essayer de le lui expliquer. « À la maison, tu peux monter et descendre l'escalier tout seul, mais chez tatie, non. Elle veille sur toi et elle a peur que tu te fasses mal dans son escalier à elle. Alors, tu vois, ici il y a une barrière, etc. »

Les enfants de l'assistante maternelle

Certaines assistantes maternelles sont elles-mêmes des mères de jeunes enfants qui en accueillent un ou deux chez elles. Ce paragraphe s'adresse à elles.
Si vous souhaitez accueillir un enfant jeune chez vous, réfléchissez à la différence pour vos propres enfants, entre :
• le fait de supporter à la maison la présence d'un autre ;

• le fait d'accepter de l'intérieur cette présence, sans l'angoisse d'être privé de sa mère et même, au contraire, en considérant l'autre comme source d'intérêt. Il faudra du temps à vos enfants pour accéder à ce second niveau.

Si vous décidez de devenir assistante maternelle, n'accueillez jamais pour une garde quotidienne un autre enfant du même âge que les vôtres sans préparation très progressive, également et même surtout pour ces derniers. Observez leurs réactions respectives. Les enfants de la famille qui accueille se sentent toujours dépossédés de leurs jouets, de leur chambre, de votre attention… Ils peuvent en ressentir de l'insécurité et en conserver des traces leur vie entière. Ils ne savent pas – parce qu'ils n'ont pas encore eu le temps d'en faire l'expérience – qu'ils vont retrouver leurs jeux, que vous serez toujours avec eux à la maison, que l'autre va repartir, etc.

J'ai vu ainsi beaucoup d'enfants débordés par leurs émotions, ne pouvant que se soumettre, devenir agressifs à l'égard de l'intrus ou encore exprimer le problème de manière dérivée (sous forme de difficultés somatiques, perte du sommeil ou de l'appétit), et ce d'autant plus que la nouvelle assistante maternelle, voulant bien faire son « travail », demandait avec insistance à son enfant d'être gentil avec l'autre.

Si vous prévoyez le temps nécessaire (quinze jours à trois semaines, au moins), votre petit enfant aura le temps de « vivre » de l'intérieur l'étonnement, l'inquiétude et la frustration de s'en remettre ou de s'en révolter le soir et à tous les moments où l'autre ne sera pas là. Il sera peut-être fatigué, agité, ou aura une attitude régressive, et vous comprendrez cela comme la conséquence de ses efforts ou comme une manifestation de ses émotions. Ne faites pas d'interprétations « sauvages », à la manière d'un mauvais psychanalyste : « C'est parce que tu n'es pas content que X soit venu que tu t'énerves ou que tu m'en veux », mais dites-lui que vous voyez que c'est difficile pour lui et qu'il n'est pas un méchant enfant. S'il peut parler, peut-être vous dira-t-il ce qu'il n'aime pas ; en tout cas, il comprendra que vous partagez ses inquiétudes et ses réticences.

Si l'autre vient de courts moments les premières fois, votre enfant vous récupérera très vite ; très vite, il fera l'expérience que ses jouets lui appartiennent toujours. Petit à petit, il attendra l'autre avec plus d'intérêt, de curiosité. Un peu plus détendu, il aura des chances de passer des moments joyeux avec lui. Chaque attente deviendra plus positive, et vous verrez sans doute naître entre eux une sorte d'amitié.

Si vous les forcez à vivre ensemble du jour au lendemain, vous risquez fort de les voir accepter en surface cette vie commune mais garder au fond d'eux-mêmes réticences, méfiance et ressentiment mutuel.

N'ayez pas peur de parler de votre enfant à la maman, ou au papa, de l'autre. Si vous êtes capable de faire attention à votre enfant, vous êtes sans doute aussi capable de faire attention à son enfant. Vous vous retrouvez tou(te)s les deux à l'écoute et vous pouvez mutuellement vous donner des idées.

Ainsi, l'enfant accueilli pourrait peut-être apporter quelques-uns de ses jouets. Au début, l'espace serait partagé de telle sorte que votre enfant garde pour lui un endroit un peu secret où l'autre ne vienne pas. Donnez-lui le droit de garder ses propres jouets. Petit à petit, avec le temps, il réussira à prêter, à partager parce qu'il ne sera

> Expliquez à votre enfant que le fait de vous occuper d'un autre enfant pendant la journée est pour vous un travail, et que les parents de l'autre vous donnent de l'argent pour ce travail.

plus inquiet. Vouloir réussir trop tôt ne ferait que retarder ou même rendre impossible cet apprentissage.
Manifestez toujours votre attention à votre enfant; dites-lui que l'autre a sa maman et son papa, qu'il rentrera chez lui tous les soirs, qu'il ne restera pas dormir sauf imprévu. Mais n'oubliez pas que ce n'est pas parce que vous le lui aurez dit qu'il en sera immédiatement rassuré. Il faut que, ayant ces mots à sa disposition, il puisse faire l'expérience de leur réalité d'une part et exprimer ses émotions d'autre part.
Si l'autre enfant est plus petit, veillez à ce que votre grand puisse continuer à jouer à son rythme. Il sera tout à coup désarçonné de voir qu'un enfant auquel vous donnez beaucoup d'importance ne sait pas marcher ni manger seul, jette les objets par terre… Est-ce cela qu'il faut faire maintenant pour vous plaire? À l'inverse, si l'autre enfant, est plus grand, aidez-le à ne pas se sentir en échec devant toutes les réalisations qui lui sont encore impossibles.
Donc, toujours le même principe: donnez à votre enfant la possibilité d'être collaborateur actif de ce que vous décidez, mais à son rythme. Cela demandera quelques jours ou quelques semaines. C'est gênant? Oui, peut-être. Et, si l'on vous accusait d'être « mère poule », vous sauriez quoi répondre!
Plus tard, s'il subsiste des moments où la présence de l'autre enfant ne lui plaît pas, où il se fâche, où tous deux se disputent, ce seront des moments de désagrément, sains en quelque sorte, et non l'expression d'un malaise intérieur. En somme, il vit ce qui est lié à l'arrivée d'un frère ou d'une sœur, expérience de partage et de réassurance, profondément enrichissante pour la personnalité même si elle est difficile.
S'il a dû se soumettre brutalement et réprimer ses impulsions négatives, l'arrivée de personnes nouvelles dans sa vie future pourrait réveiller quelque chose de menaçant ou de désagréable. Vous vous demanderez pourquoi il est assez peu sociable, craintif, ou pourquoi il s'oppose à ce qu'il ne connaît pas, pourquoi il a de temps en temps des méchancetés inexplicables… Vous aurez obtenu le résultat contraire à celui que vous souhaitiez en faisant intervenir dans votre maison un autre enfant.

Les autres lieux d'accueil

C'est une situation particulière puisqu'elle a lieu dans un temps court et parfois à un rythme irrégulier. Mais votre bébé a besoin que vous preniez les mêmes précautions que s'il entrait à la crèche ou était confié à une assistante maternelle, et ce d'autant plus qu'il est petit: adaptation progressive, personne de référence, explications lui permettant de repérer qu'il vous retrouve toujours après chaque absence.

La halte-garderie

Regardez l'atmosphère générale de la halte-garderie, les relations des adultes avec les enfants et des enfants entre eux, la variété des activités possibles (ce qui encore une fois n'implique pas un matériel sophistiqué).
Si votre tout-petit n'a pas encore l'expérience d'autres enfants, demandez-vous quelle première idée des autres il va pouvoir se faire, s'il va se trouver dans un climat de détente et de sécurité ou bien risquer d'avoir peur de l'autre. On ne peut pas socialiser de force : on peut proposer aux enfants des situations où les autres seront associés à des sensations de plaisir, à des choses intéressantes à faire, etc.

« Mais il faut qu'ils apprennent, la vie est dure... »

L'objection est fréquente. Oui, qu'ils apprennent, mais que les traces indélébiles qu'ils porteront à l'intérieur d'eux-mêmes soient plus de sécurité que de peur et qu'ils se soient déjà constitué un peu de force intérieure. Sinon, ce qu'ils apprendront, ce sera encore l'agressivité a priori, pour se défendre contre les malheurs qu'ils pensent inévitables puisque ce sont leurs toutes premières expériences. Agressivité qui peut devenir une constante dans leur comportement.
Si votre enfant est heureux d'aller à la halte-garderie, il n'y aura pas de problèmes. S'il est réticent mais que vous n'avez pas d'autre solution, espérons qu'il n'est pas trop petit... Et ce sera toujours la même chose, il faudra qu'il collabore : « Ce n'est pas ce que tu voudrais, mais je ne peux pas faire autrement. » Aidez-le, aidez l'éducatrice à faire connaissance avec lui, signalez ses activités préférées à la maison, les événements qui ont eu lieu et dont l'éducatrice pourra lui parler, etc.
S'il est un peu plus grand, il pourra peut-être vous formuler ce qu'il ressent : « Z'ai joué mais c'était pas drôle ! » S'il est petit, au retour il sera peut-être moins détendu, plus fragile, pleurera plus facilement. Parlez-lui de ce moment difficile qu'il vient de passer et peut-être câlinez-le davantage, soyez plus proche, acceptez qu'il régresse un peu pendant un court moment. Après une difficulté, les enfants en ont souvent besoin, comme pour retrouver des énergies intérieures qui leur permettront, après, de remonter la pente et de se retrouver à flot.
L'important n'est pas toujours d'éviter de vivre des choses difficiles, l'important est de pouvoir les surmonter pour en ressortir identique ou plus fort encore. Si la difficulté est trop grande, on en garde des traces : fragilité, peur, ressentiment.

La voisine, le ou la baby-sitter

Les principes sont toujours valables, même pour une soirée. L'enfant peut se réveiller et il sera particulièrement sensible au fait que vous ne soyez pas là.
Expliquez ce que vous ferez pendant le temps de votre absence, la durée, les conditions du retour. Faites en sorte que l'enfant connaisse la personne avec laquelle il va rester. Faites-la venir une fois ou deux chez vous auparavant, qu'un jour elle s'occupe de lui pendant que vous êtes à côté dans une autre pièce.
Si par extraordinaire ce n'est pas possible, expliquez à votre bébé qu'il ne la connaît pas mais que c'est vous qui souhaitez qu'elle s'occupe de lui. Proposez à cette

personne de lui dire, lorsqu'il se réveillera ou plusieurs fois pendant la durée de votre absence : « Tu ne me connais pas, ta maman [ou ton papa] m'a demandé de m'occuper de toi, ta maman m'a dit que tu aimais cela, elle t'a préparé cela... » Et ne brusquez pas la séparation. Laissez le temps à votre enfant de s'installer avec cette nouvelle personne, en étant présent(e) quoiqu'un petit peu éloigné(e) peut-être.
Les réactions des enfants sont très variables. Nous éprouvons parfois une curieuse sensation en ne recevant aucune réponse à notre au revoir ou à notre baiser, comme s'il nous disait, redoublant d'activité : « Tu vis ta vie, je vis la mienne ! » Souvent l'émotion est trop forte et l'enfant cherche à la dissimuler. Il y a un peu de tout cela peut-être dans son apparente indifférence.

> Les séparations mal vécues sont une des sources de l'agressivité et de la violence, de plus en plus fréquentes chez les enfants. Des recherches sont à faire mais, dès maintenant, les pouvoirs publics et les parents devraient y être beaucoup plus attentifs.

Vous allez le laisser vivre, lui, une expérience qui sera à la fois pénible et sympathique. Il va en ressortir quelque chose. Un exercice difficile mais réussi est en général bénéfique.
Si vous êtes inquiet(ète) du succès de cette expérience et surtout s'il est petit ou sensible, observez ses réactions ensuite. Vous paraît-il inquiet, plus « crampon » ou plus agité ? A-t-il le même dynamisme ? Dort-il plus ou moins bien ? Quelles sont ses réactions lorsqu'il revoit la ou les personnes à qui vous l'avez confié ? Vous verrez alors si vous pouvez recommencer prochainement ou s'il vaut mieux attendre un peu qu'il ait grandi. Essayez de faire en sorte que votre enfant revoie ces personnes en votre présence afin de le préparer aux expériences futures, et de l'aider peut-être aussi à tirer un plus grand profit de celle qu'il vient de vivre.

L'adoption, accueil fondamental

Nous ne parlerons pas de l'adoption en soi, mais de la manière dont notre réflexion peut aider les parents qui adoptent des enfants et évidemment les enfants eux-mêmes.

Nouer le lien fondamental

Nous avons dit que l'histoire d'une vie humaine pouvait être vue comme un long cheminement de la « fusion » initiale avec sa mère et de l'étroite relation à ses père et mère jusqu'à l'autonomie intérieure.
L'enfant qui est adopté a un autre travail à faire, antérieur à celui-là, qui est de nouer cette relation intense, « viscérale », avec ses nouveaux parents. C'est alors seulement

qu'il pourra se construire réellement avec une vraie force, et acquérir une autonomie intérieure. Cette étape première me semble souvent oubliée. On ne prend sans doute pas assez le temps de se rendre compte de la différence entre :

- la relation extérieurement bonne : on a plaisir à être ensemble comme avec les amis, on rit, on mange, on s'active, on s'aime vraiment ;
- et la relation qui est enracinement, non interchangeable, définitive, unique donc, et qui, si elle ne s'est pas créée « naturellement » par la naissance, peut et doit se construire après.

C'est le travail fondamental auquel est affronté tout enfant adopté au début de sa nouvelle vie. Travail heureux, mais qui ne va pas toujours sans à-coups.

Un bouleversement interne

Plus l'enfant est jeune, moins ce travail est difficile et moins il est aléatoire, mais de toute manière il doit se faire. Et, bien qu'aidé par ses parents adoptifs, c'est l'enfant qui doit le faire : nul ne peut le faire à sa place. C'est lui qui va se « donner » fondamentalement à cette mère et à ce père qui l'attendaient, et qu'il ne connaît pas encore. Ce qu'il connaît de la vie, c'est une rupture, celle d'avec sa mère de naissance, une perte ; et bien souvent il a vécu d'autres pertes, d'autres séparations, en plus de bien d'autres souffrances diverses. C'est cela qu'il a appris de la vie, qu'il porte inscrit dans ses cellules quand il entre dans la joie de toute une famille.

Si petit qu'il soit, l'enfant perçoit que quelque chose de très important lui arrive : beaucoup de nurses, dans des pouponnières différentes, décrivent un changement qu'elles perçoivent dans le comportement des bébés quand les adultes ont décidé pour eux une adoption, ceci même avant que leurs futurs parents n'arrivent ou quand ils sont sur le point d'arriver.

Si les parents peuvent « prendre » tout de suite leur enfant sans préparation, on observe très souvent chez lui des troubles somatiques (diarrhée, troubles respiratoires, maladie de la peau, etc.), signes que le corps réagit. Ces troubles doivent être compris comme tels et il ne faut pas, dans la mesure du possible, s'empresser de les guérir trop vite, privant alors le corps de sa capacité d'expression et l'obligeant à se manifester autrement.

Il faudrait surtout penser à ce que nous avons décrit de la nécessité d'une préparation à l'entrée en crèche ou chez une assistante maternelle :

- que l'enfant ne vive pas une perte de sa mère ;
- qu'il puisse se familiariser de l'intérieur avec la nouvelle personne qui va s'occuper de lui.

Ce qui est vrai dans cette situation ordinaire l'est encore bien plus pour les enfants qui vont être adoptés.

Une adaptation progressive

Il est donc souhaitable qu'un bébé qui va être adopté ne soit pas enlevé brutalement à son lieu de vie, mais fasse connaissance progressivement avec ses nouveaux parents. On y est maintenant de plus en plus attentif à la DDASS et dans les pouponnières. Dans les pays étrangers, c'est souvent encore inhabituel : les parents ont hâte de prendre leur enfant, et les lieux d'accueil sont souvent pressés de libérer une place.

Vous, les parents, n'oubliez donc pas l'importance pour votre bébé de cette connaissance progressive ; les troubles somatiques que je vous ai décrits sont probablement la réaction du bébé à la perte brutale des personnes qui s'occupaient de lui, souvent avec beaucoup d'amour, et au fait que, malgré tout l'amour que vous lui portez déjà, lui ne vous connaît pas.

Bien que ce ne soit pas toujours facile à réaliser, essayez de faire en sorte qu'il puisse faire votre connaissance en restant dans son lieu habituel, parlez-lui doucement, expliquez-lui qui vous êtes et ce que vous voulez pour lui. Oui, même s'il est tout petit... et évidemment aussi s'il est plus grand et qu'il peut comprendre un peu le langage. Veillez à ce que tout lui soit bien expliqué par une personne si possible familière et **dans la langue qui est la sienne**.

En allant le chercher, beaucoup de parents adoptants oublient que lui aussi, comme tout autre enfant, est une personne active et que tout de suite ils ont à le considérer comme tel : cet événement le concerne au premier chef. Il ne doit pas être un objet que vous allez déplacer, même avec beaucoup d'amour.

Vous le verrez vous regarder, puis les personnes qu'il connaît, vous sentirez peut-être cet élan qui vient vers vous mais il aura encore de grands sourires vers « les autres ». Essayez de lui donner des soins sur place pour ne pas trop bouleverser ses habitudes, et ne changez pas toutes les manières de faire dès qu'il sera avec vous (s'il doit y avoir une grosse différence, ménagez une transition entre la nourriture qu'il recevait et celle que vous lui donnerez). Vous l'aiderez ainsi beaucoup pour l'avenir, parce qu'il peut garder un peu de son passé au fond de lui malgré la perte qu'il a vécue. C'est de lui-même qu'il ira vers vous.

S'il doit quitter tout de suite le lieu où il se trouve, essayez d'emporter un drap, du petit linge, des jouets que vous rapporterez ensuite. Essayez aussi d'y retourner plusieurs fois, qu'il lui soit possible de vivre **un déplacement et non une perte** : les personnes à qui il s'est attaché ne l'abandonnent pas, elles le confient à d'autres pour qu'il soit plus heureux. Comme l'ont fait le plus souvent ses parents géniteurs (et surtout sa mère), qui ont voulu le faire adopter pour qu'il soit plus heureux malgré la souffrance qu'ils en ressentaient. C'est là une grande preuve d'amour.

N'oubliez pas que tout ce qu'il vit s'inscrit à l'intérieur de lui. Bien sûr, ce sera recouvert ensuite par ce qu'il vivra de bon, mais cela restera prêt à resurgir selon les événements. Avant de partir, accumulez le plus possible d'informations sur son passé, faites des photos : traces de ce qui lui appartient et qu'il vous demandera un jour.

Tout cela devient difficile à faire pour les enfants qui arrivent par avion mais, si vous avez compris le principe, vous trouverez des solutions pour leur faire vivre une certaine continuité.

Rester à l'écoute

À l'arrivée « à la maison » et dans l'euphorie, les nouveaux parents ont souvent besoin de l'entourer, de le voir souriant, riant, transformé en somme! Signe de son plaisir à être avec eux.

L'enfant, lui, surpris sans doute de ces nouveaux bonheurs, s'y précipite et réagit parfois plus dans l'excitation que dans la plénitude. Il peut être très content de cette relation joyeuse, mais somme toute assez superficielle pour lui, et se comporte plus en réponse aux autres qu'avec des élans venant vraiment de lui. C'est là que l'écoute de l'enfant peut être très précieuse: lui laisser aussi le temps d'exprimer ses étonnements, ses peurs, ses éloignements.

Car, un peu plus tard, surviennent souvent des moments de fatigue, de petites maladies, de régression ou d'agitation. Si on observe bien, il semble qu'il y ait des moments où le « corps-esprit » semble se poser des questions, où, face à cette proposition d'amour, il semble se rétracter comme si, devant cet inconnu, il hésitait à s'engager ou bien craignait déjà une nouvelle perte.

Un bébé de 3 mois, accueilli par ses parents à l'âge de 1 mois et demi, « s'installait » très bien. Puis, pendant une quinzaine de jours, il a refusé de croiser le regard de sa mère. Il ne la regardait pas quand elle lui donnait le biberon. Mais, quand c'était son père, il tournait la tête vers elle pour la regarder…

Il ne semble pas qu'il se soit passé quelque chose de particulier pour cette mère à ce moment-là, et on a plutôt compris le comportement du petit garçon comme une hésitation à « se donner ». Sa maman, le comprenant ainsi, lui a reparlé de sa maman de naissance, de l'admiration qu'elle avait pour elle et pour son père, de ce qu'elle savait de sa courte histoire, elle lui a dit que maintenant, ils étaient ses nouveaux parents pour toujours, etc.

« Et, un après-midi, mon petit garçon a plongé son regard dans le mien, tranquillement, le corps détendu, puis il n'a plus jamais eu ces réactions d'évitement. J'ai eu l'impression qu'il me disait: "ça y est, je veux bien, tu es ma maman". »

Tout un travail qui se fait dans la profondeur de l'être…

Les moments de la toilette et du repas sont sans doute ceux où le bébé va pouvoir le mieux éprouver cette nouvelle relation: importance du corps à corps, des caresses ou des massages, encore plus que pour un enfant ordinaire. Soyez à l'écoute de ses réactions plutôt que d'essayer de le faire rire, parler, chanter, de le chatouiller (on en a parlé au chapitre 2).

Ce petit enfant qui a vécu l'abandon, la plus grande blessure au monde, doit se sentir maintenant entièrement écouté, toutes les manifestations qui viennent de lui doivent être reconnues, prises en compte, par une femme et un homme qui sont – et seront – toujours là désormais. Il lui faudra beaucoup d'années pour acquérir la certitude qu'il ne sera pas laissé à nouveau… et en sera-t-il jamais sûr au secret de lui-même?

Attention aux séparations

On observe chez tous les enfants adoptés une grande **sensibilité aux séparations** et à tout ce qui peut rappeler une perte, même si cette sensibilité se manifeste autrement que par des pleurs : baisse de tonus quand la maman n'est pas là, fièvre inexpliquée pendant une absence ou même un voyage avec les parents, grande importance attachée à la présence ou au départ des copains, entrée mouvementée à l'école maternelle alors même qu'il a 3 ans et demi et qu'il est manifestement intéressé par ce qu'il y fait et par les enfants qu'il y retrouve, etc.

« Mais ce sont des enfants comme les autres ! »

Oui en ce qui concerne leurs capacités, non en ce qui concerne leur histoire. Ce qu'ils ont vécu est inscrit en eux. Prenez donc encore plus de précautions.

Évitez de confier trop tôt votre enfant adopté et retardez autant qu'il est possible l'entrée en crèche ou chez une assistante maternelle. Dans le choix de votre organisation de vie, rappelez-vous ce que nous avons observé de l'alternance des moments de relation et des moments d'activité par soi-même.

Si des moments de garde sont inévitables, essayez de donner vous-mêmes le plus de repas et de soins (même quand il aura 2 ou 3 ans), puisque c'est là qu'il se nourrira le plus de vous, et confiez-le plutôt pendant ses moments de sommeil et de jeux.

> Peut-être un enfant adopté a-t-il plus besoin qu'un autre d'être pris dans les bras, mais n'oubliez pas combien vous l'aiderez en lui permettant de trouver du plaisir à développer toutes ses potentialités.

Lorsque vous êtes présent(e), peut-être devrez-vous le garder plus longtemps près de vous, mais, comme les autres, il trouvera le plus grand plaisir à s'activer par lui-même. Il se rechargera en permanence en vous regardant, mais il fera l'expérience de ses capacités.

Et ceci est encore plus vrai s'il a acquis un retard ou une fragilité particulière : c'est en se trouvant dans cette situation de confiance que son dynamisme, quel qu'il soit, se manifestera le plus (voir chapitre 3).

Respectez donc absolument son rythme, ne le bousculez pas. Comme les autres enfants que nous avons vus en difficulté, c'est lui qui récupérera, et d'autant mieux que vous lui ferez plus confiance. Plus que tout autre il a besoin de trouver confiance en ses propres forces, fierté de ce qu'il réalise (même si provisoirement d'autres de son âge en font plus), plaisir à développer tout ce qu'il porte en lui.

Ayant acquis un peu plus de force et d'indépendance intérieure, le jour – nul ne sait quand – où il prendra vraiment conscience de sa situation, il se sentira sans doute un peu moins démuni qu'un enfant que ses parents ont toujours voulu protéger, qui les a toujours eus tout près de lui dans les petits événements de la vie quotidienne. Il aura pu faire l'expérience que l'on peut trouver en soi des solutions.

Peut-être l'adolescence, où l'on revit quelque chose de sa première enfance, sera-t-elle plus facile, sans trop grande détresse ni sentiment d'abandon, sans crainte de n'être pas aimé, d'échouer...
Vous pourrez peut-être observer de temps en temps des régressions chez votre enfant, comme chez tous les enfants; elles peuvent être à certains moments l'expression de son cheminement face à son origine, à son histoire, à sa situation. Si vous les comprenez ainsi, vous trouverez les moyens de l'aider, en reparlant des premiers événements de sa vie, en redisant que vous ne le laisserez jamais...
Car c'est son histoire, sa particularité, et pourquoi pas une de ses richesses? En essayant de faire comme si cela n'existait pas, vous le priveriez de quelque chose d'essentiel qui lui appartient.

Conclusion

ET POUR NOUS LES PARENTS ?

« Il est des personnes qui pensent qu'un enfant est comme de l'argile entre les mains d'un potier. Elles commencent à mouler le bébé et à se sentir responsables du résultat. Elles ont tort. Si c'est ce que vous éprouvez, vous serez écrasée par des responsabilités que vous n'avez absolument pas besoin de prendre. Si vous acceptez l'idée d'un bébé qui existe par lui-même, vous serez alors libre de retirer un grand intérêt de l'observation de ce qui se passe lorsque le bébé grandira, tout en étant heureuse de satisfaire ses besoins. »

D. W. Winnicott, *L'Enfant et sa famille*, Payot, 1957.

Adhérer à cette conception de la liberté de mouvement et de la confiance dans l'enfant est souvent moins facile qu'il n'y paraît. Et pourtant, à la fois savoir-faire et source de connaissance de ce(s) tout-petit(s) et de nous-mêmes, que de plaisirs, que d'émerveillements elle nous apporte, en même temps qu'une certaine légèreté : il n'est pas nécessaire d'être des parents parfaits...
Si certains aspects vous rebutent, laissez passer le temps, utilisez ce qui vous paraît possible au moment présent et regardez votre bébé, la manière dont il réagit et ce qu'il vous en « dit ». Peu à peu, les autres aspects vous sembleront sans doute moins étranges ou impossibles : le fait d'être responsable d'un petit enfant nous fait progresser. Ce qui paraît étonnant, impossible ou inquiétant peut ne plus l'être quelques mois plus tard. Essayons d'avoir une certaine souplesse, ne restons pas campés sur nos positions. C'est un cheminement à plusieurs, où chacun apporte quelque chose... **Et vous connaîtrez peu à peu plus de plaisir et de légèreté.**
Le plaisir vous aura accompagné(e) tout au long de votre lecture : il n'y a pas de mots... Observer un enfant en pleine activité de croissance est tout à fait prodigieux. La vie avec un tout-petit est rarement uniformément heureuse, on ne parle pas assez des incertitudes, de la fatigue, des déceptions, des changements dans la relation de couple...

De quelques difficultés réelles

Partager notre responsabilité

Si vous êtes deux pour élever votre (vos) enfant(s), essayez de compter l'un sur l'autre : quand l'un est débordé, fatigué, qu'il puisse faire confiance à l'autre. Les femmes se croient souvent investies de tout, mais le père est là. Nous devons souvent faire attention, nous les mères, à ne pas minimiser leur rôle, et eux devraient sans doute veiller à ne pas nous laisser tout faire... De plus, le père reste « porteur de la loi », ce qui est important même quand l'enfant est tout petit (voir p. 161).

Sauvegardez votre amour, enrichissez votre relation

Au début, et surtout après la naissance de votre premier enfant (mais aussi avec les suivants), vos relations de couple vont changer : le changement radical d'organisation de la vie quotidienne, la responsabilité de ce petit être, la compréhension des réactions de l'autre modifient les échanges et la qualité des relations. Soyez bienveillant(e) avec l'autre, intéressé plus que critique à l'égard de ses réactions, allez à sa découverte comme vous allez à celle de ce tout-petit : « Quel père, quelle mère seras-tu ? » Parlez, questionnez, écoutez les réponses, ayez confiance en l'autre, soutenez-le dans ce désir d'être « le meilleur père possible », « la meilleure mère possible » pour ce petit. Les difficultés, les obstacles peuvent faire grandir l'amour quand on cherche les solutions ensemble.

Veillez sur votre amour comme sur un trésor qui peut être fragile. C'est sans doute le plus beau cadeau à faire à votre petit, même si parfois c'est lui qui doit être confié[1] pour que vous puissiez vous retrouver. L'amour de ses parents l'un pour l'autre, leur joie de vivre peuvent donner une telle confiance dans la vie que nous n'avons pas à nous sentir égoïstes de priver l'enfant à certains moments de notre présence ou de notre attention (si nous utilisons ce qui est maintenant connu sur les séparations et la manière de les aménager). Parfois, soyez épouse avant d'être mère, un enfant n'a pas besoin que l'amour entre ses parents lui soit sacrifié.

Nos incertitudes

Rappelez-vous que, souvent, **il n'y a pas une bonne solution, il y a plusieurs solutions possibles**, chacune ayant ses avantages… et ses inconvénients ! Saint-Exupéry écrivait : « Il n'y a pas de solution mais des forces en marche. »

Vous réussirez peu à peu à intégrer l'incertitude comme un fait et non comme une insuffisance de votre part, et vous ferez plus confiance à votre enfant. Il est difficile pour certains de renoncer à l'idée de perfection ; surtout pour leur enfant et surtout s'il est très jeune. Pourtant, rien n'est idéal dans la vie, rien n'est parfait, essayez seulement d'être plutôt bons en intégrant vos insuffisances comme faisant partie de la réalité !

En même temps que nous essayons de donner au petit enfant le maximum de joie et de bonheur, nous sommes obligés peu à peu de renoncer à l'idée de le voir vivre dans un bonheur permanent.

La vie est ainsi. Et, de plus, être comblé en permanence permettrait-il à l'enfant de développer les forces qui sont en lui et de se formuler de réels objectifs ? Certainement pas.

1. Sauf peut-être pendant les deux ou trois premiers mois.

Cesser de vouloir être parfaits

« Si beaucoup de parents pouvaient arrêter de vouloir être parfaits et de vouloir que leurs enfants soient parfaits, s'ils acceptaient la "vie moyenne", de nombreux enfants iraient sans doute mieux... » me disait une psychologue de crèche. Un tel cheminement vous apportera-t-il ce qu'une maman décrivait ?

> *« Les moments où j'arrête de vouloir tout faire, je sens une détente entre les épaules puis, dans tout le corps, une envie de respirer profondément ; je me rends un peu plus compte que mes enfants peuvent aussi avoir leur vie à eux si je leur en donne la possibilité. Mais je dois me le redire tous les jours ! »*

Si nous avons du plaisir à vivre, il en trouvera lui aussi.

Les rendre moins vulnérables à nos difficultés

Nous leur rendons ainsi un immense service. Dans la mesure où ils ont acquis une certaine autonomie intérieure, un plaisir à s'activer par eux-mêmes sans avoir besoin de nous, ils seront sans doute moins vulnérables à nos difficultés personnelles, à notre autoritarisme ou à notre volonté de pouvoir, à nos préoccupations, à nos angoisses, etc.

Quant à nos problématiques inconscientes, beaucoup plus compliquées parfois, nous ne pouvons pas en protéger complètement nos enfants. Nous les communiquons à notre insu.

Mais, en leur permettant d'acquérir une identité plus claire à partir de leurs propres réalisations, nous les protégeons sans doute un peu de nous-mêmes et ils deviennent plus solides.

Nos réactions d'adultes par rapport à eux nous font découvrir des parties de nous-mêmes que nous ignorions, comme la vie en couple nous en fait découvrir d'autres. Chaque être humain évolue, souvent dans le sens d'une progression. Intégrer peu à peu la richesse et la diversité de ce qui est enfoui en nous est une entreprise qui ne sera jamais terminée : « L'être humain : être en éclosion[1]. »

---

1. Dans un livre passionnant au titre un peu curieux, *La Sainte Folie du couple*, Paule Salomon, *op. cit.*

Lorsqu'une situation familiale est difficile à vivre

Lorsque les parents (et spécialement les mamans) travaillent dur et rentrent fatigués le soir, avec souvent beaucoup de soucis, ils ont peu de temps et d'énergie à consacrer aux enfants qui, eux, passent beaucoup de temps sur le lieu d'accueil. Veillez donc à la qualité de cet accueil, à préserver des moments de plaisir ensemble, même s'ils sont courts, et à ne pas compenser votre absence par des objets matériels ou par trop de laisser-faire, en plaignant un peu l'enfant... Obligé de solliciter davantage ses propres ressources et sentant votre amour, il en sortira peut-être plus fort pour l'avenir.

À l'opposé sont les mamans qui ont décidé (avec joie et conviction souvent) de s'occuper de leurs enfants et qui, peu à peu, se sentent enfermées, harcelées par les tâches ménagères, celles qui n'ont pas ou ne trouvent pas d'activité professionnelle, celles qui sont seules et à la maison, pour élever l'(les) enfant(s). Souvent le père intervient moins « puisqu'elles sont là ». Du coup, elles vivent en direct toutes les émotions de la famille, les conflits prennent des dimensions importantes et elles n'ont pas assez de dérivatifs pour prendre du recul. Certaines peuvent déprimer, car elles utilisent trop peu toutes les capacités qu'elles portent en elles.

Si vous vous sentez dans, ou glisser vers, cette situation, **réagissez tout de suite**: sortez, demandez-vous ce qui vous intéresse, vous, et trouvez le moyen de réaliser quelque chose pour vous. Pour que chacun puisse réaliser sa vie, il faut que vous réalisiez la vôtre.

Si vous ne leur permettez pas d'avoir à assumer de petites difficultés de la vie, vos enfants grandiront dans une plus grande dépendance et ne pourront pas découvrir les capacités qui sont en eux. Utilisez les haltes-garderies et/ou battez-vous pour qu'il en existe davantage. Allez au square, parlez, échangez des bonnes adresses et des recettes...

Les grands-parents sont extraordinairement précieux pour permettre aux enfants de vivre des moments plus détendus pendant que « maman se récupère ». Mais les familles bougent de plus en plus et vous ne connaissez peut-être autour de vous personne qui puisse vous soulager (et, parfois, il est bon de ne pas compter que sur ses parents pour pouvoir continuer à mûrir soi-même). Alors, osez faire ce qui, en France du moins, n'est pas très évident: frappez à la porte de vos voisins, demandez un service, vous pourrez aussi leur en rendre... ils se sentent peut-être aussi isolés que vous! Faites-vous confiance, vous avez votre valeur. Si ça ne marche pas, vous essaierez ailleurs, mais peut-être seront-ils surpris et contents. Chacun de nous a quelque chose à apporter à d'autres.

Les difficultés de votre enfant

À certains moments, il peut avoir des réactions ou des difficultés qui vous étonnent ou vous inquiètent. Il affronte une difficulté « saine » peut-être, due à sa croissance ou liée à un événement comme une séparation, la venue d'un autre enfant... une découverte qui lui fait peur, son impuissance dans certaines situations, la puissance de son père.

Vous n'avez pas de reproches à vous faire, mais vous devez l'aider à passer ce cap difficile qui constitue une nouvelle étape dans sa progression.

Il est possible aussi que quelque chose ne lui convienne pas dans l'organisation de sa vie ou qu'il réagisse à des difficultés (conscientes ou non) qui sont les vôtres. Avant de dire : « Il ne faut pas culpabiliser », distinguons deux formes de culpabilité :

• la culpabilité malsaine dans laquelle vous macérez et qui ne permet pas d'avancer : « Je ne suis pas à la hauteur » ;

• la culpabilité saine, utile, qui permet de se rendre compte avec réalisme et courage de ce qui n'est pas au point dans vos attitudes, votre comportement, etc. À ce moment-là, les reproches que vous pouvez vous adresser judicieusement vous aident à rectifier les choses.

Il n'y a pas de honte à avoir, bien au contraire ! Vous ne pouvez progresser que si vous vous rendez compte de vos manques et si vous essayez d'y remédier. Tout le monde en a. Et vous allez pouvoir sortir ainsi d'une difficulté ou d'une période un peu décevante.

Si votre enfant vous paraît gêné par quelque chose (il dort mal, est agité, ou au contraire il se replie sur lui-même, suce son pouce et bouge peu...), vous pouvez vous demander ce qui, dans votre manière de vous occuper de lui actuellement, peut lui poser problème ou lui manquer. C'est un avertissement utile, non dramatique, positif : un enfant guide ses parents s'ils savent le regarder.

Vivre avec un ou des enfants est, on l'a vu, une formidable source de progrès si on est un peu modeste et réceptif à ce qui se passe. Et le progrès apporte toujours plus de bien-être et de plaisir à vivre !

Comprendre vous-même ce qui se passe

Ce livre vous donne, me semble-t-il, de nombreuses pistes. La réaction habituelle est d'essayer de ne pas y penser, de trouver des explications rationnelles, de penser que c'est son caractère ou bien qu'il faut attendre, que « ça s'arrangera ». Bref de ne rien faire effectivement. Or, pourtant, vous êtes soucieux(se).

Devant le grand nombre d'enfants qui actuellement sont agités, ont des problèmes de sommeil ou d'appétit, beaucoup d'adultes pensent que c'est normal et oublient qu'il existe des bébés calmes, heureux de vivre, qui dorment et mangent bien. On est en général bien plus attentif à la santé physique qu'à la santé psychique des petits enfants.

Prenons l'exemple d'une petite fille de 18 mois qui ne dirait encore aucun mot à l'exception de « mama » et de « non ». Est-ce normal ou non ? Et chacun d'y aller de ses propres expériences : « J'ai vu un enfant qui… j'ai vu un enfant que… »
Pour vous aider à y voir un peu plus clair vous-même dans un premier temps, je vous communique une technique un peu professionnelle qui consiste à s'enquérir d'abord de l'ensemble de la vie de cette petite fille : comment est-elle dans ses activités, ses jeux, ses relations avec les autres (parents proches, enfants, personnes inconnues), comment dort-elle, mange-t-elle, etc. ?
Si, sur tous ces points, elle manifeste joie de vivre, confiance en elle, bien-être, si le niveau de son développement correspond en gros à celui de la moyenne des enfants de son âge, vous pouvez penser que son refus de parler correspond à une attitude particulière d'autonomie peut-être, mais qui semble ne rien traduire de difficile, de très important chez elle. Vous allez devoir sans doute patienter un peu en essayant de « l'entendre » quand même, d'être attentif(ve) à elle.
En revanche, si vous constatez peut-être d'autres difficultés (pleurs fréquents, exigences et caprices, pauvreté des réalisations, problèmes de sommeil ou d'appétit, etc.), le retard de langage observé correspond sans doute à un malaise chez cette petite fille.
Il est nécessaire de l'aider, sans vous dire : « Deux mots à 18 mois, j'en connais d'autres comme ça, c'est normal… » Plus tard, ce sera plus difficile.

Le symptôme d'un enfant est un langage très utile, que nous pouvons encore comprendre dans notre optique de confiance. Il est capable de nous dire : « Quelque chose ne va pas pour moi. » C'est formidable, non ? Écoutons-le. C'est dur, parce qu'on peut être déçu, humilié, se sentir coupable… Nous pouvons être coupables de notre entêtement, pas de notre histoire. Tout le monde a des insuffisances ; elles sont seulement plus ou moins visibles et n'ont pas toutes les mêmes conséquences. Demandez de l'aide, c'est l'occasion de prendre un peu de recul. Renseignez-vous : il existe de plus en plus de pédiatres, de psychologues, de psychiatres qui connaissent bien ces aspects de la vie, et qui ne dramatiseront pas. Ils auront toute estime pour vous (ayant, pour acquérir leur formation, pris conscience de leurs propres difficultés, ils savent ce que c'est !), et vous retrouverez avec eux vos propres capacités. Ils sont de plus en plus nombreux dans les centres de PMI, dans les crèches. Il existe peut-être aussi des lieux d'accueil (type Maison verte) près de chez vous. Renseignez-vous.
Avec cette possibilité de recul, vous vous apercevrez peut-être qu'il s'agit d'attitudes éducatives simples qui sont à changer : par exemple, enfant très volontaire ou plein d'énergie et d'intelligence qui ne trouve pas assez d'occasions de s'investir.

Réfléchir à votre propre histoire

Ou bien vous aurez surtout à réfléchir à ces attitudes qui viennent de votre éducation, de vos relations avec vos parents, de ce que vous avez intégré de l'autorité, du désir de bien faire, de l'angoisse... C'est très intéressant à découvrir en couple (ce qui suppose beaucoup de bienveillance) même si certains d'entre vous en sont surpris.

> Nous sommes tous « fabriqués » un peu de la même manière : ce que vous pourrez découvrir sera vôtre, mais sans doute pas vraiment original !

À moins que vous n'ayez à évoquer un événement douloureux de votre histoire que vous croyiez oublié, dépassé, et que la présence de ce petit enfant ravive de façon imprévue. Vous libérerez beaucoup d'énergie en même temps que les émotions qui y sont liées. Échanges qui peuvent vous rapprocher l'un de l'autre et, mystérieusement, améliorer le comportement de vos enfants...

Il nous faut donc essayer de prendre une distance intérieure par rapport à nos propres parents, et accepter de nous rendre compte (horreur pour certains !) qu'il y a aussi du ressentiment dans l'amour que nous éprouvons pour eux, de la colère, parfois de la haine[1]. Dans chaque être humain, les opposés coexistent. Personne n'y échappe. Seulement, beaucoup d'entre nous ont du mal à y croire et à en être conscients.

Pourtant, de même que vous n'êtes pas détruit(e) par les colères de votre fille ou de votre fils contre vous, vous ne détruirez pas vos parents si vous vous permettez d'éprouver de la colère ou du ressentiment contre eux[2], ou plutôt contre le comportement qu'ils ont eu avec vous : trop exigeants ou trop indifférents, plus préoccupés d'eux-mêmes ou de leurs opinions que de ce qui était réellement important pour vous, parfois néfastes ou cruels même s'ils n'étaient pas (très) conscients de ce qu'ils faisaient. Vous en rendre compte ne les tuera pas ! Au contraire, vos relations risquent de devenir plus vraies, plus riches et plus agréables.

Je vous propose ce petit exercice : essayez de retrouver dans vos attitudes deux ou trois traits qui seraient aussi ceux de vos parents, ou demandez à quelqu'un d'autre de vous les faire remarquer... Je vous cite quelques exemples.

Une jeune femme a souffert des attitudes trop exigeantes de sa mère. Elle ne veut surtout pas les reproduire avec sa fille et elle est très cool dans les soins et dans l'ensemble de la vie. Et voici que, plusieurs jours de suite, son bébé refuse de manger, ce que la jeune femme supporte mal ; elle a des accès de colère. Du coup, les relations avec sa fille se détériorent un peu parce qu'elle anticipe pendant la journée les difficultés du repas suivant. Elles s'entêtent toutes les

---

1.Voir dans la bibliographie les ouvrages d'Alice Miller sur ces questions.
2. Voir J. K. Stettbacher, *op. cit.*

Pensez à prendre du recul

Quand un enfant vit une période difficile, la relation avec lui prend une intensité plus grande : inquiétude, sentiment d'échec, gêne par rapport à l'entourage, agressivité, fatigue, moments de découragement, tensions dans le couple parfois, émergence d'émotions intenses, réveil du passé mais sans qu'on en soit conscient. Alors, bien souvent, les attitudes inconscientes se manifestent davantage que celles que nous avions décidé d'avoir, bien au calme. Parfois « on ne se reconnaît plus ». Les semaines et les mois peuvent passer et on peut se retrouver dans un imbroglio difficile à dénouer.

Si vous passez un tel moment, n'attendez pas, prenez du recul, vous trouverez difficilement une solution si vous restez dans la même bulle que ce tout-petit qui vous en fait déjà voir autant ! Prenez le large, partez un week-end en couple, confiez-le quelques jours s'il n'est pas trop petit ou seulement dans la journée, ou faites venir quelqu'un à la maison[1]. Allez avec lui chez des amis qui s'en occuperont...

Vous pourrez regarder un peu de l'extérieur ce qui se passe – ce qui ne va pas et ce qui est bon, ce qu'il cherche, comment il peut s'en sortir – et vous retrouverez (un peu de) vos capacités à vous, vous vous retrouverez vous-même. Respirez, sentez votre corps, retrouvez le plaisir à vivre tel(le) que vous êtes. Lui « se reposera » de vous, pourra peut-être perdre un peu de ces automatismes qui sont en train de se mettre en place.

Voyez ce que vous pouvez changer, mettre en place. Faites-vous confiance, recherchez ce qui peut vous donner du plaisir à chacun et ensemble. Et les choses vont peut-être s'améliorer... Continuez à être attentif(ve).

Encore une fois, si c'est insuffisant, n'attendez pas pour aller en parler à quelqu'un de compétent qui mettra peut-être le doigt sur ce qui ne va pas, vous permettant d'en sortir rapidement.

deux : la maman devient plus exigeante, ne supporte pas les refus de sa fille...

Une autre maman ne veut surtout pas être rigide et tatillonne, comme sa mère l'était, mais elle ne peut imaginer de mettre son bébé de 8 mois sur un tapis par terre, parce qu'il y a là quelque chose d'un peu sale et qu'il va mettre du désordre partout !

Une autre enfin, peu sûre d'elle habituellement, parle peu à son bébé. Elle réalise qu'elle a le sentiment que si elle lui parle beaucoup il va comprendre trop vite, être capable d'avoir une opinion, un jugement, et de lui tenir tête : elle a peur de l'assurance qu'il peut prendre. Elle se rend compte qu'elle trouve toutes les raisons « rationnelles » pour le laisser dans le siège-relax la plus grande partie de la journée, tout en meublant en même temps sa chambre de jouets sophistiqués pour le « stimuler ».

1. Avec quelques précautions à prendre (voir chapitre 7 sur les séparations).

Donc, trouver une oreille attentive, c'est à cela que servent les psychologues : accompagner avec sympathie et empathie quelqu'un qui exprime des sentiments qui lui font peur ou qui sont douloureux. La personne en difficulté s'aperçoit alors que ces sentiments ne sont pas si dangereux. Le fait d'avoir pu les éprouver fait qu'il (elle) est beaucoup plus détendu(e) et que, chose peut-être étonnante mais bien réelle, il (elle) a de meilleures relations avec les personnes contre qui il (elle) a pu éprouver des sentiments si violents.

Le fait d'avoir pu éprouver à nouveau ces sentiments, de les dire à quelqu'un de neutre et de bienveillant fait qu'il (elle) en est libéré(e) et a beaucoup moins besoin de lutter contre. Il (elle) se sent plus à l'aise dans la vie et plus libre de choisir ses propres comportements. Si vous avez peur de vous baigner en mer et que vous voulez combler cette lacune, vous apprendrez d'abord à nager, à mettre la tête sous l'eau les yeux ouverts ; puis vous vous baignerez en faisant des mouvements et votre peur diminuera avec les exercices qui peu à peu vous donneront confiance.

Il en va de même pour toutes les idées de savoir-faire que je peux vous donner. Au fur et à mesure que vous pourrez les utiliser, elles vous aideront sans doute à acquérir plus de confiance en vous et de capacité à assumer vos responsabilités face à votre enfant.

Mais il se peut que, pour certains, essayer d'apprendre à nager ne suffise pas : une peur panique subsiste. La peur de l'eau semble liée à une angoisse profonde et, s'ils veulent réellement nager au large sans appréhension, c'est un travail plus en profondeur qu'il leur faudra entreprendre. Il n'y a là aucun déshonneur…

Nous ne devrions plus avoir autant de réticences à aller voir un « psy » ou à participer à des groupes d'évolution personnelle (quand nous pouvons être sûrs de leur sérieux). Nous allons bien voir l'ORL ou l'ophtalmo. Aucun d'entre nous n'échappe à tous ces mécanismes que nous avons décrits et qui font partie de notre fonctionnement d'être humain. Si les difficultés d'un enfant nous permettent d'y mettre un peu d'ordre, ce peut être une chance, de l'énergie gagnée pour l'avenir, même si sur le moment c'est un peu (ou très) désagréable.

Mais sachez qu'il ne suffit pas de faire un rapprochement intellectuel. Ce qui est soulageant, c'est de pouvoir exprimer l'émotion qui lui est liée. Il est donc nécessaire que vous puissiez parler d'un événement important comme celui-là à quelqu'un en qui vous avez confiance, et qui vous permettra de vous laisser aller à votre émotion, à vos pleurs, à votre angoisse, à votre colère, etc., de telle sorte que vous vidiez en quelque sorte un abcès, éventuellement devant le bébé, si cette personne est capable d'aider le bébé à vivre à côté de sa mère pendant qu'elle exprime ces émotions.

Il peut y avoir là une expérience très positive pour un bébé qui, après, deviendra plus solide. Les difficultés, lorsqu'elles sont

> Les adultes qui n'ont connu dans leur vie que des choses faciles sont quelquefois moins solides que ceux qui ont eu l'occasion d'affronter des situations plus compliquées, même si elles ont été douloureuses.

dépassées avec quelqu'un d'autre, peuvent être constructives. Une vie qui n'offre pas de difficultés est quelquefois moins profondément structurante pour un enfant.
En revanche, laisser s'enkyster les difficultés d'un enfant peut être dangereux pour l'avenir : il va prendre des habitudes qu'il aura du mal à perdre par la suite, alors que plus il est petit, plus la vie peut reprendre avec sa joie et sa plénitude.
L'enfant qui exprime ainsi ses difficultés est souvent un enfant riche, sensible, il prend encore une part active à son développement. Il manifeste un appel : le fait que vous l'entendiez, que vous cherchiez avec lui à comprendre ce qui se passe, est encore une preuve de votre amour, de la confiance que vous lui faites puisqu'il vous « parle » et que vous l'écoutez.

> « Et quand les vieilles paroles expirent sur la langue, de nouvelles mélodies jaillissent du cœur ; et là où les vieilles pistes sont perdues, une nouvelle contrée se découvre avec ses merveilles. »
>
> Rabindranath Tagore[1]

Nous avons avancé dans une certaine conception de l'être humain et de la vie en général... ce que vous avez acquis dépasse largement l'éducation du tout-petit. Nous arrivons à la conviction que tout être humain porte en lui une richesse qui lui permet de vivre pleinement (même si elle est cachée provisoirement ou partiellement), et que la disponibilité de cette richesse, le fait de pouvoir fonctionner avec, apporte énergie, plaisir et ouverture à ce qui se présente, confiance en soi et sécurité. Le plaisir de vivre lève les blocages et libère l'énergie. L'amour devient possible, au sens de respect, écoute de l'autre dans son originalité.
L'attitude qui découle de cette conception sera précieuse tout au long de l'éducation. Elle devient une manière d'être qui ne se limite pas à la relation au petit enfant, mais qui implique écoute de l'autre, respect de la valeur qui est en lui, effort permanent pour lui permettre de vivre sa vie...
Nous avons partagé là ces trois premières années de la vie humaine, années de grâce pendant lesquelles le dynamisme de croissance, s'il est respecté, entraîne une progression constante. La suite s'enrichira en se compliquant : confronté aux multiples sollicitations de la vie intérieure, sociale, matérielle, l'enfant aura de plus en plus besoin de soutien devant les exigences, de dialogue, d'encouragement dans ses efforts pour atteindre des objectifs qui lui correspondent, besoin d'adultes conscients de cette responsabilité.
Une stagiaire française venue travailler en Inde fut intriguée par cette observation : chaque matin, l'institutrice s'inclinait respectueusement devant chacun des enfants qui entraient dans sa classe. « Que signifie ce geste ? » demanda-t-elle. Silence. Puis vint la réponse : « Ceci veut dire : "Je m'incline devant le dieu qui est en toi[2]." »

---

1. *L'Offrande lyrique*, Gallimard, 1947.
2. Cité par R. Lagier au Congrès de Budapest, en Hongrie, en 1991.

Quel dieu ? Certains pensent le savoir, d'autres l'ignorent. En chaque enfant est présent quelque chose d'infiniment personnel, original, qui nous émerveille, quelque chose qui nous prend par la main, qui nous conduit et que nous aurons toujours à rechercher quoi qu'il arrive.
Puissions-nous en être conscients et accorder toujours plus de respect à ces enfants et à toutes les personnes qui les aident à grandir.

Chantal de Truchis,
Ollioules, janvier 2000.

POUR EN SAVOIR PLUS

Bibliographie

Vie et développement des enfants

D. Dalloz, *La Jalousie*, Bayard Éditions, 1999.

M. David, *L'Enfant de 0 à 2 ans, L'Enfant de 2 à 6 ans*, Privat, nouvelle édition, 1990.

F. Dolto, *Lorsque l'enfant paraît*, 3 tomes, Le Seuil, 1987.

S. H. Fraiberg, *Les Années magiques*, PUF, 1986.

A. Gauvin-Picquard et M. Meignier, *Maman, j'ai mal*, Presses Pocket, « Parents-enfants », n° 6618, 1994.

H. et M. Klaus, *La Magie du nouveau-né,* Albin Michel, « La cause des bébés », 2000.

F. Leboyer, *Shantala*, Le Seuil, 1976.

D. Stern, *Journal d'un bébé*, Calmann-Lévy, 1992.

Accueil des enfants

T. B. Brazelton, *À ce soir*, Stock/Laurence Pernoud, 1986.

M. David et G. Appell, *Lóczy ou le Maternage insolite*, CEMEA-Scarabée, 1973.

B. Defrance, *La Violence à l'école*, Alternatives, 1992.

M. Jardiné, *L'Accueil des tout-petits*, Retz, 1992.

M. Jardiné, *Grandir ensemble, le club des bébés*, ATD-Quart-monde, 1993.

J. Robertson, *Jeunes Enfants à l'hôpital*, Le Centurion, 1972.

Les Maisons vertes, dossier de la Fondation de France, 40, avenue Hoche, 75008 Paris (où l'on peut trouver des adresses).

Réflexion plus générale

B. Bettelheim, *Psychanalyse des contes de fées*, Robert Laffont, 1977.

P. Delaroche, *Parents, osez dire non,* Albin Michel, « Questions de parents », 1996.

A. Miller, *C'est pour ton bien*, Aubier, 1984.

M. Rohr, *Aidez-le à trouver ses marques,* Albin Michel, « Questions de parents », 2000.

J. Toulemonde et l'équipe de « L'Enfant et la Vie », *Place à l'enfant, Manuel pratique pour l'environnement de nos petits*, Éditions Encre (76, rue du Trie, 59510 Hem), 1991.

D. W. Winnicott, *L'Enfant et sa famille, L'Enfant et le monde extérieur,* Petite Bibliothèque Payot, 1957.

Où il est question des parents

B. Bettelheim, *Pour être des parents acceptables,* Robert Laffont, 1988.

F. Dolto, *Quand les parents se séparent*, Le Seuil, 1988.

P. Salomon, *La Sainte Folie du couple*, Albin Michel, 1994.

D. Stern et N. Bruschweiler-Stern, *La Naissance d'une mère*, Odile Jacob, 1998.
J. K. Stettbacher, *Pourquoi la souffrance,* Aubier, 1991.

Écrits plus techniques mais accessibles

C. Eliacheff, *À corps et à cris*, Odile Jacob, 1993.
A. Miller, *Le Drame de l'enfant doué*, PUF, 1983.
Dr E. Pikler, *Se mouvoir en liberté dès le plus jeune âge*, PUF, 1979.
M. Szejer, *Des mots pour naître*, Gallimard, 1997.

Une adresse

Association Pikler-Lóczy de France,
Pour une réflexion sur l'enfant,
20, rue de Dantzig, 75015 Paris,
Tél. : 01 53 68 93 50,
fax : 01 53 68 93 56.
Vous y trouverez une documentation concernant les enfants, des informations sur les travaux et les recherches en cours en France et en collaboration avec l'Institut méthodologique Emmi-Pikler de Budapest, des possibilités de formation, la liste des cassettes vidéo, des films et des articles disponibles.

Où trouver les réponses aux questions que vous vous posez

Concernant le nourrisson et la première année

Concernant la deuxième et la troisième année

Quel que soit l'âge

Concernant les difficultés que peut manifester un petit enfant

Concernant les séparations et l'accueil

Où nous nous retrouvons, nous, parents

Remerciements

Je dois dire là toute ma gratitude envers Anna Tardos et Judith Falk, qui animent ces recherches en Hongrie, envers Myriam David et Geneviève Appell, qui nous les ont fait connaître en France et qui les enrichissent par la profondeur de leur réflexion. Grâce à leur témoignage, leur finesse d'observation et leur total respect des enfants, elles nous ont permis de vivre avec tous des choses extraordinaires.

Merci également à Agnès Szanto-Feder, qui, dès le début, a soutenu le projet de ce livre et m'a éclairée sur bien des points, à Claude Seys et à Michèle Bonnaud, qui m'ont permis d'approfondir certains chapitres.

Merci à tous les parents, heureux ou en difficulté, aux assistantes maternelles et aux personnes qui s'occupent des jeunes enfants, avec qui j'ai tant appris tout au long de ma vie professionnelle. Merci à ceux qui, depuis 1996, ont bien voulu me communiquer leurs réactions, questions et expériences et grâce à qui j'ai pu écrire cette deuxième édition.

Merci surtout à ces enfants encore tout petits, que j'ai vu vivre et dont j'ai souvent partagé les joies et les tristesses, pour ce qu'ils m'ont fait découvrir en eux et pour cette confiance dans la vie qu'ils m'ont apprise.

Table des matières

« Bibliothèque de la famille »

Le Bébé prématuré – *L'accueillir, le découvrir, le soutenir*
Dr Claude BEYSSAC-FARGUES et Sylvie SYFUSS-ARNAUD

Une année dans la vie d'une femme – *Ma grossesse, mon bébé*
Maïté JACQUET et Mathilde NOBÉCOURT

Votre enfant de la naissance à la grande école
Penelope LEACH

L'Allaitement – *De la naissance au sevrage*
Dr Marie THIRION

Les Compétences du nouveau-né
Dr Marie THIRION

Le Sommeil, le Rêve et l'Enfant – *De la naissance à l'adolescence*
Dr Marie THIRION et Marie-Josèphe CHALLAMEL

« Questions de parents »

Quels repères donner à nos enfants dans un monde déboussolé ?
Jean-Luc AUBERT

Du berceau à l'école – *Les chemins de la réussite*
Jean-Luc AUBERT

Petits tracas et gros soucis de 1 à 7 ans – *Quoi dire, quoi faire*
Christine BRUNET et Anne-Cécile SARFATI

Une famille, ça s'invente – *Les atouts des parents, les atouts des enfants*
Hélène BRUNSCHWIG

Peur du loup, peur de tout, petites peurs, angoisses, phobies de l'enfant et de l'adolescent
Béatrice COPPER-ROYER

Parents, osez dire non !
Dr Patrick DELAROCHE

Oser être mère au foyer
Marie-Pascale DELPLANCQ-NOBÉCOURT

Parents de cœur – *Comprendre l'enfant adopté*
Sherrie ELDRIDGE

Blessures d'enfance – *Les dire, les comprendre, les dépasser*
Nicole FABRE

J'aime pas me séparer – *Toutes les séparations dans la vie de l'enfant*
Nicole FABRE

Amour, enfant, boulot... comment sortir la tête de l'eau
Anne GATECEL et Carole RENUCCI

Les mères qui travaillent sont-elles coupables ?
Sylviane GIAMPINO

Mon enfant me dévore
Lyliane NEMET-PIER

L'Enfant unique – *Atouts et pièges*
Carl E. PICKHARDT

Papa, Maman, j'y arriverai jamais ! – *Comment l'estime de soi vient à l'enfant*
Emmanuelle RIGON

Pourquoi pleurent-ils ? – *Comprendre le développement de l'enfant, de la naissance à 1 an*
Hetty van de RIJT et Frans X. PLOOIJ

Aidez-moi à trouver mes marques ! – *Les repères du tout-petit*
Michael ROHR

Toutes les questions que vous vous posez sur l'école maternelle
Nicole du SAUSSOIS

Crèches, nounous et Cie – *Modes de garde, mode d'emploi*
Anne WAGNER et Jacqueline TARKIEL

« Les Guides du centre Tavistock »

Comprendre votre enfant de la naissance à 3 ans
Lisa MILLER, Deborah STEINER et Susan REID

Comprendre votre enfant de 3 à 6 ans
Judith TROWELL, Lisa MILLER et Lesley HOLDITCH

« La Cause des bébés »

Où commence la violence ? – *Pour une prévention chez le tout-petit*
Danielle DALLOZ

La Magie du nouveau-né
Dr Marshall KLAUS et Phyllis KLAUS

Moi, je connais bien les bébés
Myriam SZEJER

Naître... et naître encore
un texte de Louise L. LAMBRICHS sur des photos de Sarah NEY

Bébé rentre à la maison
Alice NEUMANN, avec Isabelle THOMAS

« C'est la vie aussi »

Je rassure mon bébé
Emmanuelle RIGON et Marie AUFFRET-PERRICONE

Entrer à la maternelle, La grande aventure
Myriam SZEJER et Marie AUFFRET-PERRICONE

Et ensuite...

Petites histoires pour devenir grand – *À lire le soir pour aborder avec l'enfant ses peurs, ses tracas, ses questions*
Sophie CARQUAIN

Moi, je connais bien les bébés
Myriam SZEJER et Monique CZARNECKI

Impression Imprimerie Floch
sur Roto-Page
en février 2004.

N° d'impression : 59442.
N° d'édition : 22505.
Dépôt légal : janvier 2002.
Imprimé en France.